Andrea Maria Gschiel

Holy Moly

Die holistische Alternative
für Mensch und Natur

Was vor uns liegt und was hinter uns liegt,
sind Kleinigkeiten zu dem, was in uns liegt,
und wenn wir das, was in uns liegt,
nach außen tragen, geschehen Wunder.

Wenn Wissenschaft und Spiritualität sich vereinen

novum ▲ pro

Dieses **Buch ist** auch als
e-book
erhältlich.

w w w . n o v u m v e r l a g . c o m

Bibliografische Information
der Deutschen Nationalbibliothek:

Die Deutsche Nationalbibliothek
verzeichnet diese Publikation in
der Deutschen Nationalbibliografie.
Detaillierte bibliografische Daten
sind im Internet über
http://www.d-nb.de abrufbar.

© 2020 novum Verlag

ISBN 978-3-99107-106-8
Lektorat: Heinz G. Herbst
Umschlagfoto: www.pixabay.com
Umschlaggestaltung, Layout & Satz:
novum Verlag
Innenabbildungen: www.pixabay.com,
Seite 200: © Fotografin Sabine Huemer

Gedruckt in der Europäischen Union
auf umweltfreundlichem, chlor- und
säurefrei gebleichtem Papier.

www.novumverlag.com

Inhaltsverzeichnis

3. Kapitel: HOLY NATURAL MEDICINE

Einleitung und – warum dieses Buch?

Vor elf Jahren wurde ich gefragt, ob ich ein Buch schreiben könnte. Ich schrieb und unterrichtete damals schon über Sachen, die ich später bei Gregg Braden oder Bruce Lipton etc. las. Schlag auf Schlag hat die Wissenschaft aufgeholt, um das alles zu beweisen, da wurde mir zunehmend wohler ums Herz. Mein Weg war gekennzeichnet von altem Wissen, dass noch nicht „bewiesen" worden war. Die Frage war immer: Wie unterrichte ich das, damit sie wirklich daran glauben? Alles, was ich unterrichte und wovon ich schreibe, habe ich selbst erlebt. So kreierte ich aus meinen Erfahrungen und Erlebnissen das, was ich weitergebe. Ich bin der lebende Beweis, dass man sich heilen, gesund werden, Traumata überwinden, Schicksalsschläge überleben kann, dass man nicht ein Opfer ist durch Gene, dass man aus Armut und Schmerz Reichtum erschaffen kann. Und wie geht das, fragt ihr euch jetzt? Wenn man den Weg zum eigenen Glauben findet. Und dann das tut, was zu tun ist.

Tue das, was zu tun ist!

Wer bin ich?

Mir wurde nicht der goldene Löffel in die Wiege gelegt, sondern die goldene Kriegerin mit dem goldenen Herzen. Fazit: Es gibt Hoffnung für dich …

Die, die mich kennen, werden jetzt lächeln, und die, die mich noch nicht kennen, werden vielleicht denken: „Aha, ok …?"

Wie bin ich?

Eigentlich habe ich im Vorhinein keine Ahnung, was ich sagen werde, aber was ich dann sage, passt (hier grinsen wieder alle, die mich kennen).

Ich kann dir meine Lebensgeschichte nicht erzählen, denn das würde in eine Serie ausarten, deshalb habe ich mich ent-

schlossen, keine Biografie zu schreiben, weil sie wahrscheinlich nie fertig werden würde. Meine Geschichte ist mein großer Schatz für das Verständnis für schmerzliche Erfahrungen.
Manche sagen, ich bin ein Seelen-DJ. Ich weiß einfach den
Weg hinaus aus dieser Scheiße! Mit einer natürlichen Klarheit,
Hausverstand im Gepäck, ein großes Herz und vor allem – dem
Glauben. Alle diese Dinge setze ich in Bewegung. Über mich
selbst würde ich sagen, ich bin pragmatisch, authentisch, vielleicht eine wilde alte Weise ... vielleicht ...

Wie alles begann

Seit jeher galt meine größte Aufmerksamkeit dem Sinn des Lebens und der Frage: „Warum bin ich hier?"

In meiner Kindheit empfand ich das Leben nicht so spannend, und es langweilte mich. Ich war ein eher unbequemes Kind mit vielen Fragen, die meine Mutter meistens überforderten, und ich kann mich nicht erinnern, viele Antworten erhalten zu haben.

In verschiedene Rollen zu schlüpfen, lernt man schnell als Kind. In meinem Fall wusste ich nie, wie meine Mutter drauf sein würde, wenn ich nach Hause kam. So wuchs ich gewissermaßen in einem Feld von permanenter Anspannung auf – mal schauen, ok, vorsichtig mal die Lage checken: Wie muss ich mich verhalten, um keinen Ärger zu provozieren, damit diese idiotische „Harmonie" gewahrt bleibt? Was ja eigentlich überhaupt nichts mit „Harmonie" zu tun hatte!

Durch Beobachtung der erlebten Situationen lernte ich natürlich allerhand. Die Gestik, Worte und Verhaltensweisen meiner Erziehung prägten mich. Ich fühlte mich einfach allein und unverstanden. Doch ich fühlte auch, dass da noch etwas anderes ist. Etwas, das mir Hoffnung machte: etwas Schönes. In diesem Lebensabschnitt wusste ich noch nicht, dass ich besondere Fähigkeiten habe, denn solche Fähigkeiten waren zu meiner Zeit überhaupt nicht wichtig in meinem Umfeld.

Ich wuchs in eher ärmlichen Verhältnissen auf, und meine Art zu denken oder mein Glaube passten da so gar nicht hinein. Immer schon, seit ich denken kann, existierte eine Kraft, die mich magisch anzog und mit der ich Selbstgespräche führte – aber mit was und mit wem redete ich da überhaupt?

Oftmals fragte ich mich: Ist da noch jemand?

Auf der Suche nach Wundern, das ist meine Welt. Zugegeben, schon etwas verrückt, denn ich nahm so viele Dinge wahr, doch konnte ich diese nicht zuordnen. Aber ich liebe Rätsel, und ich glaube, dass wir Menschen zu mehr imstande sind, als wir denken.

Ich wusste nichts über Wahrheit, denn als Kind lebt man einfach in der Wahrheit des erzieherischen Feldes, und du glaubst ganz einfach, dass es die einzige und endgültige Realität ist!

Deshalb habe ich im Alter von ungefähr 13 Jahren Bücher gelesen, die sich mit dem Unterbewusstsein und Psychologie befassten. Mein erstes Buch war von Joseph Murphy: „Die Macht des Unterbewusstseins". Ja, ich wollte mein Gehirn fürs „Glücklichwerden" trainieren. Es ist mir aber nicht so gelungen, wie ich mir das wünschte, und ich dachte: „Was mache ich bloß falsch? Also, wenn ich mein Denken ins Positive lenke, dann kommt das doch in mein Leben, oder?" Die andere so wichtige Frage war: „Warum bin ich hier?" Und somit beschloss ich, dem Ganzen auf den Grund zu gehen, und ich begann, mich mit dem Glauben, der Liebe und dem Leben auseinanderzusetzen. Denn irgendwie wusste ich: Das kann nicht alles sein hier auf Erden.

Ich wollte es wissen: Was ist da noch?

Durch jahrelange Ausbildungen und auf der Suche nach Gesundheit, Glauben und Glück wurde ich immens bereichert und gefühlte 1000-mal transformiert. Ich machte Ausbildungen in Sachen Energie, systemische Zusammenhänge und das morphogenetische Feld. Ich studierte wie eine Verrückte Geisteswissenschaften, Techniken der Energiearbeit, den Glauben der Buddhisten, der Katholiken, der Hindus und der Juden, beschäftigte mich mit verschiedensten Techniken, Aufstellungsarbeit, Schamanismus und quer durch die Bank alles für die Gesundheit der Seele, des Geistes und des Körpers. Meine Lehrer waren von aller Welt, doch der größte Lehrer unter ihnen war mein Glaube an die Existenz selbst. Und alles, was ich lernen durfte, war Manna für meine Seele und – ja, das Ende des Leidens.

Die vielen Fragen, die ich hatte, machten mein Leben zu einer Expedition, einer Reise zu mir selbst. Und nicht nur das, es brachte nun auch schon vielen Menschen Antworten und Heilung zugleich.

Mit den simplen sieben geistigen Essenzen bleibt zwar oftmals nichts, wie es war, doch es führt zu einem wirklich guten Leben, bewusst und lebendig. Wichtig sind dein Mind und dein Körper, doch die Power kommt von deinem Herzen und der Verbindung zum Glauben.

Diese Erkenntnisse möchte ich gerne mit dir teilen.

Die Wirtschaft, Religionen und das Gesundheitsdenken – alles hat sich verändert!

Wir leben nicht mehr im Wirtschaftssystem der Vergangenheit. Wir leben nicht mehr im Wohlfühlmodel der Vergangenheit. Das Leben hat sich für uns alle verändert. Wie wir über Geld gedacht haben, veränderte sich. Geld bedeutet nicht mehr dasselbe wie vor 15 oder 20 Jahren. Und wenn wir immer noch so über Geld denken, rühren unsere Probleme genau daher. Die Rolle, die das Geld in unserem Leben spielt, verändert sich. Unsere Jobs, unsere Branchen, die Berufe und Karrieren verändern sich. Vielleicht habt ihr das an der Loyalität gemerkt, die Menschen früher zu einem Unternehmen hatten. Denn man ging dorthin, wo man am meisten verdiente. Diese ganze Vorstellung von Loyalität, das hat sich verändert. Die Art, wie wir über Branchen, Jobs, Karriere nachdenken, hat sich verändert. Die Art, wie wir über Religion und Spiritualität nachdenken, all das hat sich verändert. Die Art, wie wir über Gesundheit, Heilen, Sicherheit nachdenken, hat sich verändert.

All das hat sich verändert. Die Welt hat sich verändert, und keiner hat uns das gesagt.

Hast du nicht auch manchmal das Gefühl, du bist irgendwie anders als die Masse? Gut, dann bist du hier richtig, und ich freue mich, dass du dieses Buch liest und damit an einem Stück meines Lebens teilnimmst. Doch es kann auch sein, dass dein Leben sich damit verändert – zum Positiven verändert. Anders zu sein bedeutet, sein Herz am richtigen Platz zu haben und immer noch daran zu glauben. So sei herzlich willkommen. „Denn aus der Knospe der Verwirrung erblüht die Blume der Erkenntnis!"

Denn die Andersmenschen sind jetzt gefragt, ein neues Denken kommt, die Rebellen für Frieden mit mehr Empathie für unsere Mitmenschen, für unsere Natur und alle Lebewesen. Es ist so: Menschlichkeit fehlt dem Planeten, Glauben fehlt: der Glaube an ein lebenbejahendes Leben fehlt, das Mitgefühl, das Miteinander – wo ist dies alles in der heutigen Zeit? Alle haben keine Zeit – für was haben sie dann Zeit? Ich sag es dir: Zeit ist das Kostbarste, das du hast, und du glaubst gar nicht, wie viele Menschen ihre kostbare Zeit mit Konflikten verschwenden … Möchtest du mit deinen Konflikten Schluss machen, damit du frei wirst für wirklich Wichtiges? Du hast den Konflikt ja immerhin erschaffen – also, erschaffe etwas Neues. Wir sind für das, was geschaffen wurde, verantwortlich.

Mache Frieden mit dir, das ist der erste Schritt zu dir selbst, und so gelingt dein Leben. So wirst auch du Teil einer großen Familie. Denn mit der Kraft der Eigenverantwortlichkeit als eine gemeinsame Familie der Nationen können wir das Ganze betrachten. Jeder Einzelne kann viel Gutes bewirken. Wenn jeder ein bisschen hilft, sind wir in der Masse ein Universum an Macht und an Energie, das alles möglich macht. Und da sind wir auf dem besten Weg, um einer neuen Ethik und einer neuen Betrachtungsweise Raum zu geben. Denn das Alte ist jetzt alt, und jede Generation bringt etwas Neues hervor, also lasst uns ihnen helfen. Die Menschheit wurde von mehr als 2000 Jahre an Geschichte geprägt, die Wissenschaft ist ungefähr 300 Jahre alt, also echt jung, sozusagen. Die Erde ist 4,5 Milliarden Jahre alt. Echt krass im Vergleich, na ja, und sie überlebt uns Menschen mit Sicherheit, jedoch wir unser aller Tun nicht!

Möchtest du auch ein Teil werden, um eine bessere Welt zu hinterlassen?

Wohin haben wir uns eigentlich entwickelt? Oder sind wir genau deswegen jetzt an einem Scheidepunkt angelangt, wo wir uns rückbesinnen sollten?

Zurück zum Wesentlichen. Was ist überhaupt Gesundheit, Glauben und die Verbindung von Himmel und Erde? Wie steht's denn da um unseren Glauben? Welche Rolle spielt dabei die Natur? Das sind primär die großen Fragen, die ich mir stellte, als ich dieses Buch zu schreiben begann, dachte ich anfangs, es geht um die Lebensphilosophie eines holistischen Konzeptes, bis ich dann eines Tages die Botschaft erhielt: „I believe". Oh, dachte ich, na, das kann jetzt aber spannend werden …

Meine Vision, dieses Buch zu schreiben, ließ mich nicht los – es geht einfach um mehr. Ich will meinen Kindern und meinen zukünftigen Enkelkindern noch etwas anderes hinterlassen außer dem Materiellen. Ich möchte meinen Beitrag leisten für alle Kinder dieser Welt, und die, die noch kommen, damit sie an sich selbst glauben. Daran, dass sie wunderbare Geschöpfe sind und auf einem wunderbaren Planeten leben, den sie behüten. Ich finde, das geht uns jetzt alle etwas an, damit die alten Traditionen nicht verloren gehen. Die wahren Werte eines Menschen sind nicht nur Leistung, sondern das Leben selbst gilt es zu entdecken.

Alle Eltern dieser Erde und die, die es noch werden möchten, helft mit, die alten Strukturen abzuschaffen!

So befasst sich der erste Teil des Buches, **Holy Science**, mit den neuen, gesammelten Erkenntnissen der Wissenschaft und der Technik über das natürlichste Verfahren der Welt, das von mir entwickelt wurde, um mehr zu leben und wirklich etwas in Bewegung zu bringen, sanft und heilend zugleich.

Das systemische holistische Embodiment ist die Umsetzung vom Wissen zur Weisheit, weg vom Leiden, um auf dem Boden der Freude zu landen!

Ich stelle die neuen Techniken der Herz-Hirn-Verbindung vor, die ein neuronales Feuerwerk in dir starten.

Die goldene Mitte und der Glaube ist eine tiefere Auseinandersetzung mit dem Sinn deines Lebens und deinem Glauben. An was glaubst du innerlich wirklich – ein Muss für die, die sich selbst finden wollen. Um bei sich selbst anzukommen.

Wir kommen ja im Grunde genommen mit einem natürlichen Glauben auf die Welt, der dann durch Erlebtes und Gesehenes „künstlich" verbogen wird. Ein „künstlicher Glaube", der durch Zweifel gepolt ist. Ein Glaube, in welchem wir Sünder sind.

Was soll das für ein Glaube sein? Ich habe mit vielen Jugendlichen, Erwachsenen und Kindern gesprochen, und das Ergebnis war traurig, da fast keine Menschen in ihrem Glauben gefestigt sind. So reisen sie von Seminar zu Seminar, von Therapeuten zu Therapeuten – um was zu finden? Natürlich sich selbst. Von Egoauflösungen, Glaubensmuster, Umwandlung etc. zum nächsten Thema, und irgendwann wird man dessen überdrüssig und müde. Ist ganz logisch, denn: „Wann ist man denn eigentlich gut genug?"

Ich habe mich über Jahrzehnte damit befasst und die Schriften und Überlieferungen immer wieder studiert. Was wollten uns die Propheten längst vergangener Zeit eigentlich mitteilen? Warum erwähnen sie alle die Natur, warum ist es wichtig, die eigene Religiosität zu überprüfen?

Denis Waitley sagte: „Nicht, was wir sind, hält uns zurück, sondern was wir nicht zu sein glauben." In meinen Worten: „Wer hat dir verboten, an das zu glauben, wer du bist?"

An was glauben wir in unseren Leben bezüglich Beziehung und Liebe, Erziehung unserer Kinder oder deren Fähigkeiten? Was für eine Rolle hat der Glaube zum Thema Erfolg? Allein beim Schreiben wird's mir warm ums Herz. Der Glaube ist die Uressenz allen Seins. Im Glauben kann alles geschehen und wahr werden, so, wie du es nicht für möglich gehalten hättest. Der Glaube ist deine natürlichste Gabe und Fähigkeit. Der Glaube ermächtigt und befähigt dich, und dadurch wird vieles möglich.

Es ist mein Wunsch, dir diese Impulse zu schenken, damit du deine Würde und deine Liebe erfolgreich leben kannst. Dieser Glaube hat nichts mit Religionen zu tun.

Die andere Frage beschäftigt sich mit dem Thema der Liebe: Es gibt so viele unterschiedliche Formen von Liebe, da gibt's die

Liebe zur Familie, zum Unternehmen, die Selbstliebe, die Liebe zur Natur, zum Körper und auch die religiöse Liebe. Wir sind so unermesslich fähig, weil wir lieben können. Unser Herzaspekt spielt einfach eine wesentliche Rolle im Gelingen des Lebens.

Im letzten Teil des Buches geht es um ein Bewusstsein für ein Miteinander. Wir sind eine Familie, die alle auf der Erde wohnen!

Ich möchte die Natur anders beleuchten, mit Liebe beleuchten, und warum sie so wichtig ist, nicht nur, weil sie unser aller Zuhause ist, sondern weil dies auch zur Bewusstseinsarbeit dazugehört. Denn jeder, der sich weiterentwickeln möchte, muss als Erstes sich seiner inneren Natur und der ihn belebenden Natur bewusst werden. Wir haben bereits alle Lösungen, die technischen Lösungen sind vorhanden. Hier sind ein paar Beispiele: Wir haben längst genug Nahrung, um jedes Kind, jeden Mann, jede Frau auf dem Erdenrund zu ernähren. Es gibt derzeit keine Nahrungsmittelknappheit. Laut der UNO haben wir genug Nahrungsmittel für die nächsten 50 Jahre. Mindestens! Es ist also nicht ein Mangel an Nahrungsmitteln, der dazu führt, dass Mitglieder unserer globalen Familie jeden Abend hungrig zu Bett gehen. Es liegt daran, dass es erst eine Priorität werden muss, die Nahrung zu den Menschen zu bringen, die sie benötigen. Das ist der Grund, weshalb Menschen hungern.

Wir haben bereits genug Essen. Wir haben die Technologie, um sichere, saubere, effektive und nachhaltige Energie zu produzieren und damit jede Familie zu versorgen, die sie haben will.

Unsere Defizitstörung – wir sind außer Balance und stehen vor einem Wandel. Um einen gesunden Planeten zu sichern, muss die Gesellschaft vom alleinigen Fokus auf das Wirtschaftswachstum wegkommen. Das wird nicht einfach sein, aber es könnte einfacher werden, wenn die Länder damit anfangen, ihre Wirtschaft auf dem Verständnis zu basieren, dass die Natur das Fundament für Entwicklung ist. Ein Wechsel hin zu naturbasiertem Planen kann uns dabei helfen, eine bessere Lebensqualität mit viel weniger negativem Einfluss auf unserem Planeten zu ermöglichen.

Um dies in die Praxis zu übersetzen, würde es heißen, dass Länder Hunderte von Milliarden Euros oder Dollars reformieren müssen, die momentan in die Energie-, Fischerei-, Landwirtschafts- und Forstwirtschaftssektoren gehen. Anstatt zusätzliche Ausbeutung der weltweiten natürlichen Ressourcen voranzutreiben, sollten diese Gelder genutzt werden, um den Schutz und die Restauration der Natur anzukurbeln: Indem neue Reservate oder Wiederaufforstungsprogramme ins Leben gerufen werden, übernehmen wir den Schutz und die Patenschaft für unsere Wälder und ermöglichen mehr Naturschutzgebiete, in welchen die Wirtschaft zurückgedrängt wird.

Wenn wir unsere Werte verändern bezüglich der Natur und ihren Ökosystemen, der Wirtschaft, sozialer Gerechtigkeit und uns Menschen selbst, dann wendet sich alles zum Besseren. Es gibt also drei große Themen. Welche sind das? Klima ist eines. Die Wirtschaft ist ein weiteres. Und überall herrschen viele Konflikte.

Fazit: Wir können alle etwas tun, denn wir bestimmen den Konsum, und so kann jeder Einzelne einen Wertewandel herbeiführen! Die Natur braucht dich, jeden Einzelnen von uns!

1. KAPITEL: HOLY SCIENCE

DER HOLISTISCHE MENSCH

„Der Arzt verbindet deine Wunden.
Dein innerer Arzt aber wird dich gesunden.
Bitte ihn darum, sooft du kannst."
(Paracelsus)

Holistische Philosophie

Durch jahrelanges Suchen bin ich auf diese wesentlichen sieben geistigen Essenzen gestoßen. Meine Reise über gefühlte hunderttausend Ecken und zu verschiedenen Kulturen führte mich zu ihnen. Ich schuf die Verbindung zur buddhistischen Psychologie, welche ich als äußerst wertvoll empfinde und sehr liebe. Immer schon wusste ich, dass es mehr gibt, was mich und die Menschen glücklich macht. Lange Zeit war Verwirrung da in Bezug auf Spiritualität, Esoterik und den Glauben an das Unsichtbare. Doch jeder Glaube beschäftigt sich mit dem Unsichtbaren. Selbst die Psychologie zieht gewisse Ansätze aus dem Buddhismus wieder in Betracht, wie Stolz, Wollust, Trägheit etc. In der Religion werden diese Sünden genannt. Im Grunde hat sich nichts geändert, außer unsere Betrachtungsweise dessen. Der Mensch hat sich bereits verändert, und was einst Tabuthemen waren, wird jetzt anders betrachtet. Wir sind fähig, auch falschen Überlieferungen Einhalt zu gebieten und zu unserer inneren Wahrheit zu finden.

Spiritualität hatte lange eigentlich keinen Raum, und da ein Großteil der Menschen eher kopflastig ist, suchte ich nach Methoden, die „Aha-Erlebnisse" auslösen. Wie schon erwähnt, beschäftige ich mich jahrelang schon mit dem Buddhismus, mentalen Techniken und mit der zentralen Frage: Welche Methoden machen Sinn und führen zum erwünschten Ergebnis? Die Sinne und der Glaube in uns spielen bei den sieben geistigen Essenzen eine wesentliche Rolle.

Das Handicap zur damaligen Zeit war: Die Wissenschaft konnte es nicht beweisen. Doch wie im ersten Kapitel dargelegt kann die Wissenschaft jetzt vieles beweisen, und die Kernsäulen der sieben geistigen Essenzen sind das Wissen. Das Leben dessen macht deinen Erfolg sichtbar. Diese sieben geistigen Essenzen bringen dich schneller ans Ziel. Durch die Kombination mit anderen Methoden ist es zu einer reinen Erlebenspädagogik geworden.

Alle sieben geistigen Essenzen sind anwendbar für deine ganz persönliche work-life-balance. Wenn man die sieben geistigen Gesetze verstanden hat, dann macht einfach das Leben mit allen Facetten, die es uns zu bieten hat, Sinn. Im Großen und Ganzen braucht es deshalb alle Kapitel, um diese zu leben.

Im Grunde genommen brauchst du den Spaß am Analysieren, den Mut, deine Gefühle zu leben und den Glauben an das Unsichtbare. Was Hermes Trigeminus Toth einst in den sieben hermetischen Weisheitslehren zusammenfasste, ist für dich im Eintauchen dessen eine Entdeckungsreise zu dir selbst. Die Erfahrungen, die du dabei machst, überschreiben deine Alt-Programme, und deine ganzheitliche Sicht auf die Dinge in deiner Welt verändert sich. Du wirst gelassener, handlungsfähiger und liebevoller dir selbst gegenüber.

Die sieben geistigen Essenzen sind greifbar und effektiv. Durch kreative Methoden wird vieles sichtbar gemacht, und wenn es für dich sichtbar wird, hast du hiermit auch einen Schlüssel in der Hand, um dein Leben umzupolen.

Optimale geistige Gesundheit, liebende Güte, Empathie, Freude und Gleichmut beziehungsweise innerer Friede. Sie gelten als besonders wertvoll, weil sie die natürliche Grundlage menschlichen Glücks darstellen. Sie sind einfach und unmittelbar und beschreiben die Qualitäten eines offenen Herzens. Liebe ist unsere wahre Natur, doch sie liegt meist unter einer schützenden Angstschicht verborgen. Doch wenn du beginnst, an dich selbst zu glauben, kann alles gelingen.

Wenn diese vier Qualitäten entwickelt werden, sorgt ihr komplementärer Charakter dafür, dass ihre Wirkung immer ausgeglichen ist. Diese Balance gilt als wesentlich.

Allein, wenn wir diesen Worten nur unser Gehör schenken, wirkt sich dies wie Balsam für unsere Seele aus.

Doch Eigenverantwortlichkeit ist der erste Schritt zu optimaler geistiger Gesundheit, und die Freiheit der Selbstbestimmtheit bringt dich unweigerlich in die allumfassende Liebe. Ich kenne viele Menschen, die ganz ohne Religion über einen tiefen Glauben verfügen, und das nicht, „obwohl" sie religiös eingestellt sind, sondern gerade „weil" sie allen Religionen abgeschworen haben.

„It isn't what we say or think that defines us, but what we do." Jane Austen

Menschen auf den Weg zur Erkenntnis stehen mit beiden Beinen fest auf dem Boden, kennen Demut und achten das Große. Sie fügen sich der größeren heilsamen Ordnung des Lebens und meistern, was zu meistern ist, indem sie die eigene Verantwortung wahrnehmen und übernehmen. Das Schicksal anderer zu respektieren und dem auch zuzustimmen.

Wahrhaft holistische Menschen sind eben nicht abgehoben, vergeistigt oder weltfremd, sie versuchen eben nicht, dem Irdischen zu entfliehen und sind nicht auf der ewigen Suche nach „was auch immer", sondern sie ruhen in sich, weil sie sich selbst gefunden und angenommen haben. Sie kennen sich selbst sehr gut und sind gerade deshalb authentisch und ebenso Wachsende und Lernende wie andere Menschen auch.

Einen offenen Menschen erkennt man unter anderem auch daran, dass er seinen Worten die entsprechenden Taten folgen lässt. Sie sind mutig, weil sie es mit sich selbst aufgenommen haben und das Leben als Lehrmeister akzeptieren. Und Mut ist nicht etwa die Abwesenheit von Angst, es ist vielmehr die Erkenntnis, dass etwas anderes wichtiger ist als die Angst.

Echte Spiritualität kann unter den Dogmen von Religionen, Kirchen und Sekten nicht atmen. Sie braucht keine künstlich zwischengezogenen Hierarchien und Vermittler. Spiritualität verbunden mit Wissen lehnt auf ganz natürliche Weise jegliche Art von Dogmen und Knechtung ab, die allesamt immer wieder nur in die Unmenschlichkeit führen, mit dem Trick, dass sie uns Menschen als geborene Sünder verkauft. Das glauben viele von uns, doch wir sind lediglich unwissend. Ein neuer Glaube muss erschaffen werden oder eine neue Schöpfungsgeschichte, als unmittelbare Anbindung und direkte Verbindung zu Gott.

In der Erkenntnis, dass wir alle im Dienst eines größeren Plans sind und es Zeit wird, dass wir unsere Herzen öffnen und der Natur lauschen. Wenn ich mir dessen gewahr bin, dann kann ich weder an mir selbst zweifeln noch mich über andere erheben. Und genau deshalb ist es so wichtig, zu sich zu finden. Denn da allein begegnet man Gott.

Der Himmel (Gott) will freie und selbstbestimmte Kreaturen auf seiner Welt wandeln sehen und nicht unverantwortliche, geknechtete Lemminge, die sich vor lauter Feigheit, Blindheit und Egoismus gegenseitig untergehen lassen. Denn wenn du dem Schatten nicht begegnest, wie soll dann dein Potenzial befreit werden? Ich hatte es in dieser Hinsicht echt nicht einfach. Doch der Schatten ist in allen Religionen und in der Menschheitsgeschichte verankert. Wovor sollten wir Angst haben, vor einem bestrafenden Gott? Doch meine Meinung zu dem ist: Gott hat damit überhaupt nichts zu tun!

Ein Mensch, der Seelenloses tut, der Schmerz und Leid erzeugt, ist ein Mensch, der von sich selbst weit entfernt ist und sich selbst kaum noch wahrnimmt. Denn die Schuld am anderen ist letztlich immer auch die Schuld an uns selbst.

Es werden viele Sichtweisen erläutert, und sie besagen, dass alles, was uns umgibt, unser tieferes Selbst spiegelt. Und was ich in mir trage, ziehe ich mir als Entsprechung meiner selbst vom außen in mein Leben an. Mithilfe von all den unliebsamen und schmerzhaften Personen und Erlebnissen in unserem Leben lernen wir, uns selbst zu erkennen. Wir erfahren dadurch etwas über unsere blinden Flecken, über unsere Selbsteinschätzung, unsere Anmaßungen, unsere Sehnsüchte und über unsere unbewussten schlummernden Fähigkeiten und Potenziale. Und an all den angenehmen und schönen Erfahrungen können wir ablesen, was in uns bereits an erlösten Themen zur Entfaltung gekommen ist.

Besonders unsere Sehnsüchte sind sehr lehrreich, denn über sie erfahren wir, was wir auslagern, weil wir in unserem kranken und teils erblindeten Selbstbild denken, dass wir selbst nicht besitzen, was uns scheinbar fehlt – aber genau das Gegenteil ist der Fall. Wenn wir das erkannt haben – oh Wunder –, bekommen wir plötzlich auch im Außen, was vorher unerreichbar schien.

Da immer mehr von uns in diese uns allen innewohnende Liebe und Weisheit erwachen, übernehmen wir die Rolle als Pioniere eines neuen Paradigmas, wo wir die Vorteile der Erforschung der vielen Geheimnisse der Trennung und Verbundenheit entdecken können. Wenn es ein quelleneinheitliches Bewusstsein gab, das sich selbst zersplitterte, so gab es seit dieser ursprünglichen Fragmentierung immer ein erweitertes kollektives Bewusstsein für alle Fragmente, eine Art göttliches kollektives Bewusstsein. Das holographische Modell besagt, dass in jedem der Fragmente das Ganze enthalten ist. Aus diesem Blickwinkel gibt es ein größeres, kollektives Bewusstsein oder eine Intelligenz, und jeder Mensch hat innerhalb seines individuellen Bewusstseins Zugang zu diesem erweiterten kollektiven Bewusstsein.

Ich will wieder glauben und vertrauen!

Das ist so alt wie die Menschheit selbst und beinhaltet positiv ausgerichtetes Wissen und Denken. Was aber nicht heißt, dass die negativen Gedanken gut oder schlecht sind. Gerade in der heutigen Zeit, einer Epoche fehlender Ideale und Ziele, kann dies von außerordentlicher Bedeutung für viele Menschen sein.

Alles ist geistig! Du bist reinstes Bewusstsein. Es ist egal, wenn du denkst, es ist gut, sagt das Universum, es ist gut, du hast immer recht, auch wenn du nicht recht hast, hast du recht. Wenn du denkst, es ist schlecht, okay, dann ist es für dich so!

Völlig wurscht, du hast recht, ist das nicht wunderbar?

Denn du bist geistig, ein Wesen, das eine Form hat, sprich, dein Körper, in dem dein Wesen, deine Seele, dein Geist, dein Bewusstsein lebt. Du lebst und hast dich materialisiert durch deinen Körper. Du kommst aus der Quelle und bist die Quelle. In den geistigen Gesetzen sind das Gesetz der Resonanz, der Realität, der Energie, das Gesetz der Schwingung, die Fülle, der Ursache und Wirkung, des Erfolges, des Dankens, des Glücks, des Glaubens, das Gesetz der Wandlung, des Segnens, der Gnade, der Harmonie und der Liebe enthalten.

Ich achte und akzeptiere die Wünsche und Meinungen der anderen auch dann, wenn ich ihnen nicht zustimme oder sie nicht verstehe. Okay, ist ja nur eine, meine Wahrnehmung.

Alles Gute hat genauso eine Konsequenz wie alles Negative, und was für dich heute gut ist, kann sich schon in nächster Zeit nicht mehr gut anfühlen. Genauso gilt es umgekehrt, das Böse oder Negative hat auch einen guten Kern und will dir damit etwas zeigen, es gilt lediglich, die Augen zu öffnen, dein Herz zu aktivieren und – schau mal über den Tellerrand!

Das Gute ist nicht gut, und das Böse ist nicht böse

Wenn wir lernen, die Umstände und Probleme aus einer anderen Perspektive anzusehen, bekommen wir ein größeres Verständnis für so manche dahinterliegenden Ursachen, aber auch für die darin versteckten Ressourcen oder Resilienzen. Du musst das nicht gutheißen, was jemand getan hat, aber du kannst es dadurch vielleicht besser verstehen.

Eine Betrachtungsweise, die uralt und vor allem sinnvoll ist, um schlussendlich glücklicher und zufriedener zu leben!

Wir sind nicht besser oder schlechter,
wir sind alle einfach nur Menschen, die glücklich sein wollen

Die hermetischen Gesetze sind auch in den Weisheitslehren verankert und helfen den Menschen, sich selbst zu helfen und lassen somit jedem Einzelnen seine Würde als Mensch und Individuum. Im Rahmen der universellen Ordnung ist alles geregelt.

Die erste Quintessenz:
Das Prinzip der Geistigkeit

Das All ist Geist, das Universum ist geistig. Alles Materielle ist vom Geiste geschaffen.

Dieses Prinzip enthält die Wahrheit: „Alles ist Geist". Es erklärt, dass das alles bereits da ist und aus dem Geistigen erschaffen wurde. Du erschaffst deine Realität, welche allen äußeren Manifestationen und Erscheinungen zugrunde liegt, die wir unter den Bezeichnungen „materielles Universum", „Erscheinungsformen des Lebens" einordnen.

Das erklärt auch, dass die ganze Erscheinungswelt oder das Universum nur eine geistige Schöpfung des Alls ist, unterworfen den Gesetzen aller geschaffenen Dinge, und dass das Universum als Ganzes und auch in seinen Teilen und Einheiten seine Existenz im Geiste des Alls hat, in welchem wir leben, uns bewegen und unser Dasein haben. Dieses Prinzip erklärt, indem es die geistige Natur des Universums festlegt, all die verschiedenen geistigen und seelischen Phänomene, die die öffentliche Aufmerksamkeit in so großem Maße beschäftigt und die ohne solche Erklärung unverständlich sind und sich wissenschaftlicher Behandlung entziehen.

Das Verständnis dieses großen hermetischen Prinzips der Geistigkeit befähigt den Menschen, die Gesetze des geistigen Universums leichter zu begreifen und sie zu seinem Wohlbefinden und Vorwärtskommen anzuwenden.

Der Mensch ist somit in der Lage, die großen geistigen Gesetze verständnisvoll anzuwenden, anstatt ihre Anwendung dem Zufall zu überlassen. Mit dem Hauptschlüssel in der Hand können viele Tore des geistigen und psychischen Tempels des Wissens sich öffnen und frei und verständnisvoll betreten werden. Dieses Prinzip erklärt die wahre Natur von „Energie", „Kraft", „Stoff" und warum und wie sie alle der Führung des Geistes unterworfen sind. Vor langer Zeit schrieb einer der hermetischen Meister:

„Derjenige, der die Wahrheit der geistigen Natur des Universums begreift, ist weit auf dem Wege zur Meisterschaft fortgeschritten."

Der Weg zum höchsten Glück, zum ewigen Leben ohne Leid und Schmerzen ist ein Schmarrn. Ja, um schlussendlich zur physischen Unsterblichkeit zu gelangen – ist es denn lebens- oder erstrebenswert, Unsterblichkeit zu erlangen? Unsterblichkeit auf welchem Planeten?, frage ich mich da.

Im Labyrinth der Möglichkeiten, im Strom des Lebens, der dich mitnimmt auf eine unwillkürliche Reise.

Das Leben selbst ist ein Abenteuer, und vielleicht gerade deswegen zeigt uns das Leben oftmals einen außergewöhnlichen Weg und schickt uns für unsere innewohnende Intelligenz oder das Selbst allerlei Signale auf unseren Weg, um uns zu verdeutlichen: Schau, dort ist der Weg zur inneren Befreiung, da läufst du falsch, oder hier läufst du richtig.

Jederzeit hast du die Möglichkeit, deinen eingeschlagenen Weg zu ändern. Deine dir gewohnte Sprache zu verändern, deine Sichtweise zu erneuern und schlussendlich auch dein Handeln.

Korrigiere, was einer Korrektur bedarf, und das ist jederzeit möglich, indem du offen dafür bist, zu schauen, auf Signale zu hören, auf das, was sich in und um uns herum deutlich zeigt. Und indem du nicht länger am guten Ausgang zweifelst, denn es kommt auf jeden Fall besser, wenn du die Erkenntnis an deiner Seite hast.

Es werden uns glücklicherweise ständig Signale zugesandt, oder besser besagt: Wir rufen sie selbst (zumeist unbewusst) herbei, von unserem tiefsten Innersten aus, so wird uns klargemacht, wonach das Leben in uns strebt, was das Beste für uns ist. Signale können positiv oder negativ sein. Sie gelten in jeder Hinsicht als Wegweiser, die uns zeigen, wo wir richtig oder falsch liegen. Neben der Sprache der Krankheiten und Emotionen, die sehr wichtige Signale dafür sind, „wo wir uns selbst korrigieren müssen", gibt es auch die tagtäglichen Geschehnisse, die uns augenscheinlich „einfach so" passieren, aber nichts ist weniger wahr. Wenn beispielsweise im Haus eine Glühbirne durchbrennt, dann hat dies in der Tat etwas mit der materiellen, technischen Seite des Ganzen zu tun (die Birne war vielleicht schon sehr alt usw.), aber dennoch wirst du feststellen, dass es kein Zufall ist, dass dieser Vorfall nicht einfach an diesem Ort, in Anwesenheit dieses Menschen, zu genau diesem Moment geschieht. Es handelt sich stets um eine Synchronizität, ein gleichzeitiges Stattfinden von Gegebenheiten: eine Birne, die durchbrennt oder ein Blitz, der einschlägt, ein Glas, das zerbricht usw. und auf der anderen Seite „ein Vorfall" im Menschen selbst, in seiner Psyche, seinem Kopf, seinem gesamten Wesen, weshalb gerade jetzt dieses oder jenes in einem Menschenleben geschieht.

Eine zu harte, zuweilen zu struktureller, einschneidender Energie, das Festhalten am alten Verhalten und ein Verschlossen sein für den Strom spontaner, gefühlsmäßig erneuernder Energien: Das ist es, was das Signal „eine Birne brennt durch" sagen will. Dies wird zu einer ernst zu nehmenden Warnung, wenn im Haus viele Glühbirnen während eines bestimmten Zeitraumes durchbrennen. Sei dann nicht mehr hart gegen dich selbst, lerne, dich zu entspannen, denke nicht mehr „hart". Bleibe nicht in alten strukturellen Gewohnheiten verhaftet, befreie dich von alten Verhaltensweisen.

Begreife das „Signal" der Glühbirnen, passe deine Lebensweise an. Und ob es sich nun um einen platten Reifen, einen Diebstahl, einen Autounfall, einen Hausbrand oder was auch immer handelt – es erzählt uns so viel über uns.

Eine Person mit einem gesunden Menschenverstand geht der Sache zunächst einmal nach, „öffnet" sich der Nachforschung dessen und weist nichts von vornherein unbesonnen ab. Erst danach zieht sie ihre Schlüsse daraus. Viele Menschen scheinen Angst vor einer tieferen Wahrheit, vor der Sprache des Lebens, das über „Signale" kommuniziert, zu haben. Es ist angenehm und lehrreich, diesen Weg zu beschreiten, ohne sich fanatisch daran zu halten. Wenn dir etwas auffällt, kommst du dann nicht umhin, es zu beachten.

Dies sind lediglich ein paar Beispiele dafür, wie erstaunlich schön das Leben in sich stimmig ist und wie wir es auf prachtvolle Weise begreifen und führen lernen können.

Wir sind, was wir sind

Wir alle werden auf unserem Lebensweg mit den verschiedensten Herausforderungen konfrontiert. Krankheiten, zwischenmenschliche Konflikte und existenzbedrohende Situationen verschiedenster Art bringen uns immer wieder in Bedrängnis. Wie ich diese meistere, ist wichtig.

Wir sind als Menschen von jeher nach vorne gerichtet und auch nach oben gerichtet, um zu entdecken und zu erforschen, doch wirklich besonders wird es, wenn du das Wunder in dir entdeckst.

Die Methoden der herkömmlichen Psychologie und der klassischen Medizin können in bestimmten Bereichen wunderbar helfen, stoßen aber oft an ihre Grenzen. Der Grund: Sie beziehen nur bestimmte Aspekte der menschlichen Existenz in ihr Gedankengebäude mit ein, andere, wie das menschliche Energiesystem, haben bisher nur in Randbereichen Beachtung gefunden. Aber gerade diese Aspekte des Menschlichen sind so wichtig für Heilung und Transformation. Wobei die Forschung sich jedes Jahr selbst übertrifft. Die Herzensangelegenheiten von uns gewinnen an Bedeutung.

Häufig kommen Klienten frustriert in meine Praxis mit Worten wie: „Ich habe schon so viel an mir gearbeitet, getan, probiert, war in Therapie, habe vergeben, spirituelle Seminare besucht, Rituale gemacht und was weiß ich alles – und trotzdem fühlt es sich an, als ob sich an meinem Zustand, meiner Angst, meinen Schmerzen, meiner Erschöpfung nichts oder nur kurzfristig etwas verändert hat oder alles sogar noch schlimmer geworden ist. Meine Erkrankung kommt immer wieder. Ich bin total ausgebrannt, alles ist sinnlos und nutzlos. Mein Verstand sagt mir, dass mein Gefühl dagegensteht. Ich weiß überhaupt nicht mehr, was ich tun soll. Ich möchte endlich etwas verändern und meine Ziele erreichen, aber trotzdem hält mich etwas Undefinierbares zurück und nimmt mir die Kraft zum Handeln." All das kenne ich aus meiner eigenen Geschichte.

Es hat mich glücklicherweise nicht in die Resignation getrieben, sondern zu eigenen Forschungen angespornt, um herauszufinden, was die Ursachen von Krankheiten und Lebensschwierigkeiten sind und was ich verändern kann, um wieder in einen Zustand echter Harmonie zu kommen. Doch um das zu erreichen, bedarf es auch der Entlarvung des vorhandenen Systems und dann die Verwandlung der destruktiv wirkenden Kraft.

Um das „Chaos" des Menschen zu beseitigen, ist das Wissen um das menschliche Energiesystem unerlässlich. Alte Schriften, manche älter als 5000 Jahre, zeigen auf, dass der physische Körper des Menschen – für uns die Identifikation mit dem Leben – lediglich die äußere Manifestation oder der sichtbare Ausdruck von feinstofflichen Manifestationsformen sind, die aus einer Reihe von Hochfrequenz-Energiesystemen bestehen.

Was für die meisten als unsichtbare Energie wahrgenommen wird, galt bei den alten Griechen als die göttliche, leuchtende Substanz, die das ganze Universum durchdringt. Dieses feinstoffliche System teilt sich in Schwingungen mit, die elektrisch wirken (Strom/Strömung), durch Licht, Spannung, Intensität, Kraft und Töne – wie auch magnetisch (anziehende Kraft), was beispielsweise sehr hohe Schwingungen beinhaltet.

Unser menschliches Wesen steht mit diesen Ebenen oder auch Bewusstseinszuständen in Verbindung.

Einfach Mensch sein und multidimensionales Wesen zugleich!

Holistisch gesehen bedeutet dies:

Die Welt ist ein lebendiger Organismus
Es gibt neben der Materie – der materiellen, grobstofflichen
Welt – auch eine geistige, eine immaterielle, feinstoffliche
Welt der Gedanken, Gefühle und Energieschwingungen
Alles ist mit allem verbunden
Das Bewusstsein bestimmt das Sein
(der Geist ist stärker als die Materie)
Ein Ergebnis/die Realität wird durch das Beobachten eines
Menschen beeinflusst (Quantenphysik)
Es gibt keine Trennung zwischen Dingen,
Energien und Gedanken
Das Ganze ist mehr als die Summe seiner Teile (Aristoteles)
In jedem Teil ist auch das Ganze enthalten
Alles ist Schwingung und Energie, sodass alles wirkt

Die holistische Sichtweise umfasst nicht nur die Einheit von Körper, Geist und Seele, sondern betrachtet das Individuum zusätzlich in Beziehung zu seiner Umwelt, zu kosmischen, klimatischen und jahreszeitlichen Einflüssen. Die Grundannahme ist, dass ein Mensch, der seine innere Bestimmung nicht leben kann und die Gesetze des Kosmos und der Natur missachtet, unweigerlich körperliche und seelische Gesundheitsstörungen entwickelt. Somit haben das Klima, die Planeten, die Sonne und unsere Erde sehr wohl Auswirkungen auf unser Gesundheitssystem.

Ein Artikel aus der Zeitschrift „Nature":

„Das Universum ist immateriell. Es ist geistig und spirituell. Lebe und hab Spaß." Was ist daran bedeutend?

Die konventionelle Wissenschaft hat bisher die mentale und die spirituelle Komponente komplett rausgelassen. Die moderne Physik sagt, dass man diese beiden Komponenten nicht ignorieren kann. Alles ist im Universum enthalten. Wenn du dein Bewusstsein veränderst, veränderst du die Welt. Das ist deswegen von Bedeutung, weil jeder von uns als bewusste Einheit zwangsläufig aufgrund der am meisten anerkannten Wissenschaft sagen muss, dass jeder von uns ein Schöpfer und eine Schöpferin ist. Wir schöpfen aus unserem geistigen und aus unserem spirituellen Bereich. Das ist deshalb wichtig, wenn du denkst, dass du ein Opfer bist, du deine Macht als Schöpfer verloren und abgegeben hast. Tatsache ist aber, dass du Schöpfer und Schöpferin bist. Du veränderst deine Gedanken, du veränderst deinen Glauben, und dann können sich deine Gene innerhalb von acht Stunden verändern. Das ist schon bewiesen worden. Es wurden Gene angeschaut, die Probleme im System verursachten. Nach acht Stunden Meditation hatten sich die Funktionen der Gene vollkommen verändert.

Viele Menschen fühlen sich von dieser schnelllebigen, materialistischen, von der Natur entfremdeten Gesellschaft und deren hohen Anforderungen an uns zwangsläufig überfordert. Die Folge sind stressbedingte Gesundheitsprobleme, die sich auf körperlicher und psychischer Ebene zeigen können, so wie Erschöpfung, Schlafstörungen, Infektanfälligkeit, depressive Verstimmung, Verdauungs-störungen, Herz-Kreislauf-Beschwerden und Beschwerden des Bewegungsapparates. Sie werden häufig als Zeichen des Körpers zu spät wahrgenommen, da viele Menschen verlernt haben, auf die Signale und Bedürfnisse ihres Körpers zu hören und achtsam mit ihrer Gesundheit umzugehen. Die Folge ist, dass sich die gesundheitlichen Störungen verselbstständigen und chronisch werden.

Die kosmische Schwingung zwischen Himmel und Erde beeinflusst Körper, Geist und Seele. Die Energie befindet sich in ständigem Fluss. Der Mensch muss sich an diese Energieschwingung anpassen, damit es nicht zu einem Ungleichgewicht der Körperenergien kommt. Ziel der holistischen Medizin ist es, den Bezug des Individuums zu seinem Ursprung und der Natur wiederherzustellen, um ein tieferes Verständnis für höhere Zusammenhänge zu erwecken. Achtsamkeitstraining gegenüber sich selbst und seiner Umwelt wieder zu lernen, ist im ganzheitlichen Sinne der Einstieg zum Menschsein.

Die holistische Sichtweise lässt sich beliebig in alle Lebensbereiche ausweiten.

Das Ziel ist immer dasselbe: die „gestörten" Energien zu regulieren und das Potenzial zur Selbstheilung und Selbstverwirklichung durch individuell angepasste Unterstützung zu wecken.

Holistisch betrachtet kann man auf allen Ebenen arbeiten, um echte und dauerhafte Gesundheit in der Psyche, der Seele und auch im Körper zu erreichen und nicht nur oberflächlich von Symptomen zu befreien. Holistische Medizin soll das monokausale, lineare Wissen unserer heutigen Naturwissenschaft erweitern, um die ganzheitliche Denkweise des Holismus zu begreifen, damit die innere Sehnsucht nach höherer Ordnung wieder integriert werden kann, um auch innerlich erfüllt zu sein.

Dazu braucht es auch den Verstand, um zu verstehen, was meine ganz spezielle Realität eigentlich ist. Durch das Betrachten deiner eigenen Welt und deiner individuellen Sicht auf die Welt erkennst du so manche Zusammenhänge, die du kreiert hast!

So kannst du dich dann fragen, ob es Sinn macht, wie du lebst.

Jeder Mensch trägt eine natürliche Religiosität in sich, die eine spirituelle Öffnung ermöglichen kann. Spiritualität bedeutet dabei im weitesten Sinne eine Form von Geistigkeit, als Gegensatz zum rein rationalen Denken und einer materiellen Körperlichkeit. Sie steht für die gelebte Verbindung zum Formlosen und Göttlichen. Doch dieses Thema beleuchte ich im Kapitel „Glauben".

Wir sind in Verbundenheit mit dem Wunder Körper. Ausgestattet mit Sinnen – Gefühle und Emotionen gibt es gratis mitgeliefert. Ebenfalls im Gesamtpaket Leben die Familiengeschichte und Gene als Sahnehäubchen mit von der Partie. Nur eines ist nicht dabei: die Gebrauchsanleitung!

Vielleicht wäre es an der Zeit, diese zu finden. Wie ticke ich eigentlich? Wir haben verschiedene Ebenen des Daseins. So gibt es eine mentale Überzeugung in dir, wie auch ein emotionales Frequenzfeld. Ja, und zu guter Letzt haben wir noch eine Seele. So komplex sind wir. Doch arbeiten diese Ebenen oftmals nicht alle zusammen, und dies zeigt sich in Form von niedrigen Frequenzen in Gefühlen wie Trauer, keine Lebensfreude, Nervosität, Schlafstörungen, Symptomen, Ess- und Verdauungsproblemen, Stillstand in der Entwicklung bis hin zur Krankheit.

Deine Seele steckt sozusagen in diesem Körper, doch ihr zwei habt noch nicht das Vergnügen gehabt, euch kennenzulernen.

Damit beginnt der Entwicklungsweg durch unsere Beziehungen, unser Familiensystem, das Gesellschaftsleben, und irgendwann kommen wir wieder bei unserem wahren Selbst an.

So, und dann stellt man sich ganz natürlich die Frage: „Wer bin ich eigentlich?!"

Veraltete Struktur Medizin: Ganzheitliche Gesundheit verlangt ganzheitliche Medizin

Mal vorweg – unsere Medizin ist genial, sie schneidet Dinge weg, sie repariert und implantiert, sie forscht und hat immens an neuen Technologien zugelegt. Der Arzt ist immer bemüht zu heilen. Er legt sogar einen Eid ab, um Menschenleben zu retten. Dies allein ist eine große Bürde. Ich habe so viel Heilung erlebt, die durch die Hand von Ärzten und Schwestern stattgefunden hat. Was wir jeden einzelnen Tag zu sehen bekamen, war für uns nicht einfach zu verkraften. Denn wir sind auch nur Menschen.

Ich machte mir zu meiner Zeit als Krankenschwester schon Gedanken, was es bedeutet, zu helfen. Wo ist unsere Grenze, und was ist mit der Seele jedes Einzelnen? Dies führte mich auf den Weg, die Medizin ganzheitlicher zu betrachten.

Eine einheitliche Definition, was ganzheitliche Medizin oder Ganzheitsmedizin ist, gibt es nicht. Selbst innerhalb der ausübenden Berufsgruppen wie z. B. der Ärzte, Psychologen oder Naturheilpraktiker gehen die Ansichten über Grundlagen, Inhalte und Ziele auseinander. Synonym wird auch oft von Alternativmedizin und Komplementärmedizin gesprochen, die im umgangssprachlichen Gebrauch ebenfalls nicht klar voneinander abgegrenzt sind.

Warum ist Leiden leicht?

Es hat ja grundsätzlich nicht nur Negatives – es ist absolut in Ordnung, es bringt ja manchmal auch was Gutes, wie Anerkennung, man wird bedient, ja, endlich kümmert sich mal jemand um mich! Aber warum bin ich krank, weshalb passiert mir das? Diese Frage stellt sich die männliche Medizin eher nicht. Wäre es da nicht klug vorzubeugen und sich mit sich selbst auseinanderzusetzen, damit jeder Einzelne viel verantwortlicher mit seiner eigenen Gesundheit umgeht? Was wäre, wenn die Gesundheitsleistungen von Gebietskrankenkassen, SVA usw., vielleicht fördern würden, dass der Mensch mehr Verantwortung übernehmen muss? Vielleicht braucht es sogenannte Maßnahmen, um bewusster und fürsorglicher mit dem eigenen Körper umzugehen? Dies könnte man doch schon in den Schulen lehren. Wie geht man mit Gefühlen um? Und sucht erst dann die Ärzte auf, wenn die medizinische Versorgung wirklich wichtig ist. Denn in vielen Bereichen des heutigen Status ist die Medizin sehr wohl an einem Punkt angelangt, wo sie keine Medikamente oder Heilung mehr verordnen kann, wenn wir nicht endlich anhand von Körpersprache, in Verbindung mit der höheren Intelligenz verbunden, mit der alternativen Naturmedizin ein ganzheitliches Konzept anstreben.

Auf der körperlichen Ebene, die wir „ursprüngliche Medizin" nennen, ist es die Medizin, die nach dem wahren „Ursprung" der Krankheit sucht und die Genesung sich folglich zum einen als ein Erkennen und Begreifen dieser psycho-emotionalen Ursächlichkeit versteht, und zum anderen beinhaltet sie das Anbieten einer Lösung hierfür. Wird auf dem wahrhaftigen Niveau, wo Krankheit entkeimt, nach Ursache und Lösung gesucht, dann kann man schließlich auch von fundamentaler Genesung sprechen. Wenn man sich jedoch lediglich mit Observation an der Oberfläche beschäftigt, entkoppelt man den tieferen menschlichen Inhalt vom physischen Körper, und es wird niemals zu einer wahren Genesung kommen.

Beim Embodiment sind dabei nicht einzelne Symptome im Blickfeld, sondern die Verbindungen und Zusammenhänge innerhalb des gesamten Körpersystems, wobei zum Körper untrennbar auch Geist und Seele gehören. Nicht jedes Symptom ist eine Krankheit! Zudem werden auch die Beziehungen zu anderen Menschen, das direkte Lebensumfeld, die individuellen Lebensgewohnheiten und die Umwelt, miteingeschlossen. Erfasst, gesehen und in der Umsetzung berücksichtigt werden somit körperliche, emotionale, soziale, mentale und auch geistig-seelische Aspekte und Ressourcen. Damit wird im Idealfall der individuelle, erkrankte Mensch und nicht eine Krankheit behandelt.

Ein Definitionsversuch: „Unter Ganzheitsmedizin beziehungsweise ganzheitlicher Medizin versteht man Schulmedizin und Komplementärmedizin unter Einbeziehung der seelisch-geistigen Komponente."

Das Ziel ist es auch, jedem Menschen „von allem das Beste" aus dem gesamten Spektrum der Methoden anzubieten.

Und wie Dr. Gerhard Hubmann sagt: „Eine ganzheitliche Denkweise ist der Ausdruck eines Weltbildes, das den Menschen wieder als Einheit von Körper, Geist und Seele in seiner Umwelt sieht und ihn in seiner Beziehung zur Natur wieder dahinstellt, wo er sich über Jahrtausende befunden hat." Das heißt unter anderem, Krankheiten und Dysfunktionen zu heilen und Selbstheilungsvorgänge im Menschen anzuregen, um die Gesundheit zu fördern und zu stärken.

Integrale Medizin

Aus meiner eigenen Praxiserfahrung im Krankenhaus kenne ich verschiedene Seiten des Leidens. Mein Interesse jedoch galt immer dem seelischen Aspekt. Wieso geht ein Mensch, und der andere übersteht problemlos alle Eingriffe, wieso kommen Kinder mit Krankheiten auf die Welt, oder warum sterben Kinder, und einer, der den Großteil seines Lebens schon hinter sich hat, bleibt?

Wieso starb meine Schwester Sabine in so jungen Jahren, wie ist das Zusammenspiel zwischen Gesundheit und Krankheit, und gibt es eine höhere Macht, die dies entscheidet?

Ich war zornig, hilflos und erschüttert, als ich Sabine verloren habe. Sie hatte einen Unfall, bei dem sie eine schwere Kopfverletzung erlitt. Sie überlebte die Operation, was mich hoffen ließ. Und doch war da ein inneres Gefühl, dass es nicht gut ausgehen würde, welches mich beschlich, als sie mich bat, ihre große Liebe anzurufen, um ihn zu bitten, dass er zu ihr kommt. Sie wurde aus der Intensiv frühzeitig verlegt, da sie ihr Bett brauchten. Da spürte ich schon ein Unbehagen, aber ich dachte auch: okay, wird schon passen.

Was dann geschah, ist schwierig zu beschreiben. Aus meiner Sicht war es ein Misslingen der Versorgung. Sie starb, und irgendwer lebt mit ihrer Niere. Es war die Art, wie sie mit uns umgegangen sind. Hier geschah eine große Wende in meinem Leben, einerseits die Sache mit Gott, und andererseits fragte ich mich, was es bedeutet, wirklich zu helfen.

Viele Schulmediziner glauben noch immer, durch Wegschneiden erkrankter Teile oder durch Unterdrückung unerwünschter Symptome Heilung zu erreichen. Der Weg zum Heil, zum Ganzen, braucht aber natürlich im Gegenteil Integration. Heilung umfasst alles und meint Ganzheit und Vollkommenheit. Darauf zielt die sogenannte Ganzheitsmedizin ab. Zu der muss aber natürlich die ganze Medizin gehören, also die Schulmedizin und die spirituelle Dimension des Menschen.

Es ist Zeit, auch seelische Betreuung einzuführen, um Folgeschäden an der Psyche zu verringern. Das würde auch den Kassen dienen. Körperschmerz ist auch in Verbindung mit Seelenschmerz.

Ganzheitsmedizin meint den ganzen Menschen und nicht „die Niere von Zimmer 14", die Galle auf 16", von der Schulmediziner oft sprechen. Auf Zimmer 14 liegt natürlich auch nie eine Niere, sondern ein Mensch mit zwei Nieren und – im Sinne von „Krankheit als Symbol" – wahrscheinlich einer Partnerproblematik. So wie die Niere zwischen sauren und basischen Kräften im Organismus die Mitte wahren soll, ist es die Aufgabe der Partnerschaft, zwischen den weiblichen und männlichen Seelenanteilen zu vermitteln.

Meine erste Verbindung zu diesen ganzheitlichen Ansätzen war in einem Vortrag des deutschen Arztes, Psychotherapeuten und Autors Dr. Rüdiger Dahlke, und er sprach von der Integralen Medizin. Ganzheitliche Medizin muss immer Körper und Seele verbinden, wie die Krankheitsbilder-Deutung, die von den körperlichen Symptomen auf deren seelische Bedeutung schließt. Wer also körperlich die Nase voll hat, sollte sich eingestehen, sie seelisch schon länger voll zu haben.

Solche auf den ganzen Menschen und seine Entwicklung gerichtete Medizin schließt natürlich auch die spirituelle Dimension mit ein, die Sehnsucht nach Sinn.

Der Sinn der transzendenten Medizin

Der Sinn des holistischen Ansatzes ist, das Bewusstsein der Menschen zu erwecken. Indem wir uns den Ursachen unserer Leiden und Krankheiten bewusst werden, erkennen wir, dass nichts aus Zufall geschieht. Dass jedes Ereignis in unserem Leben Ergebnis unserer Gedanken, Worte oder Taten ist und dass jedes dieser Ereignisse uns etwas im Zuge unserer Entwicklung lehrt.

Die universelle Lebenskunde

In unserer rastlosen Zeit ist die erhöhte Ausschüttung von Stresshormonen ein großes Problem. Sie schwächt das Immunsystem und kann zu Reizzuständen des Nervensystems, nervösen Herzbeschwerden, erhöhtem Schmerzempfinden und Allergien führen. Das bewusste Entspannen wie beim Tai-Chi, Yoga, Chi Gong usw. bewirkt ein Auffüllen der Energiespeicher – und das ist Voraussetzung für Gesundheit auf allen Ebenen.

In asiatischen Kulturen ist der Kern des Transzendenten eher ein Ur-Gesetz oder ein Ur-Prinzip (z.B. das Karma als das ewige Gesetz oder das Nirwana als ein Zustand ohne Veränderung und ohne Differenz). Die frühen Hochkulturen (Ägypten, Babylonien etc.) bringen Naturerscheinungen wie die Himmelskörper in Verbindung mit göttlichen Mächten. In vielen Natur-Religionen ist die Welt selbst animistisch beseelt (lat. Animus = Wind, Haus, Seele).

Wenn wir die Verantwortung für unsere Gesundheit, unser Glück und unser Leben übernehmen, hören wir auf, die anderen für das Erlebte verantwortlich zu machen. Dann entdecken wir unsere Macht, Leidensumstände in günstige und glückliche Situationen zu verwandeln. Ab diesem Moment versöhnen wir uns mit der Vergangenheit, schütteln unseren Groll ab und finden wieder zur Harmonie.

Wenn es um ein konkretes Problem, wie etwa ein körperliches Trauma, die Erstellung einer Diagnose, einen operativen Eingriff oder die Anpassung einer Prothese geht, so sind dies Kompetenzen der „männlichen Medizin".

Liegt die Ursache aber im Abstrakten oder im Emotionalen, erreicht die männliche Medizin schnell ihre Grenzen, während die Meta- und weibliche Medizin den Personen die nötige Zeit und Unterstützung bietet, sich von Leiden bzw. den oft zugrunde liegenden emotionalen Störungen zu befreien. So wird der komplementäre Charakter der „männlichen Medizin" und der „weiblichen Medizin" deutlich, und man versteht, dass die Ablehnung der einen zum Vorzug der anderen gleich der Opferung einer Gehirnhälfte zugunsten der anderen wäre.

Welche Funktionen haben dabei Gottheiten, oder wer ist denn dieser Gott?

Wir können davon ausgehen, dass Gottheiten in vielen Kulturen wichtige Funktionen erfüllt haben. Sonst hätten sich nicht in praktisch allen Kulturen Vorstellungen über Gottheiten oder das Göttliche entwickelt.

Der schöpferische Mensch

Der Mensch ist ein wichtiger Teil der Schöpfung. Seine Erfahrungen sind gleichzeitig auch die Erfahrungen des Göttlichen in ihm, des „ewigen Lichts in seinem Herzen". So gesehen spiegelt sich die Urquelle nicht allein in allem Sein, sondern besonders im Menschen wider. Ihm hat der Schöpfergeist den freien menschlichen Willen als einmaliges Gottesgeschenk gegeben und ihn damit stellvertretend für sich selbst zu einem kreativ-schöpferischen Geistwesen gemacht. Der Mensch kann somit im Rahmen der universalen Gesetze und der eigenen Bestimmung in absoluter Selbstverantwortung mit Wachbewusstsein, Gedankenkraft und klarer mentaler Zielsetzung das eigene Schicksal und gegebenenfalls jedes anderer Menschen und jenes anderen Seins in den jeweiligen Zuständen gestalten und lenken.

Jeder Mensch hat ein eigenes Bewusstsein, welches im Bereich des Wachbewusstseins Verstand, Vernunft, Intellekt und Logik und auch den Bereich des Erfahrens von Sinnesempfindungen und die Intuition umfasst. Auf der Ebene des Unterbewusstseins befinden sich Speicherung und Gedächtnis, Emotionen, Gefühle, Psyche, Phobien, Blockaden und das Gewissen sowie der Bereich der autonomen Körperfunktionen.

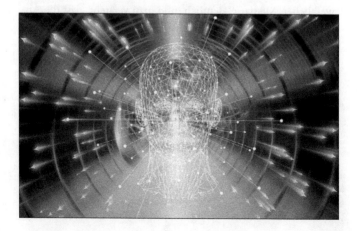

Die systemisch-seelische Medizin

Deine Seele übersetzt deinen Geist, wirkt im Wesentlichen unbewusst und beinhaltet das größere Ganze in seinen verschiedenen Dimensionen. Sie darf nicht rein individuell verstanden werden.

In meiner langjährigen Praxiserfahrung in der systemischen Arbeit ist es immer wieder eine Wonne, die Bewegungen der Seele zu beobachten, wie sie ganz von selbst die Heilung in Bewegung bringt. Das Phänomen und Wunder der Liebe und Verbundenheit.

Die Seele steuert den Entwicklungsprozess des einzelnen Familienmitgliedes sowie den der übergeordneten Einheiten von Familie, Sippe, Volk und Menschheit. Sie umfasst die Lebenden und die Toten. Wir alle existieren in der Seele, wie es immer wieder betont wird. Ich spreche in diesem Zusammenhang gerne von der *Weisheit der Seele*, denn sie wirkt wie ein weiser Ratgeber, der uns genau sagen kann, was uns stärkt und wachsen lässt oder was uns schwächt und starr macht.

Die Seele beinhaltet die Bewegungen des Lebens, aufbauende und abbauende Prozesse, das heißt Kräfte der Wandlung. In diesem Prozess der Wandlung und Entwicklung begegnet uns neben dem Wohltuenden, Schönen auch das Schreckliche der eigenen Welt: zum einen als äußeres Phänomen, zum anderen als gegenwärtige Energie in uns selbst (wenn wir uns dessen bewusst werden). Der Mensch erfährt die Nacht dieser Welt in ihren Schrecken und Ungeheuerlichkeiten. Aus dieser Erfahrung des Ichs innerhalb dessen, was wir hier „Seele" nennen, reift die Größe und Tiefe des Menschseins. Dieser Bewusstseinsprozess scheint ein wesentlicher Teil der Seele zu sein. Das übergeordnete Ganze reflektiert sich vermutlich selbst in diesem Prozess des menschlichen Erwachens.

Alle Menschen mit Seeleninfarkt, ob in Depressionen oder im Burn-out, haben vielleicht den Sinn im Leben verloren. Ohne den, erkannte schon Viktor Frankl, wird das Leben sinnlos. Ob Sinn in religiöser Erlösung, in spiritueller Befreiung oder in der

Verwirklichung einer Lebensphilosophie gefunden wird, spielt dabei eine untergeordnete Rolle.

Oftmals heißt es in der Geistheilung, dass das ja im Grunde nichts Spezielles ist. Denn du bist ja selbst geistig, doch unter Umständen kommt es vor, dass du deine Verbindung zu dir selbst verloren hast. Meine erste Ausbildung war die Silva-Mind-Control nach Jose Silva, die überall auf der Welt angeboten wird. Ich empfand sie als qualitativ sehr hochwertig. Maria Sorel war meine damalige Lehrerin, sie hatte sich selbst von Krebs geheilt und war sozusagen die rechte Hand von Jose. Die Techniken, die ich dort erlernen durfte, wendete ich dann an, um meinen Krebs zu heilen, und innerhalb eines Jahres war alles wieder gut. Ich erzählte niemandem, was ich tat, doch im Grunde habe ich nichts anderes gemacht, als was die Physik heute beweisen kann: Ich transformierte meine Zellen. Und zugleich beobachtete ich mein Verhältnis zu meiner Mutter, meinen Eltern, mich selbst als Mutter, Ehefrau oder Freundin, und schlussendlich landete ich bei meiner inneren Frau. Das war kein Honiglecken.

Da hatte ich zittrige Nächte, Angst und auch Dunkelheit umhüllten mich. Doch diese Verbindung, die mich ständig lenkte und führte, sagte: „Lass es zu, lass es einfach zu …" Hmm, schwierig, die Kontrolle ein wenig abzugeben, doch mit der Zeit lernte ich, und so wurde mein Atem ruhiger, mein Körper entspannter, meine Zellen spürbar weiter. Und von ganz allein wurde es wieder heller in meiner Sicht. Auch heller in meinem Körper, und schlussendlich wurde auch meine Welt hell.

Mein Glück dabei ist: Ich glaube an Wunder. Das mag wohl naiv klingen, ist es vielleicht auch, doch bei meiner Lebensgeschichte wurde ich damit bestens ausgestattet, also kurz gesagt: Um unser Leben hier auf Erden zu meistern, bekommen wir die Kraft bereits mitgeliefert. Der blöde Satz „Du bekommst nichts in deinem Leben, das du nicht meistern kannst" hat mich oft an den Rand der Verzweiflung geführt. Der nächste Satz „Das hast du dir alles selbst kreiert" ließ mich oftmals denken: Wie kann man nur so blöd sein, so was zu kreieren? Heute kann ich sagen: ja, ja, da ist was Wahres dran aus der Sicht des Wachstums, denn gewachsen bin ich, und es hat mich stark gemacht.

Was sind systemische Generationenüberlieferungen?

Der rote Kraftstrom des Lebens fließt durch deine Venen, deine Zellen und dein System. Deine Ahnen haben eine Menge auf sich genommen, um dir hier das Leben zu ermöglichen. Das Leben mit all seinen Facetten ist das Geschenk an dich.

Ja, im Mutterleib beginnt der ganze Zyklus, und du bekommst alle Informationen über deine Blutlinien übertragen. Egal, ob du sie gekannt hast oder nicht. Wie ist das gewesen, vor und bei deiner Geburt, denn du kamst brillant auf die Welt. Aber du hast zu dem Zeitpunkt nicht wissentlich eine Ahnung gehabt, wie alles zusammenspielt. Die Informationen, wie alles im Leben, wirst du dir selbst aneignen müssen. Doch so manche Informationen sind nicht nützlich oder lebensverneinend. Die Tatsache, dass du aber da bist, reicht aus, um trotz einiger Widerstände zu leben. Meistens handelt es sich um unerledigte Erfahrungen, die vergessen, tabuisiert oder geleugnet wurden oder immer noch werden. Das Schöne daran ist, dass diese Energien beheilt werden können, auch die überlieferten Gefühle deiner Eltern und sogenannte Generationskrankheiten.

Viele dieser Gefühle sind dann geprägt in dir und bestimmen dich, das ist jedoch nicht dein wahres Gefühl, sondern du unterliegst einer Fremdbestimmung. Dies lebt im Feld der unbewussten Familiendynamik der Vergangenheit. Dein Ahnenfeld steuert dich, ob du es willst oder nicht. In der systemischen Arbeit, die ich seit 20 Jahren liebe, heilt hier eine Menge, was Frieden und Klarheit bringen kann. Diese Feldarbeit ist erstaunlich in ihren Möglichkeiten! Fragst du dich nicht öfter mal, woher habe ich eigentlich diese Reaktion? Ich fragte mich oft: Wieso leide ich an denselben Ängsten wie meine Mutter usw.?

Als meine Mutter noch lebte, war es an der Tagesordnung, dass ich irgendwelche Gefühle oder Symptome hatte. Ich dachte dann: „Das kann doch nicht wahr sein, warum ist das jetzt los bei mir?" Immer wenn ich dann mit ihr telefonierte, wusste ich es: Sie war es, die diese Schmerzen hatte. Unsere Verbindung war eher eine Schmerzliebe, und so nahm ich ihr, aus meiner Liebe zu ihr, so viel wie möglich ab. Aber auch ihre Gedanken plagten mich, und genau deshalb kann ich sagen, dass Glaubensmuster nur emotional gelöst werden können, und es gelingt mit der Zeit. Manches geht schnell, tief sitzende, über Generationen reichende Wunden brauchen länger.

Das größere Wissen aus dem Familienfeld birgt die Schlüsselinformation, und somit hat es auch deinen Schlüssel zur Heilung.

Dein Verstand sagt hierzu: „Oh mein Gott, lass bloß die Finger davon, da könnte sich was zeigen, was mich erschreckt!" Dem ist nicht so, er will dich lediglich im Ungewissen lassen und die Verbindung zum eigenen Herzen und Seelendasein blockieren.

Ein Wahrheitsfinder dagegen ist aufgeschlossen, und es braucht Mut, um den Weg zur Liebe zu finden, das ist nichts für Bequeme.

Fallbeispiel: Markus und die Schläfer-Zellen

Die unerklärliche Bosheit und die Wutanfälle eines jungen Mannes.

Wenn Informationen im Körper gespeichert sind, wovon der Betroffene nichts ahnt: wie zum Beispiel, dass seine Mutter vergewaltigt wurde. Markus wusste nichts von dieser Erfahrung. Im Laufe seiner Entwicklung empfindet er eine große Wut in sich, er kann sich nicht lieben und stößt auch das Männliche von sich, kann sich aber nicht erklären, warum.

Hier gilt es, die Information in der Familiendynamik zu finden, diese zu verändern und neu zu informieren. Eine fehlgeleitete Information treibt da ihr Unwesen in der seelischen Konstellation. Die Aktionen, die der junge Mann setzt und sich nicht erklären kann, kommen aus seinem Inneren, er fühlt sich wie von Sinnen. Die Information schläft, wartet ... wehe, wenn sie wach wird ... So verhält sich diese Information wie eine Schläfer-Zelle, die nur darauf wartet, im richtigen Augenblick zuzuschlagen.

Bei der Suche innerhalb des Familiensystems waren all diese Gefühle zu finden, und gemeinsam konnte der Parasit ausgeleitet werden. Er überarbeitet jetzt seine Männlichkeit, und das intuitive Bogenschießen ist ihm da eine große Hilfe.

C. G. Jung: Das morphogenetische Feld
ist eine Art kollektives Gedächtnis.

Fallbeispiel ADHS-Syndrom

Eine Mutter suchte mich auf wegen ihres 10-jährigen Sohns, der, wie es scheint, laut Diagnostik am ADHS-Syndrom leidet. Sie möchte ihn jedoch nicht sedieren lassen und sucht nach anderen Möglichkeiten.

Er war hibbelig und hatte Angst, konnte nicht stillsitzen und mied den Augenkontakt mit mir. Natürlich verstand ich den Kleinen, und ich signalisierte ihm, dass er völlig in Ordnung sei. ADHS-Kinder sind sehr hyperempfindlich und voller Angst auf die Umgebung. Das Chaos, welches in ihnen stattfindet, können sie nicht zuordnen.

Aber warum haben sie Angst und leiden an Symptomen wie Bettnässen und schweren Konzentrationsschwierigkeiten? Das „Kasperle" zu sein, ist kein leichtes Los.

Im Laufe des Gespräches, erzählte mir die Mutter ein bisschen die Geschichte der Ahnen und was da so los war: Alkoholismus seitens des Vaters, in der Vergangenheit verbale Gewalt und dadurch auch ein ziemliches Spannungsfeld, in dem sich so manche einfach nicht sicher und geborgen fühlen können.

Die Konzentrationsschwierigkeiten in der Schule, die er verstärkt hatte, beeinträchtigten seine Leistungen, und er rutschte dadurch auch in eine Stör- und somit Außenseiter-Position. Wir klärten die Ahnengeschichte, indem wir das Energiefeld reinigten, denn Kinder tragen unbewusst aus Liebe. Zur eigenen Stärkung des Kindes gingen wir auch zum Bogenschießen, wo sich herausstellte, dass er es echt draufhat. Der Wald heilt, die Übungen, die er da von ganz allein und mit Freude macht, haben eine positive Wirkung auf ihn, was sich auch danach in die Schule übertrug.

Die Form der Welt, in die er geboren wird, ist dem Menschen bereits als virtuelles Bild eingeboren. Und so sind ihm Eltern, Frau,

Kinder, Geburt und Tod als virtuelle Bilder, als psychische Bereitschaften eingeboren. Diese sind natürlich kollektiver Natur, es sind Bilder von Eltern, Frau und Kind im Allgemeinen. Sie sind in gewissem Sinne Niederschläge aller Erfahrungen der Ahnenreihe. Auf einer früheren oder tieferen Stufe seelischer Entwicklung haben alle menschlichen Rassen eine gemeinsame Kollektivpsyche.

„Kinder sind noch keine eigenen Schöpfer
(zumindest nicht bewusst), denn sie leben im Bewusstsein
des Feldes der Familie und allem, was dazugehört."

Der Geist ist stärker als die Gene: Epigenetik

Dies beschreibt auch der Zellbiologe Bruce Lipton. Die neue Wissenschaft der Epigenetik stellt die Idee auf den Kopf, dass unser physisches Dasein durch unsere DNS bestimmt sei. Der Mensch ist ein unfassbares Wunder der Schöpfung, einfach wunderbar gemacht! Er besteht aus Billionen von Zellen. Ein riesiger Zellverbund, dessen einzelne Zellen untereinander kommunizieren, wenngleich auch jede einzelne Zelle ihr eigenes Immun-, Atmungs-, Ernährungs-, Ausscheidungs- und Nervensystem und sogar ihr eigenes Gedächtnis hat. Die bisherige wissenschaftliche Genetik hatte ein Dogma aufgebaut, welches besagte, dass jeder Mensch eine biochemische Maschine ist, durch Zeugung ein Opfer seiner Gene sei und lebenslang durch diese gleichbleibend gesteuert würde. So wie er geboren wird, so sei es ihm bestimmt. Das konventionelle Modell der Genetik. Bruce Lipton hatte viele Jahre dieses Dogma gelehrt, bis er erkannte, dass es nicht der Wahrheit entsprach.

Das Meiste wird bereits in den ersten 6–7 Lebensjahren festgelegt und später zur Reifung und Entfaltung gebracht. In dieser

Entwicklungsphase befindet sich das menschliche Gehirn in einer Art „hypnotischem Dauerzustand". Das EEG zeigt während dieser Zeit einen Thetawellenbereich von 4–8 Hertz, welcher bei einem Erwachsenen nicht als bewusster Zustand eingestuft wird – deshalb der Ausdruck „hypnotisch". In dieser Zeit nimmt das Kind alles aus der Umwelt auf, es speichert alles im Unterbewusstsein (UBW) ab, wie auf einer Festplatte am Computer. Damit wird der Verstand für ein ganzes Leben programmiert.

Es sind die Grundlagen eines Menschen, welche danach aber noch durch Erfahrungen zur Ausreifung gebracht werden. Gene werden sozusagen modifiziert (abgewandelt) durch Ereignisse, Erfahrungen, Gedanken, Entscheidungen, Erkenntnisse, Einsichten usw. Dies aber hat zeitliche Grenzen, irgendwann scheinen wir „festgefahren" zu sein. So die Forschungsergebnisse der vergangenen Jahrzehnte.

Ich kann die Bücher, Vorträge und Videos von Bruce Lipton und Gregg Braden sehr empfehlen, da sie eine leicht verständliche Sprache verwenden und einleuchtende und praktische Beispiele vorstellen. Denken und Fühlen bestimmt unser physisches Leben, und jetzt gibt es erstaunliche wissenschaftliche Erkenntnisse über die biochemischen Funktionen unseres Körpers.

Zukunftsmusik

In vielen Bereichen des heutigen Status ist die Medizin an einem Punkt angelangt, wo Medikamente auf Nummer 1 stehen und oftmals nur Symptome gelindert und unterdrückt werden, wo es gesünder wäre, hinzuschauen. Der Mensch jedoch wird anscheinend nicht gesünder.

Natürlich ist es wichtig, Schmerzmittel, Antibiotika, Kortison usw. an der Hand zu haben. Dies ist ja auch wichtig gegen Schmerzen, um dementsprechend zu agieren und die Heilung schneller voranzubringen. Doch bei chronischen Schmerzen, wobei die Psyche belastetet wird und der Körper unter ständiger Anspannung leidet, kann Heilung durch Medikamente nicht wirklich verordnet werden, denn was bei dem einen hilft, hilft beim anderen wiederum nicht unbedingt. Jeder ist so individuell, ob Mann oder Frau, und die Geschichte desjenigen spielt auch immer eine Rolle. Was wäre, wenn dies ganzheitlicher betrachtet wird und anhand von Körpersprache, Bewegungsdynamik, Esskultur und Verantwortung in Verbindung mit der höheren Intelligenz und der Naturmedizin ein ganzheitliches Konzept angestrebt würde?

Mit Natur meine ich nicht, irgendwelche Pulver und Nahrungsergänzungen einzuwerfen, sondern den direkten Kontakt mit der Natur. Mit einer bewussten, gezielten Bewegung hin zur Linderung, wie auch einer Schulung der Atmung und Meditation, um eine bewusste Ausrichtung des Gedankenguts zu erlernen. Denn damit kann eine ganz natürliche Heilung erreicht oder auch prophylaktisch schon vorgesorgt werden. Alles Mögliche wird versichert und dafür Vorsorge getroffen, für dein Auto, dein Haus – aber dein Körper, was ist mit ihm? Der Mensch scheint sich wohl dessen bewusst zu sein, dass das Leid ohnehin kommt, na ja, stimmt ja auch, keiner stirbt gesund, nicht wahr!

Wir haben in Österreich ein echt geniales Gesundheitssystem, das auch eine Menge Geld kostet, doch bringt es den Menschen nicht wirklich in die Verantwortung, damit er selbst für seine Gesundheit eintritt. Zuwenig Bewegung, zu viel Konsum von schädlichen Substanzen wie Alkohol, Medikamentenmissbrauch, mangelhafte Ernährung, keine Psychohygiene, zu viel Medienkonsum (Handy, Medienportale, die digitale Welt usw.) – die Krankheiten, die da kommen, sind Zivilisationskrankheiten, im Grunde genommen vom Wohlstand verursacht.

Aber zumindest gibt es etwas, was sehr effektiv ist, und dies erforschte Bruce Lipton.

Dr. Bruce Lipton im Gespräch mit Robert Holden im Rahmen des Online-Kongresses „Flow Summit 2018"

Bruce Lipton ist Pionier der neuen Biologie, einer der führenden Köpfe im Bereich der Epigenetik. Er hat drei Bestseller geschrieben: „Intelligente Zellen – Wie Erfahrungen unsere Gene steuern", „Spontane Evolution – Unsere positive Zukunft und wie wir sie erreichen", „Der Honeymoon-Effekt: Liebe geht durch die Zellen".

Bruce Lipton zeigt uns, wie der Geist das Verhalten und die genetische Aktivität kontrolliert. Er hat uns beigebracht, dass wir über die Gene hinausdenken müssen und dass in dem Moment, in dem man die Wahrnehmung verändert, man die Chemie im Körper neu schreibt.

Die Zivilisation befindet sich gerade in einem großen Umbruch. Wenn man sich umsieht, sieht man all das Chaos und die Ängste. Es geht nicht um all die schlechten Nachrichten, sondern es geht eigentlich vielmehr um einen Weckruf. Wir werden in der Realität wachgerüttelt, dass die derzeitige Situation in unserer Welt nicht dazu dient, unser Überleben zu unterstützen. In den vergangenen Jahren hat die Wissenschaft alles getan, um zu versuchen, darauf hinzuweisen, dass wir uns momentan in etwas befinden, was man die sechste Massenauslöschung von Leben auf diesem Planeten nennen kann. Das ist schon fünfmal so gewesen, dass der Planet wirklich unheimlich geblüht und gedeiht hat, und dann kam plötzlich irgendetwas dazwischen, ein Asteroid oder ein Komet hat die Umgebung ausgelöscht, und da sind 50-90 % aller Spezies des Lebens auf diesem Planeten einfach weggewischt worden. Und dann hat die Evolution dafür gesorgt, dass einfach alles von vorne wieder neu aufgebaut wurde.

Das Interessante ist, dass die Wissenschaft sagt, dass wir heute tausendmal mehr Spezies verlieren. Was bedeutet das? Die Antwort ist, dass wir glauben, dass wir von der Umgebung, von der Umwelt getrennt seien. Wenn wir das in biblische Begriffe fassen möchten, so würde man sagen, wir haben die Welt erschaffen und dann haben wir noch ein paar Menschen am Ende hinzugefügt, als wenn die noch eine Art „add on" wären. Und das hat uns leider eine Vorstellung geliefert, eine falsche Idee davon, dass wir und die Umgebung zwei verschiedene Entitäten seien. Und das ist ein so großer biologischer Irrtum und so ein zerstörerischer Gedanke, denn die einfache Tatsache ist folgende: Integration ist ein Kernthema des menschlichen Lebens!

Der Wald ist der Raum mit den größten, aber auch den am wenigsten differenzierten therapeutischen Möglichkeiten. Da sein Charakter die Vielfalt ist, kann er auch vielfältig genutzt werden. Selbst wenn im Mittelpunkt Prozesse der Annahme stehen, ist der Wald auch für alle anderen Schritte, von Abladung bis Ablösung, Anbindung und Einbindung, ein guter Ort.

„Geist ist jener Zustand des Schweigens,
der nicht durch das Denken hervorgebracht wird,
sondern das Ergebnis unmittelbarer Wahrnehmung ist."
Krishnamurti

Naturpädagogik und Ökosophie

„Vielleicht wird man, wenn die neue Bibel der Wissenschaft geschrieben wird, vom verlorenen Sohn (und Tochter) der Mutter Natur lesen, der eine Zeitlang ihrer Mahnungen und ihrer Weisheit spottete, der sein Erbe in einem ausschweifenden Leben verprasste, der aber schließlich, auf die äußerste Kargheit einer leeren Ödnis zurückverwiesen, die er selbst geschaffen hat, zum Herd seiner alten Mutter zurückkriecht und gehorsam der Geschichte von einem gewissen Menschen lauscht, dessen Name Ökologie war."

(Clark Wissler in einer Rede vor der Ökologischen Gesellschaft, Dezember 1923)

Eine interessante Aussage – nun kommen wir zur Natur. Unsere Kultur hält die Natur für einen Komplex aus sinnlosen, seelenlosen, blinden Kräften, in einer wirklichen Kultur jedoch nehmen diese Naturkräfte an Festtagen ihren Platz ein. Auch wir können Rituale haben, die unsere Gemeinschaft in Ausgewogenheit bringen – unsere ganze Gemeinschaft, nicht nur den menschlichen Teil.

„Letzten Endes ist es die Erde selbst,
die uns diese Ausgewogenheit lehrt."

Wir sind ein Ausdruck der Natur

Die Natur spiegelt sich in uns wider. So, wie der innerste Kern der Erde ein flüssiger Eisenmagnet ist, der den ganzen Planeten beeinflusst und schützt, genauso ist das Herz im Zentrum des Körpers als Eisenmagnet installiert. Es zeigt sich im Blutbild als Hämoglobin. Deine Magnetfelder strahlen mehrere Meter und lassen sich messen: das sogenannte elektromagnetische Feld. Diese Kraft steuert deine Gefühle, ausgehend von deinem Körper, der wiederum alles um dich herum beeinflusst. Seitdem man Nervenreaktionen bildlich darstellen kann, weiß auch die Schulmedizin, dass Mediationen und Gebete Auswirkungen auf unsere Organe haben.

Alles auf diesem Planeten, von den Bakterien angefangen bis hoch zu uns, ist ein einziger lebender Organismus. Man kann diese Elemente nicht voneinander trennen. Wenn man die Bakterien abtrennt, dann sterben wir sofort, das ist einfach das, was als Allererstes passiert. Ich sage das deswegen: Wenn wir uns als abgetrennt voneinander begreifen und ignorieren, was die Natur uns gesagt hat, dann machen wir das auf eigenes Risiko.

Wenn die Natur ausgelöscht wird, dann wird uns das Gleiche passieren, denn wir sind ein Teil von ihr. Wenn wir also all das sehen, was gerade so passiert, kann man sagen, dass es gut ist, weil endlich Themen an die Oberfläche kommen, die bisher immer verborgen gewesen sind.

Man hört von den Wissenschaften über die Massenauslöschungen nicht viel in den Zeitungen. Wir müssen uns als Spezies aufrechterhalten. Wir müssen endlich mal anerkennen und begreifen, dass wir eine Rolle zugeschrieben bekommen haben durch die Evolution. Wir sind nicht durch Zufall hier, wir sind hier – wie das die amerikanischen Ureinwohner und die Urvölker überall, wie die Druiden in Europa schon gesagt haben, schon vor 10.000 Jahren –, um uns um den Garten zu kümmern. Was haben wir dem Garten angetan? Der Garten ist jetzt eigentlich eine der gefährdeten Arten geworden. Auf der einen Seite bin ich überhaupt nicht froh darüber, wenn ich das so wahrnehme, dass wir diesen Auslöschungsprozess nur verschlimmern, auf der anderen Seite bin ich auch wieder froh über die Situation, denn endlich erreicht es die Menschen, und die Dringlichkeit wird erkannt, dass wir etwas dagegen tun müssen.

Lass uns mal unsere persönlichen Lebensthemen mit diesem Planeten besprechen. Faktum ist, dass es eine wirklich massive Gesundheitskrise gibt, die den Planeten gerade angreift.

Die Krankheiten nehmen zu. Trotz all der sogenannten medizinischen Fortschritte haben wir durch die Beschleunigung der Krankheiten die Gesundheitsprobleme auf diesem Planeten nicht aufhalten können. Das ist deshalb interessant, weil wir immer noch mit dem Gefühl zu tun haben, dass das alles einfach vererbt sei, dass es die Gene sind, welche die Krankheiten verursachen. Krebs, Herzerkrankungen, Alzheimer, das sind die Gene. Ich bin ein Opfer.

Aber das stimmt einfach nicht. Die Wissenschaft ist da ganz klar und hat eine Tatsache anzubieten, nämlich die, dass weniger als 1 % aller Krankheiten mit genetischen Faktoren in Verbindung zu bringen sind. Da muss man sich doch überlegen, was ist mit den Restlichen 99 %, die mit Krankheiten verbunden sind?

Dann stellt sich heraus, dass 99 % aller Krankheiten eigentlich mit Stress in Verbindung zu bringen sind, mit ungesunden morphogenetischen Feldern, Familienkonflikten und Streit an sich! Wenn die Gene nicht die Ursache deiner Probleme sind.

Damals gab es das Konzept des genetischen Determinismus, nach dem die Gene bestimmen und kontrollieren, wie sich unser Leben gestaltet. Und das haben alle geglaubt, dass Krankheiten von den Genen in der Familie abstammen. Bruce Lipton hatte dies noch vor 30–40 Jahren so unterrichtet.

Wenn man das glaubt, bedeutet das für das Individuum, dass man sich zum Opfer macht. Als Opfer meines Erbgutes kann ich eigentlich nichts tun und nichts verändern und habe keine Kontrolle über mein Leben. Opfer sein bedeutet, keine Macht zu haben, und das ist eine unglückliche Situation. Solange man aber glaubt, dass man ein Opfer ist, werden die Verhaltensweisen, die Handlungen sich niemals günstig auf die Unterstützung deiner Gesundheit auswirken.

Man wird immer zuerst sagen, ich bin ein Opfer. Und dann ist die Sache schon erledigt, denn du kannst über diesen Opferstatus nicht hinauskommen. Es gibt einen Satz, der schon seit Jahrhunderten weitergegeben wird, der heißt „Wissen ist Macht". Man kann den Sinn verändern.

Die andere Seite davon bedeutet: „Ein Mangel an Wissen ist ein Mangel an Macht". Wir sind systematisch dieses Wissens beraubt worden, um uns zu entkräften. Jetzt laufen wir herum mit der Wahrnehmung, wir hätten keine Macht und dass wir Opfer sind und haben Angst vor den Dingen, ob es sich nun um Gesundheits- oder Umweltprobleme handelt.

Es ist jetzt Zeit für Wissen und es ist Zeit für Macht. Es ist Zeit, dass das Einzelwesen erkennt, wie stark es ist und wie viel Macht es hat, Gesundheit zu erschaffen, denn die Krise ist keine organisch- genetische Krise, sondern eine Umweltkrise, eine Wahrnehmungskrise, eine Verhaltenskrise. Das sind die Dinge, die wir verändern können. Wir bewegen uns in eine neue Welt hinein, und du hast sehr viel Macht, und wenn du das verstanden hast, dann ist die Krankheit nicht mehr ein notwendiger Faktor in deinem Leben.

Wenn du zu den 99 % der Menschen gehörst, dann solltest du blühen und gedeihen auf dieser Erde, denn dann sind deine Probleme nicht mehr genetischer Natur, sondern rein bewusstseinshaft.

Pythagoras sagte:
„Es gibt keine Krankheit, sondern nur Unwissenheit."

Unsere Krankheiten gibt es nicht deswegen, weil wir organische Probleme haben, sondern weil wir einen Mangel an Wissen darüber haben, wer wir sind und wie wir unser Leben führen. Deshalb ist die neue Biologie so wichtig. Ich gebe dir jetzt mal ein bisschen Neues: „Deine Gedanken erschaffen die Welt." Dann sagt man, das ist ein New-Age-Satz. Nein, denn das ist eine so wichtige Tatsache. Wenn wir uns die diversen Wissenschaften auf unserer Erde anschauen, so sind das keine voneinander abgetrennte Einheiten, die Biologie ist nicht getrennt von Chemie, die Chemie ist nicht von Physik getrennt, Biologie wiederum ist nicht von Physik getrennt. Warum? Weil jede Wissenschaft eine Wissensplattform erschafft, auf der eine weitere Wissenschaft sich entwickeln kann. Wenn ich mir die Natur der Wissenschaften betrachte und mich frage: Was ist denn die grundlegende Wissenschaft? Die grundlegendste aller Wissenschaften, mit der wir es zu tun haben, ist die konventionelle Physik.

Fundamental in der Physik

ist die Frage: Wie funktioniert das Universum? Was ist daran wichtig? Es gibt eine Hierarchie. Zuerst war die Physik, dann die Chemie, die Biochemie, die Biologie, die Psychologie. Wenn eine Wissenschaft auf einer der niederen Strukturen ihre Glaubenssätze verändert, dann kann die Wissenschaft, die darübersteht, dies nicht einfach ignorieren.

Es ist eine wissenschaftliche Tatsache: Wenn eine niedere Wissenschaft das Verständnis der Welt verändert, dann müssen alle Wissenschaften, die darauf aufbauen, das auch tun. Ich will damit sagen, dass die Biologie, die wir haben, auf einem Mechanismus aufbaut, auf einer Mechanik aufbaut, aber nicht auf der Mechanik der Quantenphysik, sondern auf der newtonschen Physik.

Das hat eine Bedeutung, weil sie fehlerhaft ist und auf fehlerhaften Überzeugungen beruht. Man kann das Universum nicht mehr in das physische, mechanische und das unsichtbare Universum trennen und aufspalten. Das Problem ist, dass diese Universen nicht miteinander interagieren. Du hast einen physischen Körper und du brauchst dir um Gedanken, um Spirit und um Bewusstsein keine Gedanken zu machen, in der newtonschen Welt hat das keine Auswirkungen auf den Körper. Und die so formalisierte Medizin hat jahrelang die Vorstellung vom Geist und von der Spiritualität aus der Rechnung rausgelassen. Und das ist echt ein Problem.

Da muss man mal grundsätzlich herangehen. Warum ist das so problematisch? Die Quantenphysik ist ungefähr 1925 als ein Verständnis der Mechanik des Universums in die Welt gekommen. Als Tatsache kann gelten, dass die Quantenphysik wirklich die Glaubwürdigste aller Wissenschaften auf dem Planeten ist. Es ist diejenige Wissenschaft, die die meiste Wahrheit hat, die man finden kann im Vergleich zu allen anderen Wissenschaften. Was sind nun die Mechanismen, über die die Quantenphysik spricht?

Diese Mechanismen sind die wahren Mechanismen des Universums.

Ein Satz von einem Quantenphysiker (Sir Arthur Eddington) aus der Frühzeit der Quantenphysik.

Die Dinge der Welt sind geistige Dinge.

Die Quantenmedizin:

Unser Gesundheitssystem ist durch die Reduktion auf das Stoffliche, Materialistische in eine Sackgasse geraten und braucht dringend neue Impulse und Ergänzungen.

Die Quantenmedizin beruft sich auf altes Heilwissen, kombiniert mit den modernsten Erkenntnissen der Quantenphysik und der modernen Medizin. Felder steuern Materie. Das Magnetfeld steuert die Kompassnadel. Unser Bewusstsein steuert unseren Körper bis in die feinste Zellebene. Die Einheit Körper und Bewusstsein regelt alle Prozesse vollautomatisch. Stören wir diese Automatik (Homöostase, Immunsystem, Selbstheilungsmechanismen) durch unser Verhalten, erleben wir Krankheit. Die Quantenheilung zielt im ersten Schritt darauf ab, diese Störungen aufzuhalten, damit die Selbstregulierung wieder die Überhand gewinnt. Die Quantenheilung arbeitet mit unserem Bewusstsein.

Übernommene Gefühlsprogramme:

Dieser Speicher an allen Erfahrungen, auch die Erfahrungen des Ahnenfeldes, umfasst die **Raum-Zeit,** zu welcher unsere Erde gehört. Auch das kollektive Bewusstsein spielt eine Rolle. Es ist allgegenwärtig, zeit- und entfernungslos und mit jeder lebenden oder nicht lebenden Materie verbunden. Das Feld hat ein Gedächtnis oder eine umfassende Erinnerung und ist so real wie alle anderen uns Menschen bekannten Felder, die wir mit unserer Messtechnik erfassen können. Man könnte es auch „Gedankenfeld" nennen.

Die systemische Morphogenetik

Übertragen wir die „Resonanz" als „ähnliche" oder „identische" Schwingung auf die Formentstehung, so haben wir die „morphogenetische" Resonanz, oder, wie Sheldrake vereinfachend sagt, die „morphische Resonanz". Diese ist also die Ähnlichkeit zu allen früheren, gleich schwingenden Organismen.

Je ähnlicher der heute entstehende Organismus zu seinen früher lebenden „Brüdern" oder „Schwestern" ist, desto stärker ist die morphische Resonanz. Je mehr solcher heute lebenden Organismen es in der Vergangenheit dieser Art gegeben hat, desto stärker sind die Resonanzen.

Wenn dies zutrifft, dann stehen wir auch mit all den Menschen in Verbindung (Resonanz), die *vor* uns gelebt haben, dann tragen wir Aspekte der gesamten Menschheit in uns. Und nicht nur dieses: Wir tragen das gesamte Bewusstsein des Lebens in uns mit, das Bewusstsein der Evolution.

Das Arbeiten mit dem Meta- oder morphogenetischen Feld: Alles ist lediglich Information.

Es existiert ein feinstoffliches Informationsfeld, in dem alles abgespeichert ist. Alles, das heißt wirklich alles, jede Handlung, jedes Ereignis etc.

Die Morphogenetik ist eine uralte Technik, die bereits von den indigenen Völkern angewandt worden ist: Wann immer wir urteilen, ist das unsere Sichtweise. Die Morphogenetik bietet hier die Möglichkeit, aus der eigenen Sichtweise auszusteigen und Erfahrungen aus fremden Feldern zu erhalten. Die Faszination dieser Methode liegt in ihrer Einfachheit und Treffsicherheit. Sie baut auf der Fähigkeit der rechten Gehirnhälfte auf, Erfahrungsfelder zu öffnen, die dem Verstand verborgen bleiben. Die Methode ist intuitiv und praxisorientiert, kann selbstständig, aber auch als Ergänzungsfeld zu anderen energetischen Methoden dienen.

Die Fähigkeit oder Unfähigkeit, sich erfolgreich Herausforderungen zu stellen, ist also keineswegs angeboren oder gar zufällig. Metakompetenzen werden durch Lernprozesse gewonnen, die auf Erfahrung beruhen. Wie gut ihre Ausformung gelingt, liegt somit in der Hand derer, die das Umfeld eines jungen Menschen prägen und mit ihm in einer emotionalen Beziehung stehen.

Die systemische Feldarbeit ist heutzutage nicht mehr wegzudenken

Entwicklung der eigenen Präsenz. Das Erlernte und Geübte ist vielseitig einsetzbar. Es sind hochwirksame, professionelle Werkzeuge im jeweiligen Arbeits- und Lebensfeld.

Die Erfahrungen können sofort im Alltag und in allen Lebensbereichen überprüft und vertieft werden. Die Grundhaltung, allem gleichermaßen zugewandt zu sein, hat auch im „normalen" täglichen Umgang mit Menschen ihre hilfreiche Wirkung. Sei es im Beruf, Familie und Gesellschaft.

Ganzheitliche Beziehungsvorgänge, die im komplexen, alltäglichen Bindungsgeflecht verborgen blieben, erklären sich. Schwächende vorgelebte und vorgegebene Muster in Beziehungsstrukturen kommen ans Licht, und andere Sichtweisen werden möglich.
Sie sind der Beginn von Lösungs- und Wachstumsbewegungen. Im Alltag erweist sich, ob unsere derzeitige Weise, da zu sein, dem gemeinsamen Wachstum öffnend, verbindend, stärkend und freigebend förderlich ist und so damit dem Leben dient. Wirkliche Bedeutung bekommt das, was wir tun, erst durch die lebendige Beziehung in der Praxis zu uns selbst, zu anderen Menschen und dem, was uns umgibt.

Der daraus resultierende Gewinn wartet auf jeden von uns

Für jeden Menschen ist die Arbeit an der eigenen Verstrickung unerlässlich, denn wir können die schönsten Instrumente nur nach den Möglichkeiten unserer eigenen inneren Welt gebrauchen. Die Übersetzung von innen nach außen erfolgt immer 1 zu 1. Natürlich ist es leicht, wenn wir uns in unserer Mitte befinden und uns den Kräften der Seele anvertrauen. Aber dieser Haltung geht ein innerer Prozess voraus, nämlich die „Verhandlung" zwischen Ich und Seele. Ich werde noch in den folgenden Ausführungen näher darauf eingehen.

Es ist letztlich nicht wichtig, was nun genau Bert Hellinger oder andere Therapeuten oder auch ich hierzu oder dazu gesagt haben. All diese Informationen können niemals die eigene Wahrnehmung ersetzen. Wahrnehmen, was wirkt, darum geht es! Wer sich nur auf Ordnungen verlässt, der geht am Lebendigen, an der Seelenkraft des Geschehens oftmals vorbei.

Im Verborgenen liegt oftmals die unsichtbare oder unbewusste Energie. Die Dynamiken werden weitergegeben, und die nächste Generation lebt sie weiter. Bis sie gefunden und verändert wird. So beginnt ein neues Kraftfeld zu wirken.

Wenn die Biologen von Information sprechen, meinen sie eigentlich Programm

Information, der moderne Ursprung der Form, wird heute als etwas betrachtet, das Molekülen, Zellen, Geweben etc. innewohnt. Morphische Felder sind also Informationsfelder!

Morphische Resonanz ist umso spezifischer und wirksamer, je ähnlicher die in Resonanz stehenden Muster sind. Besonders spezifisch ist natürlich die Resonanz eines Organismus in seinen eigenen, früheren Zuständen – vor allem, wenn sie erst kurze Zeit zurückliegen …

Diese Eigenresonanz stabilisiert den Organismus in seiner charakteristischen Form und harmonisiert die Entwicklung symmetrischer Strukturen. Diese Selbststabilisierung morphischer Felder könnte auch viel beitragen zum Verständnis des Umstandes, dass lebendige Organismen ihre typische Form aufrechterhalten können, obgleich die Stoffe, aus denen ihre Zellen und Gewebe bestehen, ständig ausgetauscht werden.

Dies lässt sich gut mit einem Haus vergleichen, das total saniert werden muss. Wände werden eingerissen und wiedererrichtet, vielleicht der gesamte Dachstuhl abgetragen und neu wiederaufgebaut, vielleicht ersetzt man Wand um Wand durch solche mit neuen, anderen Materialien, weil die alten faul und kaputt sind. Nach und nach kann man das Material des Hauses gänzlich austauschen, aber das Haus, das gleiche Haus steht immer noch, weil der Bauplan geblieben ist. Was identisch bleibt, ist die geistige Konstruktion, was sich verändert, sind die Baustoffe, ist die Materie.

Alles hat ein Gedächtnis und unterliegt dem Prinzip des Geistigen.

Wie beim morphogenen Feld ist die Gegenwart einer Form (das Haus jetzt) mit der Vergangenheit verbunden (das Haus damals), und diese Verbindungen sind nicht die Materialteilchen, ist nicht die Materie an sich, sondern der Bauplan.

Wir können das gesamte Bild in uns oftmals nicht verstehen, doch wir fühlen auch alle alten Informationen. Die Frage ist: Sind es meine oder mir fremde Gefühle?

Da jeder ein multidimensionales Wesen ist, können wir gar nicht nur eins sein. Wir sind vieles, du hast eigene spezielle Begabungen, die du bereits als Erbanlage in dir trägst und die in den verschiedenen Rollen, die du lebst, sichtbar werden. Ganz individuell greifst du dann unbewusst zu deinen Talenten, die du dir im Laufe deines Lebens angeeignet hast. Manche sind äußerst wertvoll, und manche brauchst du nicht mehr.

Die Wissenschaft sagt uns, wie die Dinge funktionieren. Aber Wissenschaft kann uns nicht sagen, wie wir dieses Wissen in unserem Leben anwenden können.

Da ist jedoch noch eine Weisheit von über 5.000 Jahre alten Traditionen, die vielmehr mit allem verbunden waren und taten, was sich für sie selbst und für die Gemeinschaft als sinnvoll anfühlte. Die alte Weisheit schaute immer auf das große Ganze.

Dabei beweist uns doch gerade die Wissenschaft der Physik seit Jahrzehnten, dass NICHTS voneinander getrennt ist und AL-LES in Verbindung steht und sich wechselseitig beeinflusst. Ebenso zeigt die Quantenphysik, dass zwei Teilchen, die einmal in Verbindung miteinander standen, eine Verbindung zueinander bewahren.

Werden die Teilchen auch noch so weit voneinander getrennt – bewegt man das eine, bewegt sich zeitgleich und absolut synchron das andere. Exakt so, wie das manuell bewegte Teilchen. Woher haben diese Teilchen die intelligente Verbindung zueinander? Woher „weiß" das eine von dem anderen, wie es sich bewegt? Warum spielen Zeit und Entfernung hier gar keine Rolle? Klar ist, zumindest in meinen Augen, wenn schon Teilchen verbunden bleiben – dann ist es logisch bei Familien und Menschen, die genau betrachtet aus Teilchen und noch feineren Ebenen bestehen. Wir SIND verbunden mit unseren Vorfahren. Nicht nur genetisch, es geht weit darüber hinaus.

(Gregg Braden aus dem Online-Kurs 6 Wahrheiten 2017 – Quellenverzeichnis)

Mal vorweg, es gibt keine Wundertechnik, denn das Wunder kommt von jenseits des Vorstellbaren.

Also, Wunder haben auch immer etwas mit unserem Glauben zu tun, und meistens kommen sie, wenn du nicht mehr damit rechnest, oder sie bleiben aus, weil es für deine Entwicklung nicht passend ist.

Dein innerer Autopilot will jedoch keine Veränderung, und das bezeichne ich als den Homo Querulantus. Um diesen abzustellen, habe ich jahrelang nach einer Art Wundertechnik gesucht und habe dabei zwei **Sachen herausgefunden: das eine ist die Bewegung und das andere ist der Glaube,** der alles schafft. Wie kommt man ins Jetzt, und was ist Gewahrsein?

Denn nur 5 % deines Lebens sind unter der Kontrolle deines kreativen, schöpferischen, bewussten Geistes.

Wenn du dein Bewusstsein mit der Achtsamkeitstechnik nach innen schickst, dann achtet dein Bewusstsein auf nichts. In dem Moment, in dem dein Bewusstsein nach innen geht, kannst du nicht denken. Wenn dein Bewusstsein in deiner Gedankenwelt ist, und das ist 95% des Tages so, dann ist dein Bewusstsein auf Autopilot geschaltet. Unser Leben wird übernommen von Programmen, die im Unterbewusstsein ablaufen. Und 70% der unbewussten Programme sind sehr negativ.

Wenn ich also 5% positiv denke und 95% des Tages auf Autopilot funktioniere und mein Bewusstsein gerade im Unterbewusstsein und mit anderen Dingen beschäftigt ist, habe ich negative Verhaltensweisen. Und die sind ganz genau so machtvoll wie die Konsequenzen eines positiven Gedankens.

Das Placebo (positiver Gedanke) bringt dich in die Heilung. Das Nocebo (negativer Gedanke) kann alle möglichen Krankheiten verursachen.

Der negative Gedanke ist genauso mächtig wie der positive Gedanke, aber er bringt uns weg von der Gesundheit. Wie viel Prozent deiner Gedanken sind positiv und wie viel Prozent negativ? Die Gedanken kontrollieren die Gene.

Ein negativer Gedanke kann ein normales gesundes Gen umdrehen und zu einem Krebsverursacher machen. Weniger als 10% hat irgendetwas mit Erbe zu tun. 90% der Menschen bekommen Krebs spontan. Das hat keine familiären Ursachen. Wie konnte das passieren?

Die Antwort ist: Es gibt keine Krebs-Gene. Du brauchst nichts anderes zu tun als einen Lebensstil zu führen, der Stress im System verursacht. Stress und negative Folgen aus dem Stress überschreiben die Gene.

Das heißt Epigenetik. Man kommt mit 90% gesunden Genen zur Welt, die man in jede nur denkbare Krankheit verwandeln kann. Ein negativer Gedanke verursacht Krebs oder kann Herz-Kreislauf-Erkrankungen verursachen.

Das sind die Dinge, mit denen wir arbeiten müssen. Die Gedanken einer neuen Welt kommen. Wir müssen unseren bewussten Verstand vorne halten, denn der kann positives Denken bewahren. Alle Leute werden entmutigt, weil sie denken, wir haben das positive Denken doch versucht, aber es hat nicht funktioniert.

Aber denk daran, du besitzt ja nur 5% des positiven, denkenden Verstandes. Das heißt, du kannst zwar positive Gedanken haben, aber nur 5% davon haben nicht die Power, die 95% der Verhaltensweisen zu überstimmen, welche die unterbewussten Programme kontrollieren, die wir aus unserer Familie **übernommen** haben. Untersuchungen an Kindern haben gezeigt, dass ein Adoptivkind in einer Familie, in der Krebs eine Rolle spielt, den gleichen Familien-Krebs bekommt wie die natürlichen Geschwister. Obwohl das Adoptivkind aus ganz anderen genetischen Umständen stammt.

Ist „unheilbar" ein Gedankenkonstrukt?

Bis vor 100 Jahren war insbesondere die newtonsche Physik diejenige, die sich in der Psychologie widergespiegelt hat und bewirkte, dass wir uns selbst als abgetrennt sahen, als klein, als abgeschnitten, als unbedeutende kleine Teilchen des Universums. Diese Psychologie hat dieses grundlegende physikalische Modell einfach nur widerspiegelt. Und jetzt haben wir die Quantenphysik.

Eine Physik, die sagt, du bist eben nicht nur ein kleines Teilchen im Universum, du bist nicht abgetrennt vom Universum, sondern du bist ein Ausdruck des Universums. Du bist nicht nur dein Ego, nicht nur dein Selbstbild, du bist das Leben, wie es sich selbst als Leben zum Ausdruck bringt, wenn man sich so betrachten mag. Und das wird uns jetzt angeboten und ist jetzt doch eine grundlegende Veränderung. Nicht nur in unserer Psychologie, sondern auch in unserer Identität? Ja, zu 100%.

Bruce Lipton hat bereits 1967 Stammzellen geklont. Er war zur rechten Zeit am rechten Ort, um zu sehen, was kein Wissenschaftler bis dahin beachtet hatte. Und seitdem ist das als eine neue Wissenschaft formalisiert worden und heißt eben Epigenetik. Bewusstsein kontrolliert das Leben, und Bewusstsein war etwas, was man als Begriff nicht benutzen durfte in irgendeiner seiner Lehren an der medizinischen Hochschule.

Die Wörter Geist, Bewusstsein und Spirit waren alle verboten im wissenschaftlichen Bereich, weil Energien keinen Einfluss auf Materie haben **konnten.** Bewusstsein und Spiritualität wurden ignoriert.

Rafaela – unheilbarer systemischer Lupus

Der anscheinend unheilbare Lupus ist wahrlich eine Herausforderung. So viele Verhaftungen und Verstrickungen kamen zum Vorschein. Aber nicht nur das, auch die Umprogrammierungen, die der Klient im Laufe der Gespräche vollzieht und Verantwortung übernimmt, bringen neue Lebensqualitäten hervor. Die Nachhaltigkeit liegt dann beim Klienten selbst.

Von der Klientin selbst geschrieben

Beginn der Erkrankung im Jahr 2008 mit laufender Symptomerweiterung. Jeden Tag kamen neue Symptome hinzu oder veränderten sich plötzlich. Angefangen von Seh- und Hörstörungen, Schwindel, extremer Müdigkeit, Depression und Panikattacken, Restless-Leg-Syndrom, Sehnen- und Gelenkschmerzen, breiteten sich die Beschwerden praktisch im ganzen Körper aus und füllten zum Zeitpunkt des Vollbildes der Erkrankung zwei ganze A4-Zettel. Im Frühjahr 2010 schlussendlich stationärer Krankenhausaufenthalt mit der Diagnose der lt. Schulmedizin „unheilbare Krankheit" Systemischer Lupus erythematodes. Beginn einer umfassenden medikamentösen Behandlung (12 Tabletten täglich). Über die Jahre kämpfte ich mich zurück, versuchte immer wieder Medikamente abzusetzen und musste dabei viele Rückschläge hinnehmen. Der Gedanke der Selbstheilung führte mich nach Jahren schließlich zu Andrea Gschiel. Mit ihrem holistischen Gesundheitscoaching und den Aufstellungsarbeiten gelang es mir bereits nach etwa 3 Monaten, die letzten 2 Basismedikamente abzusetzen. Seit etwa 2,5 Jahren werde ich nun von Andrea begleitet und bin weitgehend beschwerdefrei. Ich habe massiv an Lebensqualität gewonnen, bin wieder voll arbeitsfähig, kann das Sonnenlicht wieder genießen und Sport treiben.

Es können wohl kaum die richtigen Worte gefunden werden, um den Wert der zurückerhaltenen Gesundheit und Lebensfreude angemessen zu beschreiben. Vielen Dank für alles!

Was sagen die Physiker heute?

Die unsichtbaren Dinge in der Welt, die sie jetzt einfach mal das Feld nennen **(Rupert Sheldrake aus dem Buch: „Das Feld").** **Quellenverzeichnis**

Das Feld ist die unsichtbare Energie. Laut neuer Physik besteht das Feld aus unsichtbaren, sich bewegenden Kräften, die die physische Welt beeinflussen. Und das lehrt die Quantenphysik heutzutage. Der unsichtbare Energiebereich ist nicht getrennt von dem, wer wir sind. Wie wir die Materie wahrnehmen, ist eine Illusion der Wahrnehmung. Die Materie ist nur eine andere Art von Energie. Alle Energien sind miteinander verschränkt. Also kann die Gedankenenergie nicht von der Körperenergie abgetrennt sein. Bewusstsein ist ein Substrat von allem. Was ist nun die Definition von Spirit, von Geist? Unsichtbare, bewegliche Kräfte, die die physische Welt beeinflussen. Das bedeutet, dass das Konzept von Spirit und das Konzept der Wissenschaft, das sich das Feld nennt, genau die gleiche Definition haben. Ist das ein Zufall? Nein, sie sind genau dasselbe!

Ein quantenphysikalisches Energiefeld

Ehe irgendjemand noch etwas über Quantenphysik wusste, war es unseren Vorfahren bewusst, dass da etwas ist, das Einfluss auf alles Lebendige hat. Sie wussten nicht, was es genau ist und gaben ihm den Namen großer Geist, Spirit und noch viele weitere Namen, je nach Kultur. Und jetzt nennen wir es Quantenphysik, die das Wort Spirit als integralen Teil dessen erkennt, was wir sind.

Ein Brunnen der unendlichen Energie steht uns zur Verfügung. Sehr wenige wissen, wie man bewusst dieses Potenzial der Quelle gut einsetzt, damit wir die Erde gemeinsam gesund machen.

Es gibt jene, die Angst in unserer Welt ausbreiten, die uns glauben machen wollen, dass unsere Ölversorgung, schlimmer noch, die Trinkwasserversorgung und damit die Energie fast erschöpft oder in Gefahr ist.

Doch wenn wir uns daran erinnern, dass die tiefsten Energiequellen nicht außerhalb von uns liegen, sondern im Inneren, können wir mit Macht und Vertrauen dieseWelt bewegen, während wir unsere liebevolle Energie auf alle ausbreiten.

Albert Einstein wird für seine berühmte Formel $\underline{E = mc2}$ hoch verehrt. Energie entspricht Masse mal die Geschwindigkeit des Lichts quadriert. Also nach Einstein ist alle Masse in ihrem Wesen eine Form von Energie.

Die Quantenmechanik sagt, dass innerhalb des „absoluten Vakuums" des Raumes ein Nullpunkt-Energiefeld existiert, in der Materie ständig erzeugt und zerstört wird.

Quantenwissenschaftler sagen, dass der gesamte Raum mit elektromagnetischen Nullpunkt-Schwankungen gefüllt ist, die ein universelles Meer von Nullpunkt-Energie erzeugen. Einige Pioniere und Wissenschaftler behaupten, dass, sobald wir lernen, wie man sich dieses unendliche Meer erschließt, Energie fast so leicht zu erhalten sein wird wie die Luft, die wir atmen.

Fazit: Wir alle sind zu mehr fähig!

Für mich war es das Wichtigste, diese vielen verschiedenen Möglichkeiten der Heilung zu erkunden. Daraus resultierte diese Form von holistischer Sichtweise.

Die Weisheit von Wissenschaft und Spiritualität – die Wissenschaft sagt uns, wie die Dinge funktionieren, die spirituellen Prinzipien helfen uns zu begreifen, wie wir dieses Wissen in unser Leben überführen. Ich spreche nicht über Religion, ich spreche über spirituelle Prinzipien.

Wir sind ein Stück vom Spirit, unsichtbare, sich bewegende Kräfte, die diese physische Realität formen und verändern. Okay, lass uns wieder wissenschaftlich werden: Deine Identität ist ein Energiefeld, das von deinen Zellen aufgenommen wird. Weniger wissenschaftlich: Du bist der Boss deiner Zellinformationen. Und die Realität dabei ist, nein, ihr seid beides. Unser Spirit ist nicht einfach nur eine kleine Zutat unserer Biologie, sondern ist verbunden mit einem größeren Wissen, einer größeren Sphäre des Wissens, die nicht einfach physisch ist, nicht greifbar ist und ein ganzes Ding umfasst, das man Energie nennt. Wir sind die Energie, die sich selbst ausdrückt in dieser physischen Form.

Wie kann es dann sein, dass ich mit meinem kreativen positiven Denken nicht zu Frieden, Freude, Gesundheit und Liebe komme?

Ja, weil die Mechanismen der Psychologie sagen, dass man nur 5 % des schöpferischen Verstandes am Tag nutzt. Dass man zu 95 % Programme der Eltern und der Gemeinschaft bis zum 7. Lebensjahr nutzt. In diesem Großteil dieser 95 % sind auch schwächende Programme, Selbstsabotagen, und sie begrenzen uns. Aber auch stärkende Programme und tolle Überlebensstrategien. Doch kann es sein, dass gewisse unbewusste Programme nicht erwünscht oder notwendig sind.

Wenn du möchtest, dass sich diese 5 % positive Gedanken manifestieren, dann darfst du dich nicht einfach wieder auf das Unterbewusste verlassen. Was viel effektiver ist: Überschreibe die Programme des Unterbewussten, damit sie dich nicht länger sabotieren. Wenn du dann ein neu geschriebenes Programm für dein Unterbewusstsein hast, dann brauchst du gar nicht mehr bewusst zu sein, weil dein Unterbewusstsein dich noch viel schneller hinbringt, als dein bewusster Verstand es je schaffen würde, weil das Unterbewusstsein viel mächtiger ist. Das ist der wirkliche Weckruf.

Der Weckruf sagt: Die Welt fühlt sich gerade nicht richtig an, du bist nicht gesund, du fühlst dich dabei nicht gut, du bekommst nicht das, was du willst. Das Programm bis jetzt war: Es tut mir leid, wer denkst du denn eigentlich, wer du bist, du bist doch nur ein mechanisches Gerät, und du bist das Opfer dieses Universums. Das kann sich sofort ändern!

Das ändert sich deswegen, weil dir die Quantenphysik die Tatsache in die Hand gibt, dass deine Gedanken die Welt erschaffen. Es ist jetzt wirklich an der Zeit, sich das ganz zu eigen zu machen, dass du deine kreativen Gedanken gar nicht mehr brauchst in der alltäglichen Welt. Du verlässt dich einfach zu 95 % auf das Programm.

Der Film „Die Matrix" ist ein Dokumentarfilm, ein Tatsachenfilm und kein Science-Fiction-Film. Jeder von uns ist in den ersten 7 Lebensjahren programmiert worden. Das ist die einzige Art, wie unsere Biologie überhaupt in die Gänge kommt. Man braucht erst einmal ein Programm, bevor man anfangen kann. Wie wäre es denn, wenn ich die rote Pille (aus dem Film „The Matrix") nehme und aus dem Programm aussteige?

Menschen, die in ihrem Leben die rote Pille schon einmal genommen haben, haben ihre Welt grundlegend verändert. Die Wissenschaft anerkennt mittlerweile, dass, wenn wir uns Hals über Kopf verlieben, es da eine Veränderung im Verhältnis zwischen dem Bewussten und dem Unterbewussten gibt. Verliebte leben im Wesentlichen aus dem Bewussten, 90 % sind plötzlich bewusst. Das ist einfach zu erklären. Wenn sich endlich etwas zeigt, wonach man **so lange gesucht hat, hat man das klar vor Augen.**

Das Leben ist jetzt so schön, so wunderbar. Man kann es kaum erwarten, am nächsten Morgen wieder wach zu werden, weil es so aufregend und toll ist, einfach nur, weil zwei Menschen, die sich verliebt haben, simultan aufhören, ihre alten Programme abzuspielen. Sie leben jetzt aus dem bewussten Verstand, das sind die Wünsche und Sehnsüchte.

In dem Augenblick, wo ich mich verliebt habe, übernimmt der bewusste Verstand 90%. Die Wünsche und Sehnsüchte fangen an, sich zu manifestieren, das Leben wird so schön, und man wird davon gefangen genommen – das nennt man dann die Flitterwochen. Da erlebt man den Himmel auf Erden. Man ist gesund und hat Energie. Wo kommt diese Energie her? Daher, weil man aufhört, das Programm abzuspielen. Und die Folge daraus ist, dass sich das Leben von der Hölle zum Himmel bewegt.

Der Himmel, den ich da erlebte, ist also kein Zufall gewesen, sondern es war die persönliche Schöpfung, die ich geleistet habe, weil ich mich aus dem Blickwinkel von Wünschen und Sehnsüchten heraus geschaffen habe. Wenn du das jeden Tag machen würdest, dann kannst du den Himmel auf Erden jeden Tag deines Lebens leben. Und das genau ist dieser Weckruf. Der Weckruf lautet, durch den Filter der Liebe zu schauen.

Dann werden deine Verhaltensweisen, die du manifestierst, der Ausdruck der Liebe sein. Und dieser Ausdruck der Liebe für das Außen wird dir Liebe bringen für **alles im Außen.** Aber wenn du diesen Ausdruck der Liebe nach innen wendest, wenn du wirklich Liebe für deine Biologie zum Ausdruck bringst, auch wenn du dich verliebst, dann werden die Menschen so gesund, dass jemand von außen, der sie anschaut, sagt, wow, die müssen verliebt sein, wie sie strahlen, sie sind so gesund. Und das ist das unmittelbare Feedback, wenn man Liebe als Programm in die Biologie implementiert.

Statt einfach die Angstprogramme weiterlaufen zu lassen, die in der Regel eigentlich der vorherrschende geistige Zustand sind, die wir einfach runterladen, wie Bedrohungen, Ängste – wer sind wir denn bloß, und was glauben wir, wer wir sind? Und wenn man das alles loslässt, gibt es sofort ein neues Leben. Gut, die Flitterwochen sind ja nicht von Dauer. Man kann zwar immer bewusst sein, aber man hat immer noch seine Arbeit, lästige Pflichten wie die Miete zu bezahlen oder das Auto zu reparieren. Der bewusste Verstand lässt dann die Liebe gehen und geht nach innen, weil dein Bewusstsein über das nachdenkt, was auch immer sich da gerade zeigt – wie werde ich die Miete bezahlen usw. Dann gehe ich wieder zurück zu den alten Verhaltensweisen. Was ist dann?

Das Leben kehrt dann dorthin zurück, wo es vorher war.

Das unbewusste Selbst, in dem deine Gewohnheiten und Muster wohnen, möchte nicht hören, wie mächtig es ist. Es sagt, ich bin eine Auswirkung des Universums. Das ist aber nur ein Selbstbild, für das ich mich gehalten habe. Als das würdige Selbst, als das wahre Selbst bist du nicht länger ein Effekt, sondern wirst zu dem, wozu du geboren bist. Du kannst jetzt eine Auswirkung auf die Welt ausüben. Und das bedeutet doch in der Tiefe, dass die Energie, die das bewirkt, die Liebe ist, die du bist.

Wenn du das Verhältnis zwischen Bewusstem und Unterbewusstem nicht veränderst, dann wirst du dein Programm, das dein Leben steuert, auch nicht verändern.

Wir haben das Verhalten von unseren Eltern und unserer Umgebung bis zum 7. Lebensalter heruntergeladen. Wenn man danach aus seinem bewussten Verstand lebt, dann wird man anders als seine Eltern sein. Wenn man jedoch aus einem Unterbewussten, das 95 % der eigenen Programme darstellt, lebt, dann verhält man sich so wie seine Eltern. Das Verhalten kommt aus den entmachtenden unbewussten Programmen.

Hör auf, außerhalb nach der Quelle deiner Probleme zu suchen. Gehe nach innen.

Was willst du von dir, was ist dir würdig, und wie bewege ich mich in Richtung Liebe? Ich habe jetzt Programme aus den ersten sieben Lebensjahren, die mein Leben kontrollieren. 95 % meines Lebens sind durch diese unbewussten und unsichtbaren Programme gestaltet. Mein Leben ist ein Ausdruck meiner unterbewussten Programme. Schau dein Leben an. Alles, was du magst und was in dein Leben hineinkommt, erkenne, dass du ein Programm hast, um diese Dinge zu ermutigen, dass sie da sind. Alles, womit du Schwierigkeiten hast, alles, was du hart versuchst, wo du viel Anstrengung brauchst ... hör damit auf!

Warum arbeitest du so hart daran, Dinge möglich zu machen? Möglicherweise läuft im Unterbewussten ein Programm, welches das nicht unterstützt. Hör auf zu glauben, dass das Problem von außen kommt, und begreife, dass es ein unsichtbares inneres Programm ist. Du kannst das Programm ändern. Als Schöpfer und Schöpferin kannst du deine negativen unsichtbaren Selbstsabotage-Programme überschreiben. Dieses Wissen ist machtvoll. Übernimm die Verantwortung über dein Leben.

„Jeder Mensch ist der Urheber seiner eigenen Gesundheit und Krankheit" Buddha (563–483 v. d. Z.)

Jeder Mensch kann heilen und tut es unbewusst. Jeder Mensch kann sich immer wieder neu erfinden, seine Kräfte bewusst steuern. Die Übertragung von Energie kann auf physische, emotionale, mentale und spirituelle Weise erfolgen.

Jeder von euch hat eine bestimmte Schwingung und Frequenz, auf die ihr ansprecht, und es liegt in euch, herauszufinden, welche!

Dies erfordert Zeit und Achtsamkeit, was ja heutzutage sehr wenig vorhanden ist. Es ist erstaunlich, dass der Mensch noch immer so wenig über seinen Körper weiß. Doch die meisten achten nicht auf die Signale.

Der Mensch in dir, wie auch das Ego, stehen im Dienst deiner Seele!

Eines Tages wollte ich mir wieder mal ein Seminar gönnen für meine Weiterentwicklung und buchte ein Zen-Seminar mit Bogenschießen. Die Sitzmeditation dauert anfangs 1 Stunde, und danach hieß es, zehn Minuten im Kreis gehen. Die Luft war stickig, der Raum voller Energien von den Teilnehmern. Ich hatte schon viele Retreats gemacht, doch dies war eine sonderbare Erfahrung. In meinen Gedanken ging die Post ab, mein Körper schmerzte wie verrückt. Ich dachte: „Atme, Andrea, einfach atmen, das kennst du doch schon." Die Dauer des Sitzens wurde immer länger, und meine Wut wurde ebenso stärker. „Ich geh da jetzt vor die Hunde, was tu ich hier eigentlich?" „Ist das mein Ego? Aha, dem muss ich jetzt standhalten, immerhin bin ich ja eine Vortragende, also reiß dich zusammen, Andrea." Genau dies war mein Muster, denn das hieß immer: „Reiß dich zusammen, Andrea", und ich wollte schon als Kind immer aufstehen und gehen. Es machte mich traurig und wütend zugleich. Muss man als erwachsene Frau das über sich ergehen lassen oder nicht? Der Zen-Meister war ein Zahnarzt aus Deutschland und sagte zu uns, er habe so eine Freude daran, mit uns zu sitzen, denn er komme so selten dazu! Ich schaute ihn an und dachte mir: „Was? So jetzt reicht es mir aber! Ich will diese Quälerei nicht mehr."

Na, endlich kam der Teil mit dem Bogenschießen – ich stellte mich hin, zog auf und zitterte. „Aha", dachte ich mir, „wieso das jetzt, ich kann das ja eigentlich." Plötzlich liefen mir Tränen runter, und der Zen-Meister stand da und sagte: „Richte dich auf Andrea und geh!"

Ich nickte, und da war es, das totale „JA, ich geh und richte mich auf". Meine Mutter hatte uns zum Essen eingeladen, und ich erzählte ihr von meinem Zen-Seminar, und wisst ihr, was sie gesagt hat? „Was, echt, Andrea, und für das hast du auch noch bezahlt?" Ich musste so lachen, denn sie hatte wahrscheinlich recht. Was für ein „Entspannungsseminar"!

In unserem Ego ist viel Geschichte, mit der wir uns versöhnen können, damit das Quälen ein Ende findet.

Im Leben jedes Menschen sind die Zyklen seines Wachstums verschieden. Beim Hineinwachsen in einen neuen Lebensabschnitt bedeutet es auch ein gewisses Sterben des Egos. Dies gibt sich oft durch Sinn-Fragen als Vorbote zu erkennen: Wer bin ich eigentlich? Was will ich wirklich? Hier dringt oftmals schon deine Seele durch und macht Kontakt mit dir. Eine andere Variante ist die plötzliche Initiation durch einen Unfall, Nah-Tod-Erfahrungen oder Schicksalsbegegnungen.

Mit jedem Übergang wächst du im übertragenen Sinn in mehr Verantwortung hinein. Warum bereiten sich Menschen nicht vor? In uralten Traditionen wurden die Menschen **durch Initiationen** vorbereitet, der Junge für die Jagd, heute vergleichbar mit dem Antritt in die Lehrstelle, das Mädchen wird zur Frau, und sie feiert. Was ist ein großer Übergang? Wenn eine Frau ein Kind bekommt und mehr Verantwortung übernimmt. So rückt automatisch das Ego in den Hintergrund.

Also, das Ego ist nicht nur das Ego, wie es oft beschrieben wird, es wirkt ganz einfach mit und dient dem großen Ganzen, genauso wie deine Seele. Du kannst selbst entscheiden, was auch immer, und die Seele zeigt sich vielleicht von einer ganz anderen Seite, die du von dir noch nicht kennst, andere Sehnsüchte, einen neuen Lebensfluss, neue Gedanken bezüglich Leben und Tod. Unter anderem ist auch der physische Körper sehr stark involviert mit hormonellen Umgestaltungen und Prozessen – das Tun begibt sich auf eine andere Ebene, der Atemzug bekommt noch mehr Bedeutung, und wiederum wird durch den ganzen Zusammenhang der verschiedenen Körperebenen das Ego in eine Art Loslass-Prozess eingeleitet. Aber noch viel besser ist ein Zulassprozess. Im Zulassen geschieht oftmals das Wunderbare. Nur kein Stress, ob Ego hin oder her, das Universum liebt dich.

Moderne Gehirnforschung

Wie die Emotionen der Erfahrung unseren Verstand beherrschen

Die moderne Gehirnforschung beschreibt folgenden physiologischen Zusammenhang, um die Bedeutung der Emotionen zu beschreiben:

Hirnphysiologisch beginnt ein emotionaler Prozess mit der Wahrnehmung eines Objektes oder einer Situation, die ins limbische System weitergeleitet wird. Dieses System ist hierarchisch strukturiert: Auf der untersten Ebene befinden sich lernunabhängige Zentren, die mit dem vegetativen Nervensystem zusammenhängen und nicht bewusst steuerbar sind.

Auf der mittleren Ebene stehen emotionale Konditionierungen, die bereits im Mutterleib beginnen und im Erfahrungsgedächtnis abgespeichert werden. Die oberste Ebene wird dem Cortex zugeordnet – sie ist dem Bewusstsein zugänglich.

Diese oberste bewusste Ebene wird von den beiden tiefer liegenden, unteren Ebenen stark beeinflusst, hat aber auf diese selbst wenig Einfluss. Das bedeutet, dass die Emotionen den Verstand eher beherrschen als umgekehrt.

Funktion von Gefühlen:

Fühlen und Denken – oder Emotion und Kognition, Affektivität und Logik im weitesten Sinn – wirken in sämtlichen psychischen Leistungen untrennbar zusammen. Unsere affektive Grundstimmung lenkt den Fokus unserer Aufmerksamkeit und bestimmt damit zugleich, was uns gerade als wichtig oder unwichtig erscheint.

Haben unsere Gedanken
eine Wirkung auf unsere Zellen?

Das brauche ich jetzt wohl nicht mehr betonen, oder?

Dass unsere Gefühle und Überzeugungen eine sehr starke Wirkung auf unseren Körper haben, wissen wir nun. Aber was ist mit unseren Gedanken? Die Zelle – also unsere DNA – ist unveränderbar, oder?

Bei Experimenten mit der menschlichen DNA haben Wissenschaftler herausgefunden, dass durch das Senden von starken Gefühlen elektrische Reaktionen bei der DNA gemessen wurden.

Bei Gefühlen wie Liebe, Anerkennung oder Dankbarkeit haben sich die DNA-Strings entspannt und wurden länger.

Dagegen haben sie sich bei Gefühlen wie Frust, Angst, Ärger oder Stress zusammengezogen und schalteten sogar viele ihrer Codes ab. Die Veränderung durch die Gefühle ist wesentlich größer und umfangreicher gewesen, als beispielsweise Elektromagneten bewirken konnten.

Das erklärt auch, warum negative Gefühle uns von der restlichen Welt einfach abschalten und trennen können.

Durch Gefühle wie Wut und schlechte Laune fühlen wir uns isoliert vom Lebensfluss. Wut ist ein Kindheitsgefühl und gegen einen selber gerichtet, da bedarf es Veränderung irgendwelcher Lebensumstände. Wir schneiden uns jedoch selbst ab. Menschen, die in tiefer Liebe geübt sind, können die Form ihrer DNA verändern.

Können unsere Gedanken auf eine DNA einwirken, die weit entfernt ist? In Versuchen wurde nachgewiesen, dass eine DNA, die außerhalb unseres Körpers und weit entfernt ist, die gleichen Reaktionen auf Gefühle zeigt wie die DNA im Körper. Diese Reaktionen passieren sogar gleichzeitig, also ohne Reaktionszeit.

Was immer wir fühlen, denken oder wovon wir überzeugt sind, wird in der gleichen millionstel Sekunde von unserer DNA aufgefangen.

Die Entfernung spielt dabei keine Rolle.

Es gibt keinen Punkt mehr, an dem ein Körper endet, und keinen, wo er anfängt. Durch unseren Einfluss auf die DNA und durch die Matrix spielen Zeit und Entfernung für uns keine Rolle mehr, und durch das Gesetz der Resonanz holen wir alles in unser Leben.

Mit anderen Worten: Alles was wir in unserer Innenwelt bereits besitzen, wird uns auch in der äußeren Welt begegnen. Der Ursprung dieser äußeren Begegnungen ist unser Gedanke. Alles was wir lang anhaltend und oft denken, fühlen oder sagen, ruft ein Resonanzfeld hervor bzw. intensiviert diese Resonanz.

Ursachen von Erfahrungen, die emotional belastend wirken: „Im Laufe meiner langjährigen Praxiszeit hat mich das große Spektrum immer wieder in Staunen versetzt, was alles dazu führen kann." Ereignisse in der Kindheit, z.B. Krankenhausaufenthalte (Eltern durften damals nicht bleiben), chirurgische Eingriffe, Missbrauch, Dunkelheit und Alleinsein im Kindesalter, manchmal auch scheinbar harmlose Ereignisse, immer wiederkehrende Schläge oder nur die Androhung dessen. Aus diesen Ereignissen können sich Ängste, andere Verhaltensweisen und Körpersymptome entwickeln, die man als Betroffener nicht unbedingt mit dem Erlebnis in Zusammenhang bringt.

Veraltete Struktur Schule:
Die Zukunftskompetenzen der Kinder

Gerald Hüther sagt, dass Menschen von Kindheit an auf Leistung getrimmt werden.

Ein Mensch, der sich seiner eigenen Würde bewusst ist, sei weniger anfällig für derartige Mechanismen. Aber warum lassen Menschen sich dennoch so behandeln? Auch dafür hat der Wissenschaftler eine Antwort: „Wir werden in diese Gesellschaft mit all ihren Eigenheiten geboren. Schon in der Schule werden die Kinder auf Leistung getrimmt. Und wer nicht genug Leistung bringt, wird abgestraft. So viele Menschen haben schon in jungen Jahren gar keine Perspektive mehr." Lösungsansätze dafür entwickelt er unter anderem in seiner „Akademie für Potentialentfaltung" und der Initiative „Schule im Aufbruch".
  Um aus einem System von Zwängen und Vorschriften ausbrechen zu können, müssten die Menschen laut dem Experten vor allem eines tun: sich ihrer eigenen Würde bewusst werden, indem sie eine einfache Entscheidung treffen – für sich. Doch laut dem Forscher haben viele Menschen davor Angst, eine solche zu treffen: „Wir haben heutzutage einfach zu viele Optionen. Und viele gehen irrtümlicherweise davon aus, dass ihnen die anderen Optionen verloren gehen, wenn sie sich für eine Einzige entscheiden – aber das stimmt so nicht", erklärt er.

Und was ist die Würde jedes einzelnen Menschen? Dass jeder von uns einzigartig ist, denn wir wurden mit diesem Urrecht geboren. Doch diese Würde ist, zu lieben und gesehen zu werden. Kinder wollen gesehen und wertgeschätzt werden.

Dann hätten sie mehr Kompetenzen im sozialen, emotionalen, mentalen und körperlichen Bereich, mehr Ressourcen für ihr Leben, und nebenbei sind sie nicht Opfer, sondern können bewusste und verantwortungsvolle Erwachsene werden. Die Fähigkeiten, die jeder schon mitgebringt, um das Leben erfolgreich zu meistern, gehören geschult. Doch lernen Kinder, erfolgreich in die Welt zu schauen?

Nein, denn Erfolg in der heutigen Sicht wertet nach Leistung, und somit identifizieren sich Kinder nur über Leistung. Also, wie es altbekannt ist, gibt es in der Klasse immer den Klassenbesten, den Streber, den Rebellen, den „Nerd", den Pausenkasperl und die sogenannten Mitläufer.

Ich schätze mal, der Pausenkasperl und der Rebell haben gute Chancen, erfolgreich zu sein.

Ich war von meiner Geburt an, glaub ich, eine Rebellin, die Schule war ein Desaster für mich, ich brachte einfach nichts wirklich gut auf die Reihe. Nebenbei war ich unbequem. Im Nachhinein betrachtet kein Wunder, wenn Wertschätzung, liebevolle Kommunikation und emotionale Ernährung nicht stattgefunden haben.

Der andere Vergleich, wenn gestärkte Menschen voller Selbstbewusstsein in die Welt gehen und was zu sagen haben. Sowie auch die kleine, große Rebellin für Mutter Erde, Greta Thunberg, gerade auf die Barrikaden steigt für Klimawandel und Umweltschutz und die Erwachsenen zum Aufwachen bewegt. Sie ist 16, das ist ja echt unglaublich, ich bin sicher, sie wird völlig von einer Kraft bewegt, die man Glauben nennt. Eine junge Frau, die mal etwas tut – und unsere Jugend kommt. Wir müssen sie begleiten als Eltern, denn die Zukunft gehört den Kindern, und es ist ihr Planet!

Eine kleine Geschichte bezüglich des Glaubens: Meine Kinder sind ohne römisch-katholischen Glauben erzogen worden. Ich habe diese Aufgabe übernommen, das Wort Sünde ist nicht in ihrem Bewusstsein. Ich ging mit ihnen viel auf Reisen, und sie lernten verschieden Rassen und Kulturen kennen.

Das, was ich ihnen näherbrachte, war die Natur. Schon von klein auf war die Liebe das Erste an der Tagesordnung, mitsamt Mitgefühl und Verständnis – und für die schwierige Phasen der Wille.

Jedes Menschen Würde ist unantastbar und heilig und hat ein Recht auf Gesundheit, Glück und Wohlstand!

Die zweite geistige Quintessenz: Das gesunde Selbst!

Dieses Prinzip drückt aus, dass es keine objektive Welt gibt. Es gibt nur deine ganz persönliche Sicht auf die Welt. Diese Sicht hängt wiederum von deinen Einstellungen und Denkmustern ab. Was du wahrnimmst, ist nicht zufällig und ohne Grund ausgewählt. Wie schon im ersten Teil angesprochen wurde, ist das erste Prinzip: Das, was du denkst, das bist du, und allein dies kreiert deine Realität. Und wenn dir das nicht gefällt, hast du jederzeit die Möglichkeit, deine Sicht über dich zu ändern, und somit verändert sich dein Feld – und damit alles um dich herum. Hier ist es größtenteils auch viel Ahnenarbeit, die du automatisch übernommen hast und die ja auch aus Liebe geschieht. Die Liebe ist richtig mächtig, deshalb ist es so sinnvoll, dem Ganzen mit Liebe zu begegnen.

Es ist eine Entdeckungsreise zu dir selbst. Selbst im wahrsten Sinn, da du dich anders wahrnehmen wirst. Eine gesunde Sicht zu bekommen bedeutet jedoch nicht, alles gutzuheißen, was nicht gut war. Es bedeutet vielmehr, in der Beobachtung zu bleiben und umzuwandeln. Es ist gut, aber auch nicht einfach, dein Leben in die Hand zu nehmen und dich weiterzuentwickeln. Lass dir Zeit, alles wird gut, Schritt für Schritt.

Die Einstellungen, Denkmuster und Prägungen erzeugen auch eine „Brille", durch die du deine Umgebung siehst, was bedeutet, dass du eine Brille aufhast, eine Brille, die dir das Leben in deinem dogmatischen Denken erscheinen lässt: Das ist gut und das ist nicht gut. Eine Schwarz-Weiß-Sicht, die eine fehlerhafte Realität erzeugt. Denn die Wirklichkeit entsteht im Auge des Betrachtens. Doch gut ist nicht gut und böse ist nicht böse! Auch im systemischen Denken geht man davon aus, dass jeder Mensch in seinem eigenen System lebt und das eigene Weltbild umsetzt. Ob bewusst oder unbewusst, es geschieht dir einfach. Wenn es also keine wahrhafte Wirklichkeit gibt, kann die Wirklichkeit auch verändert werden. Die eigene Sicht auf die Realität zu verändern, verändert, was wir erleben. Wenn du dein Verhalten änderst, verändert sich deine Welt.

Dies zeigt sich in deiner neuen Art der Handlungsfähigkeit und deine Sicht auf die Dinge um dich herum.

So ist es, wenn Bewusstheit deine Realität verändert.

Bewusstheit kommt durch neue Verhaltenszüge. Nicht nur durch das Denken, das ja natürlich total wichtig ist, sondern erst, wenn du deine Gedanken lebst, kommen neue Resultate positiver Natur zum Vorschein. Also wird es vielleicht mal Zeit, dass du als Erstes dein Verhalten beobachtest.

Hier geht es um die Beseitigung mentaler und emotionaler Spannungen und Begrenzungen. Es ist wahrscheinlich jedem von uns aus eigener Erfahrung bekannt, dass unser Erleben sehr von unserem Denken und Glauben bestimmt wird.

Aus der Psychologie, Psychoimmunologie, Medizin und Motivationspsychologie wissen wir, dass Gedanken von Angst, Sorge, Wut oder Groll unsere Leistungsfähigkeit einschränken und uns krankmachen können („Was kränkt, macht krank" Rudolf Köster).

Jeder Gedanke und jegliche Emotion, die mit Ärger, Wut, Zorn etc. verbunden ist, verändert deine Atmung, und somit verändert sich der Cocktail der Botenstoffe in deinem Gehirn und in deinem Körper, der dies dann aussendet. Im Gegensatz dazu fühlen wir uns mit Gedanken der Zuversicht, Freude und Liebe wohl und steigern mit ihnen unsere Leistung.

Im schamanischen Denken wird dieser Ansatz noch weitergedacht, und man geht davon aus, dass Gedanken ihre Entsprechung gleichsam anziehen: Positive Gedanken ziehen positive Menschen und Ereignisse an, negative Gedanken ziehen negative Ereignisse und Menschen an. Aus dieser Sichtweise entspricht unser Leben unseren Gedanken, unserem Glauben und unseren Erwartungen. Daher ist ein geschickter Einsatz unseres Verstandes eine immens kraftvolle Methode, unser körperliches und emotionales Verhalten zu beeinflussen. Zu denken heißt zu schaffen.

Die bewusst gedachten Gedanken von heute sind deshalb die Erfahrungen von morgen. Indem wir unser Denken verändern, können wir unser Leben verändern. Das ist wörtlich zu nehmen. Es gibt aus Sicht der indigenen Völker keine objektive, für alles gültige Wahrheit.

Wirklichkeit können wir nur als etwas Subjektives, Persönliches, gemäß unseren Denkmustern Gefiltertes, wahrnehmen. Niemand verwaltet die einzige Wahrheit, keiner weiß, was für andere gut und richtig ist. Gehirnforscher meinen, dass wir nur etwa ein Dreißigtausendstel aller auf uns einströmenden Reize bewusst verarbeiten können, und so kann man ahnen, wie unterschiedlich die Erfahrungen zweier Personen in derselben Situation sein können. Jedem Menschen steht es zu, die Welt auf seine Weise zu betrachten und dadurch seine ganz eigenen Erfahrungen zu machen. Er kann aber auch sein eigenes Denkmodell verändern, wenn es sich nicht mehr bewährt.

Du allein entscheidest, auch wenn du nicht entscheidest, ist dies eine Entscheidung!

„Denn deine Gedanken kommen nie leer zurück,
und sie bewirken all das, wozu du sie ausgesandt hast."
(Elias)

Das menschliche System bekommt Kraft durch eine positive Ausrichtung an Energie!

Gedanken sind einfach machtvolle Energien, die gestalten. Durch Denkprozesse erschaffen wir bewusst und unbewusst unsere Innen- und Außenwelt. Um diese Energie zu lenken, ist es wichtig, unsere unbewussten Gedanken, Gedankenmuster und Lebensprogrammierungen zu erkennen!

Je nachdem, wie du es betrachtest, kann ein zur Hälfte gefülltes Wasserglas halb voll oder halb leer sein. Bei Regen kannst du dich freuen, dass die Pflanzen etwas zu trinken bekommen oder dich über das „schlechte" Wetter ärgern. Bei einem Stromausfall kannst du dir Kerzen anzünden und dich freuen, endlich mal wieder den Zauber eines kerzenbeleuchteten Zimmers zu genießen oder dich darüber ärgern, dass du nun eine interessante TV Sendung versäumst. Je nachdem, welche Einstellung du hast, kann ein Problem ein Hindernis, eine Herausforderung oder eine Chance sein. Es ist klar, nachvollziehbar und verständlich, dass Gedanken unser Erleben beeinflussen. Doch jeder Gedanke hat auch ein emotionales Reaktionsmuster. Denn alle Erfahrungen sind in unseren Muskeln, im Gehirn und im Energiekörper gespeichert.

Eine tiefere, spirituelle Vorstellung, die von vielen spirituellen Lehrern auf der ganzen Welt vermittelt wird, besagt, dass das eigene Erleben vom persönlichen Denken bestimmt wird, also von dem, was man glaubt. Was du von dir und von der Welt glaubst ist das, was du manifestierst.

Die Geschichte ist voller Beispiele für die Macht des Denkens in Form von Gebet, Glauben und Überzeugung, die physische Gegebenheiten, Ereignisse und Umstände verwandeln kann.

Wenn man davon ausgeht, dass alles einer fehlerhaften Wahrnehmung entspricht bezüglich der Welt und wofür man sie hält, dann ist auch offenbar jeder Sinn erfunden. Denn der Sinn des Erlebens hängt ja von unserer Interpretation desselben ab oder von unserer Entscheidung und ist jedoch auch **gleichzei-**

tig die Interpretation eines anderen Menschen. Dies ist lediglich die Wahrnehmung von außen und nicht die deine. Deshalb sind alle Systeme, die das Leben und sein Wirken beschreiben, willkürlich erdacht.

Was also wirklich zählt ist nicht, ob ein bestimmtes System wahr ist, sondern vielmehr, wie gut es für dich funktioniert. Wenn ein System sinnvoll ist und sich bewährt hat, sollte man davon Gebrauch machen, anderenfalls wählt man ein anderes. Diese Sichtweise erlaubt uns auch, andere Systeme nicht als bedrohlich oder als Konkurrenz zu betrachten, sondern einfach als andere Sichtweise und Möglichkeit.

Wie bekomme ich mehr Selbstbewusstsein?

Indem du selbst bewusst denkst!

Keiner sollte für dich denken, denn aus welchem Grunde hast du ein eigenes Gehirn bekommen? Na, damit du es benutzt!

Die Welt entspricht unseren Gedanken. Ganz wichtig sind dabei Überzeugungen über uns selbst, andere Menschen und die Umwelt. Wir müssen danach trachten, die Dinge aus der Sicht der sieben geistigen Essenzen zu sehen, anstatt auf gewöhnliche Weise. Wie man auf obigem Bild ganz klar sieht, ist die Sachebene immer nur die Oberfläche. Beim Denken auf dieser Ebene ist die Welt unabhängig von unserem Denken. Alles ist getrennt. Energie fließt nur durch physische Kanäle, die Vergangenheit besitzt mehr Macht als die Gegenwart, bei vielen bedeutet lieben, zu riskieren, unglücklich zu sein, Macht ist im Äußeren etc. Aus der Herzenssicht wirkt man aus einer anderen Ebene in die Welt hinaus, und dabei bleibt man sich der ersten Ebene bewusst, um mit anderen, die auf ihr operieren, kommunizieren zu können. Viele Einschränkungen, denen man sich im Leben ausgesetzt glaubt, existieren demnach nicht in der objektiven Realität, sondern nur in der begrenzten sinnesspezifischen Wahrnehmung und sprachlichen Deutung dieses subjektiven Weltbildes von Wirklichkeit. Gelingt es, dieses zu erweitern, stehen auch mehr Wahlmöglichkeiten im Verhalten zur Verfügung, das Leben vielfältiger zu gestalten. Es ist nichts so, wie es scheint.

Im Kosmos ist in jedem Moment grundsätzlich alles erreichbar. Jeder Gedankenimpuls ist im morphischen Feld durch den erhellenden Geist Gottes als Essenz bereits vorhanden. Somit kann der Impuls (Er) damit in Resonanz gehen und grobstoffliche Realität werden. Gedankenimpulse bewegen sich telepathisch ohne Begrenzung durch Raum und Zeit, wie es das bekannte Apollo-14-Telepathie-Experiment mit dem sensitiven Astronauten Dan Mitchell bewiesen hat. Dies bedeutet, dass sie (die Impulse) auch schneller als Lichtgeschwindigkeit sind und sich damit außerhalb des vierdimensionalen Raum-Zeit-Kontinuums bewegen.

Grundsätzlich sind Gedanken im Kosmos ohne Beschränkungen. Glaubenssätze, Denkstrukturen, Gedankenmuster und Verarbeitungsrichtlinien grenzen jeden und alles im Hier und Jetzt ein und verhindern, dass in den eigenen Gedanken das „Unmögliche möglich wird". Möchte man „groß" werden, ist die erste, unbedingt notwendige Voraussetzung, dass man auch „groß" denkt. Sonst ändert sich nichts an der bestehenden Situation.

Es steht jedem Einzelnen jederzeit frei, alte, eingrenzende Gedankenstrukturen durch neue, freie und ausdehnende zu ersetzen. Jeder Mensch entscheidet selbst darüber, wie er den anderen sehen will. Er kann ihn subjektiv werten, abschätzen, ihm vermeintliche Fehler vorhalten, ihn hassen oder ihn als Spiegelung des eigenen Selbst erkennen, als Reflexion des Großen Geistes in ihm, durch denselben Geist im anderen. Er kann immer nur Gott in ihm sehen, das Licht der Liebe, oder eben auch das Gegenteil.

Die Wirklichkeit von Umfeld und Umwelt ist, wie sie ist. Entscheidend bleibt, wie man wissentlich und willentlich dazu steht und was man individuell aus dieser feststehenden Tatsache macht. Das, was man immer wieder an Gedanken und Gefühlen aussendet, das zieht man an. Wenn man vom Leben immer das Beste erwartet, kann nicht dauernd das Schlechteste eintreten. Vertrauen zu und der Glaube an sich selbst sind der Schlüssel zur Welt des Erfolges, der Gesundheit und des Glücks. Es gibt im Leben jedes Menschen immer auch unangenehme Situationen. Ihre Betrachtung, Annahme und Spiegelung ist die Voraussetzung für wichtige Lernerfahrungen durch bewusstes Handeln. Durch Ablehnen, Ausgrenzen, Nicht-zur-Kenntnis-Nehmen, wegschicken etc. macht man derartige Umstände nicht ungeschehen. Es ist notwendig, auch vermeintlich Negatives anzunehmen, es ist jedoch nicht notwendig, sich diesem zu unterwerfen. Fehlschläge und Niederlagen sind dafür nützlich, wichtige Lebenserfahrungen zu machen und aus ihnen zu lernen. Die Angst ist unser stärkster Gegner, wenn wir in ihre Resonanz einsteigen. Das größte Hindernis auf dem Weg zu Glück und Erfolg ist der Zweifel – vor allem der Zweifel an sich selbst und den eigenen Fähigkeiten. Danach kommt das Selbstmitleid als erster Schritt zur Selbstaufgabe.

Gleiches zieht Gleiches an. Lachen bewirkt Lachen. Harmonie führt zu Harmonie. Liebe bringt Liebe. Positives Denken realisiert positive Folgen.

Es ist notwendig, nicht im Konjunktiv von Möglichkeiten, sondern im Präsens der Gegenwart zu denken und zu fühlen. In dem Moment, in dem der Begriff „unmöglich" aus Gedanken und Gefühlen gestrichen wird, sind die Voraussetzungen für das Erreichen aller Ziele gegeben.

Es ist wichtig, die eigenen Gedanken auf Danksagungen und nicht auf Bittgesuche auszurichten, denn jeder Mensch hat ein Recht auf Glück, Erfolg, Reichtum und Gesundheit. Geistige Gesetze unterstützen diesen Prozess. Fügungen und Botschaften von außen spielen eine wichtige Rolle auf dem eigenen Lebensweg. Entscheidungen trifft nur der Verstand, aber Unter- und Überbewusstsein sind wichtige Helfer. Negative Gedanken und permanente Überlegungen darüber, was andere über einen selbst denken oder sprechen, machen abhängig und unbeweglich. Man lebt dann nicht mehr selbst, sondern wird gelebt, manipuliert und bestimmt. Es ist absolut unmöglich, es immer allen recht zu machen, also sollte man es gar nicht erst versuchen, sonst geht es auf Kosten der eigenen Individualität und Identität.

Das Leben ist das, was man daraus macht. Der gute Wille allein ist kein Freibrief für persönliches Handeln im Namen anderer, insbesondere nicht hinsichtlich der eigenen Kinder. Man nimmt diesen ansonsten bereits sehr früh die Möglichkeit der eigenen Entscheidungsfindung und die Chance, aus individuellen Lebenserfahrungen zu lernen.

Ein systemisches Werkzeug wie die Hinbewegung zur Untermalung der Bedeutung positiven Denkens und Sprechens und gleichzeitig, die Gefühlsebene hereinzubringen, ist eine effektive Methode, die viel Gutes bewirkt.

Das positive Denken und Fühlen führt dem menschlichen System auf allen Ebenen Energie zu.

Die gesunde Selbst-Frauenpower und Manneskraft

Durch emotionale, gedankliche und sprachliche Klarheit kommst du schneller zu deinem Ich- Bewusstsein. Deshalb ist es wichtig, die gesunden Anteile zu fördern und zu stärken.

Das gesunde ICH

Ich und mein Körper
Ich und meine Gefühle
Ich und meine Beziehungen
Ich und meine Bindung zur Mutter
Ich und meine Bindung zum Vater
Ich und meine Kinder
Ich und meine Psyche
Ich und meine Wünsche
Ich und meine Freiheit
Ich und meine Entscheidungen

Im holistischen Ansatz braucht es beide Komponenten

Jeder Mensch besteht nicht nur aus einer der beiden Seiten, sondern hat immer beide Anteile in sich, Animus und Anima genannt. Wir brauchen einander nicht zwingend, um ganz zu sein. Aber wir brauchen uns, um uns zu erkennen, solange wir noch in unseren alten ICH-Strukturen leben, denn dann spiegelt der Partner nicht nur das Helle und Schöne wider, sondern auch unsere unerlösten Schatten. Der alleinigen männlichen Medizin fehlt sozusagen das weibliche Prinzip.

Warum leiden wir an einer fehlerhaften Wahrnehmung? Das altanerzogene Verhalten aus den Generationen dient den Menschen nicht mehr, das ist einfach ALT. Wir leben in 2020, und so dermaßen veraltete Strukturen aus dem Patriarchat haben mit vielem ausgedient. Frauen brauchten fast zweitausend Jahre für diese Umkehr zur Besinnung. Man sieht, was diese männliche Führung jetzt braucht, nämlich Frauen und Empathie. Das Konkurrenzdenken, der Wettbewerb findet nicht nur in der Wirtschaft statt, sondern auch zu Hause. Mit mehr Hinterfragung und Bewusstheit kann alles effektiver gelingen.

In Beziehung mit unserer inneren Frau und Mann

Was ich in mir nicht erkenne,
können andere mir nicht geben.
Und was ich in mir trage,
kann nehmen und geben ohne Angst.
(Andrea Maria Gschiel ®)

Wie ticken wir denn so grundsätzlich?

Um sich als Mann ganz erkennen zu können, braucht er die Frau als Spiegel. Um sich als Frau ganz erkennen zu können, braucht sie den Mann als Spiegel. Zwei Menschen, die ihre verletzten Anteile geheilt haben, die in sich ganz geworden sind, können oder wollen sich auch zusammentun, „brauchen" sich aber nicht mehr.

Da wir auf diesem Heilungs- und Ganzwerdungsweg sind, wird es in absehbarer Zeit ganz neue Formen von Zusammenleben geben, die keine äußere Struktur mehr brauchen, schon gar keine vorgegebenen gesellschaftlichen oder moralischen Zwänge. Neue Formen der medizinischen Versorgung sowie neue Formen im Berufsleben kommen. Denn miteinander zu wirtschaften und gemeinsam Werte zu erschaffen, macht Spaß und verbindet. Neue Werte, die Sinn machen, zu erschaffen, wofür es schön ist aufzustehen und sich als Teil des Ganzen wohlzufühlen. Denn diese Art des sich „Aufeinander- Beziehens" wird von bedingungsloser Liebe und Freiwilligkeit getragen und nicht mehr von gegenseitiger Bedürftigkeit, Erwartungen, Angst und Mangel geprägt. Eine Liebe, die nicht fordert und alles besitzen möchte, sondern sich aus dem eigenen vollständigen Ganzheitlichen dem anderen verschenkt.

Die Sehnsucht der Männer und Frauen für eine erfolgreiche Beziehung

Was gilt es dann sozusagen anzustreben, um optimale Gesundheit zu erreichen?

Jede Frau kennt sie, die „unstillbare Sehnsucht" nach einem Mann, der in der Lage ist, sie zu halten. Die Sehnsucht nach einem Mann, der kraft- und liebevoll genug sein möge, um sie wahrzunehmen in ihrer ganzen Emotionalität, ihren zyklischen Gemütsschwankungen und ihrem nicht nachvollziehbaren Handeln.

Dies wird dann oft falsch interpretiert oder diagnostiziert. Zur „unstillbaren Sehnsucht" wird es dann, wenn die Frau abhängig ist von ihren Gefühlen, weil diese Sehnsucht unglückliche Emotionen zum Ausdruck bringt. Es ist nur ein Fehlen, ein Mangel an ... Viele Frauen können diese Sehnsucht nicht definieren. Deine innere Frau will etwas bekommen, was aber auf ganz anderer Ebene stattfindet, als das, was sie kennt. Und wenn sie dann emotional sehnsüchtig wird, weil sie immer wieder auf der falschen Ebene danach sucht und es zu finden hofft, dann ist sie weg von ihrer weiblichen Intelligenz, die sie im Innern ist. Weg von ihrem angeborenen Instinkt, der sie selbst schützt.

Nehmen wir an, die Frauen denken in Wellen, und unsere Männer denken in Linien oder Kästchen, so, wie es Gerald Hüther beschreibt und auch Bruce Lipton, wobei unsere Gehirne verschieden ausgestattet sind. Also Treffen Wellen auf Linien, und was bei einem Mann so besonders ist: Er hat ein Feld des „Nichts". Ist euch sicher schon aufgefallen, wenn dein Mann nicht reagiert, wenn du ihn rufst oder mit ihm etwas besprechen möchtest. Ja, meine Liebe, er befindet sich im Nichts und er ist so angelegt, also warte, bis er aus seinem Nichts-Tun, Nichts-Denken, Nichts-Fühlen wieder herauskommt. Das würde auf jeden Fall Sinn machen und erspart den Frauen Ärger.

Doch wieder zurück zu starken Frauen, die sich starke Männer wünschen!

Ein Mann kann diese seine wahre Aufgabe dann erfüllen, wenn er gelernt hat, zu lieben und respektvoll, vertrauensvoll und achtsam gegenüber dem weiblichen Prinzip ist. Da spielt natürlich seine Mutter eine Rolle. Wie geht er denn mit seiner Mama um? Das emotionale Verhältnis lernt man ja in den Kinderschuhen, von da weg ist es natürlich interessant. Wurdest du emotional von deiner Mama genährt? Hat sie dich als Bub gehalten, liebkost und verstanden? Dies gilt natürlich nicht nur für Jungs, denn das Mädchen oder das kleine Mädchen in dir hat dieselben Bedürfnisse und die Sehnsucht, berührt und gehalten zu werden.

Die Sehnsüchte machen auch krank und traurig, denn diese Bedürfnisse, die so lebensbejahend sind, wollen gehört, gesehen und gestillt werden. Das, was fehlt, ist der Ausdruck von Gefühlen, was bleibt, sind unterdrückte Emotionen, die nie ein Ventil bekommen. Wie kannst du das bekommen, wonach du dich sehnst, um glücklich zu sein? Hier knüpfe ich am somatischen Prozess an, ein neues Programmieren von jetzt an für die Zukunft. Die fehlerhafte Hardware zu programmieren, um das Leben neu zu erfinden. Also, die Qualitäten des Universums sind:

IQ – Intelligenzquotient als männliches Prinzip

- Wissen.
- Die männliche Energie ist der Impuls, die Idee.
- Die männliche Energie ist zielgerichtet und nach außen gerichtet.
- Sie ist kämpferisch, gebündelt, dynamisch, leistungs- und wettbewerbsorientiert und zerstörend.
- Die männliche Energie schützt und hält die weibliche Energie, gibt ihr ein Gefäß, einen Rahmen, eine Sicherheit und Struktur, in der sie sich an sich selbst hingeben und entfalten kann.
- Das männliche Prinzip ist STRUKTUR, es ist HALTEND und AKTIV.
- Hierbei geht es in erster Linie um Fakten und Daten.
- Sie ist laut.

Ein wahrer Erwachsener zu werden

Bedeutet, den eigenen individuellen, ultimativen Platz zu erkennen. Es ist kein leichter Weg, der selten ohne die Führung von Ältesten und Initiatoren zum Erfolg führt.

Eine grundlegende Wandlung unserer Werte und unserer Weltanschauung sind die Richtlinien zur Verwirklichung unseres größten menschlichen Potenzials. Oder, wie Thomas Berry sagt: „Wir müssen weit über die Transformation jeder gegenwärtigen Kultur hinausgehen. Keine unserer momentan existierenden Kulturen kann mit unserer gegenwärtigen Weltlage auf der Grundlage ihrer eigenen Ressourcen fertig werden." Wir müssen zusätzlich zur Schaffung neuer kultureller Einrichtungen eine Weiterentwicklung unserer Art und Weise, Mensch zu sein, ermöglichen.

Damit meine ich jedoch nichts Abstruses oder Unglaubwürdiges, sondern einfach nur das, was es bedeutet, erwachsen zu werden. Anstatt anders als menschlich oder gar übermenschlich zu werden, sind wir schlicht aufgerufen, in unser vollständiges menschliches Potenzial einzutreten. Wir müssen zu Personen heranreifen, die an allererster Stelle Bürger der Erde und Einwohner des Universums sind und unsere Identität und unsere zentralen Werte entsprechend umgestalten. Diese Art des Erwachsenwerdens zieht einen Quantensprung nach sich, der weit über jenen Entwicklungsstand hinausgeht, in dem die Mehrheit aller Menschen heute lebt. Doch wir müssen jetzt beginnen, den zukünftigen Menschen hervorzubringen. Entsprechend wird die Frage der individuellen menschlichen Entwicklung zum entscheidenden Faktor. Wie können wir in unsere Ganzheit hineinwachsen, damit eine ökozentrierte Identität nicht mehr die Ausnahme, sondern die Regel darstellt? Wie können wir eine weltweite ökologische Bürgerschaft fördern?

Für die große Wende ist eine optimale menschliche Reifung von essenzieller Bedeutung. Wir leben in einer weitgehend jugendlichen Welt. Dabei handelt es sich in großem Maße um eine krankhafte Jugendlichkeit. Gegen eine (gesunde) Jugendzeit ist absolut nichts einzuwenden, aber im Verlaufe der Jahrhunderte sind unsere kulturellen Ressourcen derart degeneriert, dass die Mehrheit der in „entwickelten" Ländern lebenden Menschen nie ein echtes Erwachsensein erreicht.

Eine unnatürliche und aus dem Gleichgewicht geratene Jugendwelt erzeugt unvermeidlich eine Vielzahl von kulturellen Krankheitssymptomen.

Die gegenwärtige Gesellschaft, die vorwiegend von Materialismus, der Gier, feindlichem Konkurrenzverhalten, mit Gewalt, Rassismus, Sexismus, der Ablehnung des Alters und schließlich die Zerstörung Diese gesellschaftlichen Symptome einer krankhaften Jugendlichkeit können wir heute überall in der industrialisierten Welt beobachten. Doch sie sind nicht ursprünglich Teil der menschlichen Natur, sondern vielmehr eine Auswirkung der Egozentrik auf unsere Menschlichkeit.

Self Embodiment im Sinne der Selbstheilung

Wohl kaum eine körperliche Betätigung ist gleichsam so ursprünglich als auch auf vielfältige Weise für das „Gesamtpaket Mensch" von Vorteil wie das bewusste GEHEN: Es trainiert nicht nur den Körper, sondern gibt auch der Seele viel Freiraum.

Mit genügend Willen und Geldeinsatz lässt sich praktisch jede Bewegungsform technisieren, auch das Wandern. Dabei ist gerade diese ursprünglichste aller Fortbewegungsarten schon in ihrer Grundform eine so erholsame Quelle für Körper, Geist und Seele, dass man sich fragen muss, warum es nicht mehr Menschen in die Natur treibt, um dort zwischen seelischer Erholung, frischer Luft und körperlicher Bewegung Positives für ihren Alltag zu finden. Die folgenden Punkte erklären nicht nur, warum Gehen in der Natur ein solches Multitalent ist.

Was hat Gehen mit der Seele zu tun?

Die Natur ist *der* Gegenpol zu allem, was uns in unserer modernen Welt beherrscht: Hier staut sich kein Verkehr, und hier mahnt kein Chef zu mehr Leistungsbereitschaft. Die Natur ist der Ursprung des Menschen, lange bevor er sesshaft wurde. In ihr erleben wir die Rückkehr zu einer inneren Ruhe, die sich anderswo kaum finden lässt. Dieses Empfinden ist ein Bestandteil der Ökopsychosomatik. Wie gut das Gehen unserer Seele tut, hängt demnach auch davon ab, ob wir durch eine von uns persönlich als „schön" definierte Landschaft wandern oder nicht:

Landschaften und deine Bewertungen zeigen dir ausschließlich etwas über dich, denn die Landschaft bewertet dich nicht, sie liebt dein Dasein, also eine sehr einfache und gleichzeitig umfassende Freude – eine „Erquickung der Seele", um es philosophisch zu benennen.

„So wenig als möglich sitzen, keinem Gedanken Glauben schenken, der nicht im Freien geboren ist und bei freier Bewegung – in der nicht auch die Muskeln ein Fest feiern", sagte Nietzsche.

Die Einheit von Körper und Seele beflügelt. Beide sind aktiv, beide sind in Bewegung. Man kann eine Idee von mehreren Seiten betrachten. Die Energie ist in Bewegung und bringt Gedanken an die Oberfläche, die irgendwo im Unbewussten ruhen. Der Atem fließt ruhig und gleichmäßig, das Gehirn ist mit Sauerstoff versorgt, die Natur beruhigt und belebt gleichzeitig die Sinne. Thich Nhat Hanh, ein vietnamesischer Zen-Meister und Friedensaktivist, lehrt die Gehmeditation. Ghandi hatte keine Schuhe an, denn wir sollen uns jedes einzelnen Schrittes bewusst sein, das Zusammenspiel der Muskeln und des Atems wahrnehmen und den Kontakt mit der Erde spüren. Die Füße sind unsere am stärksten „beladenen" Körperteile, sie sind ständig in Kontakt mit dem Boden, und durch diese Reibung werden sie aktiviert. Ideal ist das Barfußgehen. Alle Naturvölker nutzten dieses energetische Aufladen.

So wie ich es ganz am Anfang des Kapitels schon erwähnt habe, stelle ich nun die somatische Programmierung vor.

Sie ist einfach, pragmatisch und eine lernbare Weisheit, die von innen heraus geschieht. Dieses Tor über den Körper zu erwecken, ermöglicht dir den Zugriff zu deiner inneren Weisheit. Die erneute Verankerung und Rückverbindung an das Menschsein und spirituell Geistige aktiviert nicht nur deine Selbstheilungskräfte, sondern führt dich zu deinem wahren Ursprung zurück.

Als ich mit den verschiedensten Techniken nicht das erreicht habe, was ich mir vorstellte zu erreichen, geschah im Winter 2009 für mich etwas Sonderbares. Ich begann zu gehen. Nicht wandern, nicht spazieren, sondern ganz bewusst gehen.

Meine mentalen Techniken waren gut, meine aktiven Mediationspraktiken noch besser, und ich wendete sie täglich an. Aber die emotionale Wirkung und mein Glaube daran ließen mich keine Ergebnisse erzielen, die dauerhaft anhielten. Wenn ich rückwirkend auf meinen Werdegang blicke und was diese Technik mit meinen Klienten macht, habe ich immer wieder eine Freude.

Wenn man ihre Einfachheit kennenlernt, glaubt man zuerst, das kann doch nicht so einfach sein, und es verwundert jeden. Der Körper ist daher die erste Instanz, die dich zur natürlichen Präsenz führt. Und nicht nur das, da kommt noch mehr!

Denn du bist weitaus mehr, als du dir je vorstellen kannst!

Jedes Symptom steht in Verbindung mit einem inneren Konflikt, aber auch mit einer besonderen Fähigkeit. Wie finde ich heraus, welchen inneren Konflikt ich habe? Zum Beispiel ein Selbstwert-, ein Trennungs-, ein Gewaltthema (mentale, körperliche oder seelische Gewalt). Aber auch systemische Konflikte (wo ist mein Platz, werde ich gesehen, gehört und wahrgenommen usw.) rufen Symptome hervor. Werden die ungeliebten Themen angeschaut, verschwinden auch die Schmerzen oder Symptome.

Beginnen tut dies mit der sogenannten Wir-Beziehung: Ich und mein Gegenüber, ich und mein Körper, ich und meine Firmenfamilie, ich und meine Familie – all dies ergibt ein „Wir". Genau für dieses innere Zusammenspiel braucht es die Wiederherstellung, mich als mehr zu sehen und die Rückverbindung erneut herzustellen.

Denn Ich und Du, das sind die Grundlagen zum Wir, und nur gemeinsam können wir für uns selbst heil werden, aber auch das Leben in dieser Welt menschlicher machen.

Von Geburt an lebt der Mensch in Beziehungen, und alle Entwicklung geschieht in und durch das Erleben von Beziehungen. Wir sind ganz einfach soziale Wesen, und wir haben alle die Veranlagung, die Beziehungen mit unseren Mitmenschen aufrechtzuerhalten. Ob sie jetzt gesund sind oder nicht. Der

Mensch ist ja da, um sich zu entwickeln, und er handelt, indem er mit seiner Umwelt in Interaktion tritt, ob er nun wirklich handelt oder auch nicht handelt, er erlebt dies für sich, und sein Körper spiegelt dies. Die Umwelt spiegelt sich in dir. Das bedeutet, dass sich der Mensch in Beziehungen zu anderen selbst verwirklicht. Was auch immer deine Verwirklichung bedeutet. Wenn also deine Verwirklichung Schmerz und Leid bedeutet, dann zeigt sich dies auch auf der körperlichen Ebene.

Wieder authentisch sein

Die Wiedergewinnung unseres Selbst-Naturseins ist für den Menschen unserer Zeit, der sich von der Natur entfernt hat, eine Grundbedingung zur Wiedererlangung seines vollen Menschseins. Sie ist ein bedeutsamer Faktor für seine seelische Gesundheit, vor allem im Hinblick auf die Überwindung von Entfremdung, Bodenlosigkeit, Narzissmus und Fragmentierung.

Das Selbst-Natursein des Menschen manifestiert sich vor allem in der organismischen Fähigkeit zur Selbstregulation und Selbstheilung, in einer leibstarken, instinktsicheren und weltoffenen Verfassung, die gut verwurzelt ist im natürlichen Lebensprozess. Wir erfahren, dass Dinge wieder in Ordnung kommen können, unser Ich muss nicht alles steuern, es gibt etwas, dass aus sich selbst wirkt und unser Ich steuert.

Dies entspricht einem grundlegenden Bedürfnis unserer Zeit, in der die Entfremdung des Menschen vom natürlichen Kern des Lebensprozesses nicht nur zu einer Überforderung, sondern zu einer tiefen Verunsicherung in seinem gesamten Lebens- und Daseinsgefühl geführt hat. Der entfremdete Zustand des Menschen manifestiert sich vor allem im Verlust seiner leiblichen Mitte, seiner Empfindungs- und Spürfähigkeit, in der Zunahme chronischer Erschöpfungszustände und in Daseins- und Beziehungsstörungen verschiedenster Art.

Erst wenn wir wieder unsere Einbindung am natürlichen Lebensprozess empfinden können, haben wir den inneren Boden zur Verfügung, um die Welt und uns selbst im Einklang mit dem Leben gestaltend in die Hand nehmen zu können. Bewusstsein führt zu einem schönen Dasein und hilft allen um uns herum.

Eine weibliche Frequenz

Kannst du die Stille genießen? Wie lang war deine längste Stille? Hast du Mühe, Stille zu praktizieren? Im Bewusstwerden der Gegenwart, im Atmen des einzigen Augenblicks gibt es weder Vergangenheit noch Zukunft. Hier entsteht die göttliche Verbindung zum Tor der kosmischen Wahrheit und somit auch zur Weisheit. Indem du dich mit der höheren Intelligenz verbindest, gibt es keine Getrenntheit, keine Abspaltung, keinen Lärm der Gedanken, kein Ego, keinen Kummer, Wut oder Mangel.

Stille

Da wir im Westen leben, ist oftmals die Stille kaum zu ertragen. Wir sind allesamt als tuendes Volk zu betrachten, viele sitzen zu viel und sollen dann in Seminaren wieder sitzen und meditieren, das ist äußerst schwierig. Das Sitzen und die Stille sind vom Zen-Buddhismus her Formen zur Zentrierung und für Mönche der Weg der Erleuchtung. Das sehe ich etwas anders, erstens, weil wir Frauen sind und keine Mönche, und zweitens, weil wir in einer ganz anderen Kultur leben.

Für Frauen, die viel sitzen, ist eine sanfte Sportart wie Tanz, Gehmeditationen, Schwimmen usw. eine gesunde Form der Bewegung und sehr ausgleichend für das ganze weibliche System. Von Sportarten, die leistungsorientiert sind, rate ich ab, da sie ausbrennen. Sie können zwar den Körper oder Muskeln anscheinend fest machen, doch dies ist eher eine Männersache. Da geht es ums Beweisen, hartes Training usw., wobei die meisten Frauen dies wieder abbrechen werden, aber nicht, weil sie es nicht schaffen könnten, sondern eher, weil es ihrer weiblichen Natur widerspricht. Für jene, die viel auf den Beinen sind während des Tages, ist die umgekehrte Form hervorragend. Diese Frauen nehmen sich eine Decke und lassen den Tag bewusst los, genießen die Ruhe entspannt und tanken Kraft für ihr Leben. Wenn du beginnst, eine sanfte Form der Bewegung auszuüben und genügend Zeit zum Rasten einteilst, dann kommt die innere Balance von ganz allein.

Im Leben des stetigen Wandels

Eine der guten Erkenntnisse dafür: Beginne, dir jetzt selbst die Erlaubnis dafür zu geben!

Das mag jetzt eigenartig klingen, doch in unserer westlichen Gesellschaft, wobei viele Prägungen aus den Kriegsgenerationen kommen, verlieren heutzutage die meisten Menschen das Eigengefühl für sich selbst und folgen sinnlos den altbewährten Mustern. Wichtig ist, dass du hinterfragst und dir bewusst machst, ob es noch sinnvoll für dich ist.

Das Leben ist wie ein Fluss, denn dieser fließt stetig. Mal schneller, mal langsamer, mal rechts, mal links, mal tiefer und wieder seicht, mal wird er breit und läuft aus den Ufern – und dann wieder eng.

Bin ich willens, mich zu verändern, aus alten ausgelatschten Schuhen auszusteigen und das zu behalten, was für mich und meine Umwelt nützlich und heilend ist? Das Schöne und Wertvolle daran ist, Altes zu erneuern, eine neue Sicht heilt nicht nur den Körper und die Psyche, sondern noch vieles mehr. Mehr Zufriedenheit und Liebe können fließen.

Das Leben atmet dich unentwegt, und alles ist in Bewegung, immer!

Ein Baum, eine Blume, das Gras, alles lebt – hörst du es wachsen? Wie alles in Lebendigkeit mit Frühling, Sommer, dem Herbst und dem Winter im Einklang ist. Alles ist einfach da und versorgt und gibt und nimmt aus Mutter Erde den Saft. Je tiefer die Wurzeln, umso stärker ist zum Beispiel der Baum für Stürme und Umbrüche gerüstet. Je feiner, umso leichter oder gar ohne Verankerung würde er mitgerissen werden.

So ist es auch mit dem Menschen. Je stabiler du bist und mit der Erde und dem Himmel fließen kannst, umso schöner und lebendiger ist dein Leben.

Das Leben ist oft wie ein Tümpel: Unten ist Bewegung und auf der Oberfläche eine schmierige Suppe. Wenn ein Gewässer stillsteht, dann bilden sich Algen und eine Menge Ungeziefer. Sieht nicht besonders schön aus. Dem Tümpel fehlt das Lebendige, und doch sagt man, dass die Lotusblume aus diesem Schlamm erwächst.

Der Mensch wünscht sich, dass immer alles so bleibt und von Dauer ist. Doch das Leben ist nicht von Dauer, es ist eine ständige Veränderung. Geben wir uns dem Leben hin, bedarf es natürlich als Erstes der inneren Führung.

Wir haben jeden Tag neue News, Verwirrung macht sich breit: Was und wem oder was können wir Glauben schenken? Denn es geschieht nicht alles über Wissen, so unter der Volksrede „der Mensch denkt und Gott lenkt".

Liebe und Zuversicht, Hoffnung und Freude, dass Gott sei Dank nicht alles so bleibt, wie es gerade jetzt ist. Es ist alles in Bewegung. Deshalb ist es für den Menschen das Schwierigste, mitzuhalten und den Augenblick zu genießen, der ja gleich schon wieder vorbei ist. Kaum hatte ich dieses schöne Erlebnis, sollte dieses ja bekanntlich ewig andauern und niemals wieder aufhören. So leben die meisten in ihren Erinnerungen und nie im Jetzt. Es fällt dir schwer, und du lebst ständig in der Abhängigkeit auf das Warten, dass dieser Moment und diese schöne Erinnerung wiederkommen.

Doch diese Erinnerung kommt nicht wieder, weil es vorbei ist. Das war einmal. Und wenn du versuchst, den Augenblick jetzt anzuerkennen, weil es nämlich überhaupt nichts anderes gibt, dann hast du selbst die Möglichkeit geschaffen, wirklich zu leben, gerade jetzt.

Da viele Menschen Angst haben, intensiv zu leben, verschanzen sie sich hinter ihrem Haus, der Firma, dem Namen, den Kindern, der Politik usw., weil sie glauben, dass es wichtig sei und dies Leben bedeutet. Das Leben spielt sich jedoch genau woanders ab.

Das Leben bringt Freude, jetzt in diesem Augenblick, der zwischenmenschliche Kontakt, die eine Veranstaltung, die ich jetzt genießen kann, noch besser, ich erleben darf. Denn wer sagt denn, dass das immer so bleibt? Es ist eine Herausforderung und eine Gnade, das alles erleben zu dürfen. Die Beziehung bleibt auch nicht wie am ersten Tag, alles verändert sich so schnell, wir brauchen lediglich ein Werkzeug, um damit effektiv umzugehen.

Was bleibt am Ende, hoffentlich die Dankbarkeit dem Leben gegenüber. Dankbarkeit, dass ich das alles bekommen habe. So ist Leben. Wenn ich dich frage: Du dürftest dein Leben mit jemand anderem tauschen, tust du dies dann? Der Großteil antwortet mit Nein – na, siehst du, wie loyal du dir und deinem Leben gegenüber bist.

Wir fürchten, Dinge zu verlieren und klammern. Liebe heißt übersetzt „Leben", und Leben heißt übersetzt „Loslassen", und

Loslassen bedeutet zulassen. Verwirrend, gell, lese es noch mal und mach einen Atemzug. Ich muss das loslassen, das hört man oft, das tun wir ja ohnehin ständig, verstehst du, mit jedem Atemzug. Tagtäglich begleitet uns ständiges Loslassen, und das bereitet uns am meisten Probleme. Wir beschäftigen uns ständig mit der Vergangenheit und vergessen das Jetzt. Doch die Zukunft ist ja auch in weiter Ferne, oder weißt du, was in einem Jahr sein wird?

Doch wenn wir ständig und immer öfter im Jetzt leben und es so annehmen, wie es ist, dann kreieren wir unsere Zukunft. Bin ich dem Leben positiv gegenüber eingestellt, so wird mein Leben auch positiv verlaufen.

Jeder redet vom Leben, und wann fängt er damit an? Mach das, was für dich Sinn macht, und frage dich dabei: Fühlt sich das für mich gut an?

Das Wichtigste dabei ist, einfach nur ganz ehrlich zu sich selbst zu sein, so hast du die Möglichkeit, vielleicht gewisse Aspekte in deinem einzigen kostbaren Leben zu verändern. Gestalte dein Leben, achte und sehe diese großartige Gelegenheit.

„Ich höre auf, mich zu begrenzen und öffne mich für das Gute, Gutes fließt jetzt zu mir, und ich bin offen dafür."

Tu immer das, was in diesem Augenblick zu tun ist und lass geschehen, vertraue auf dich und deine Kraft in dir. So gehe einen Schritt nach dem anderen und wieder einen Schritt, und sei ganz präsent im Hier und Jetzt. Fühle die Verbindung zu deinen Wurzeln und lass sie immer tiefer gehen. Atme tief in Mutter Erde hinein und nimm die wohlige warme Energie über deine Füße auf, ziehe sie langsam hinauf und verteile sie bewusst in deinem ganzen Energie-System.

Alles andere überlassen wir dem Göttlichen und dem Universum. Nur so hat das Universum eine Chance, Gutes für uns hervorzubringen, doch der Einzige, der die Erlaubnis dazu geben musst – bist du. Gib dir die Erlaubnis, die Dinge geschehen zu lassen, hör auf, alles und jeden kontrollieren zu müssen. Du weißt, was geschieht, wenn du ständig versuchst zu kontrollieren? Deine Begrenzungen sind so eng, da kann das Gute nicht kommen, weil du es ja gar nicht zulässt.

Engagiere dich, sende positive Gedanken mit deiner ganzen Herzenskraft in deine Pläne, und dann gehe deinen nächsten Schritt, was du jetzt zu tun hast. Dein Ego will die Dinge so lassen, wie sie sind, denn das bist du ja gewohnt, auch wenn es noch so schlimm ist, auch noch so unangenehm, da wir Angst haben, loszuLassen. Angst vor der Angst, verlassen zu werden, Angst vor Verlust, und so frage dich: „Was ist so gut daran, es zu behalten?"

Du möchtest das Alte behalten und was Neues ausprobieren, doch das funktioniert nicht, wenn du das Alte festhältst. So erschaffe immer in der Gegenwart, das wird deine Zukunft bestimmen.

So ist es die einzige Möglichkeit, um dir Freiheit und Liebe zu erschaffen, deinem Herzen zu folgen, deiner Seele Raum zu geben und das loszulassen, was dich beengt und krank macht. Das Gehen gehört schon immer zu unserem Dasein im Leben, wir haben es nur anders genannt oder einfach nur unbewusst gelebt. Dinge ins Bewusstsein zu bringen und die Bereitschaft, sich einzulassen, sind meiner Ansicht nach Voraussetzungen, um hinter das Geheimnis des holistischen Ansatzes und mit dem Thema zu kommen.

Im Kontakt mit innerer Weisheit zu sein läuft über das Bewusstwerden der Körperdynamik.

Die Themen, die die Menschen belasten oder die frei werden möchten, haben Energie. Wir brauchen eine neue Energiepsychologie, die aufhört, Menschen zu katalogisieren, zu bewerten oder einzustufen. Im Hinterköpfchen schon wissend, welches Medikament verschrieben wird. Und im Wissen, dass es nur kurzfristig hilft. Warum? Weil die Wirkung der künstlichen Energie in Tablettenform auf natürliche Energie wenig Chancen hat, weil an der Zellsubstanz nichts verändert wird.

Der Körper lässt sich nicht täuschen, er schläft lediglich ein. Der Körper kennt das und lehnt es ab. So kann es sein, dass, wenn man nicht zum Thema vordringt, das ganze Szenario von vorne beginnt. Panik, Angstzustände usw. sind vielleicht einfach Seelenschmerz. Was der Körper braucht, ist natürlich, leben zu dürfen, zu schreien, zu weinen, zu zittern und berührt zu werden. Schütteln will er sich, den Kopf frei kriegen, ein natürliches Ritual will dein Körper und deine Seele, um den Schmerz zu transformieren und um es zu begreifen. Trauer zu durchleben mit jeder Faser deines Daseins, bis es abklingt. Es kann schon sein, dass die Trauerphase dauert, je nachdem … Und dazu musst du die Erlaubnis geben, um dies zuzulassen: dich hinzugeben oder auch mal das Aufgeben der selbst täuschenden Masken.

Es ist ein Öffnen, und es bedarf einer Zustimmung für geistige und körperliche Gesundheit. So ist das Leben. Die Frage ist: Ist es ein Problem für deinen Verstand oder ist es ein Problem für dein Herz und deine Seele? Oder ist es lediglich eine Wiederholung aus dem zuvor Erlebten? Woher kommt denn der Konflikt, der mir das Leben schwermacht? Auch wenn es dein Verstand vergessen hat, dein Körper weiß es, denn der hat die Emotion gespeichert. Emotionen der Missachtung, der Demütigung, versteckte Wut, die nie kanalisiert oder zum Ausdruck gebracht wurden. Und so rumort es im Körperlichen. Vielleicht lehnt der Verstand es auch einfach nur ab, zu fühlen. Und was der Verstand ablehnt, weil es ihm angenehmer ist, rationale Antworten zu kriegen, heilt nichts im Inneren.

Was du aufgesaugt hast an Schmerz, der in deinem Körper wohnt, kann nicht beredet werden, die Sprache deines Körpers ist eine Sprache ohne Worte, ein Ausdruck des Lebens und Sterbens selbst. Lass ihn endlich sprechen.

Und so geh ich mit dir, so als ginge dein zweites Ich mit dir, ich höre mit dir und gib wieder, was du sagst, ich fühle mit dir und helfe zu transformieren. Ich bin dein natürliches Selbst und übersetze deine Herzenssprache. Bin einfach da, nur da, und erinnere dich des Atems. Und gemeinsam stehen wir das durch, bis zum Schluss. ES hält dich, ES führt dich, ES ist da!

„Ganz von allein findest du dich wieder."

Diese Form der Arbeit wird geführt vom großen Ganzen, dem ES. Es atmet dich, es lenkt dich!

Je nachdem, was du brauchst, um dich wiederzufinden, sind es mal Symbolkräfte, manchmal wird ein verlorener Teil der Persönlichkeitsanteile zurückgeholt, und manchmal spanne ich den Bogen und gib ihn dir in die Hand. Und wir erwecken gemeinsam deinen inneren Krieger, der dir deine Urkräfte zurückbringt, die du verloren hast durch dein ständiges Jasagen, wo du Nein meintest. Oder auch denjenigen Menschen, die dich bewusst oder auch unbewusst verletzt haben, ein klares Stopp zu geben.

Symptome verschwinden, Blockaden gehen auf und heilen, deine Seele erwacht wieder, und vielleicht ist ein bisschen mehr Frieden in dir. Und du atmest von Neuem auf, und ab geht's in die nächste Runde. Das Leben ist kein Honiglecken, vielmehr ein Tanz zwischen Extremen. Die Liebesfähigkeit entflammt von Neuem, und Mut zum Verlieben braucht es alleweil. Verliebe dich in das Leben mit deiner ganzen Würde, deinem ganzen Schmerz, und gib ein totales JA.

Im Einklang mit dem Großen. Aufrecht und gerade gehst du deinen Weg. Mit einem Ja, ja zu allem, was ist!

Erstarrtes und Gelähmtes in Bewegung zu bringen, atmen und zulassen, was geschehen will, das ist der Schlüssel des Heilens, mit deiner Zustimmung. Und das Schöne daran ist: Es kann jeder für sich allein praktizieren und es auch weitergeben, weil es einfach und natürlich ist! Im ersten Schritt geht es um die Fähigkeit, innere Bewegungen klar wahrnehmen zu können, z.B. Gedanken von Gefühlen unterscheiden zu können sowie angesichts der inneren Wahrnehmungen still zu bleiben und den

Reichtum der inneren Erfahrung zu erleben. Das mag auf den ersten Blick verwundern, sind wir doch gewohnt, Gefühle als Motor für Entwicklungen und Instanzen der Handlungssteuerung zu verstehen.

Für das Erleben von tieferen Erfahrungen der Stille, Unendlichkeit, Liebe und des Friedens scheint ein anderer Umgang mit Gefühlen am geeignetsten: alles an innerer Dynamik spüren, solange es bleiben will und gleichzeitig in einer Haltung der Annahme und der Bejahung auf die innere Erfahrung zu blicken. Dadurch findet ein Prozess des Tieferfallens statt, welcher Menschen Zugang zu ihren tiefsten Emotionen ermöglicht und darüber hinaus.

> *We must let go of the life we have planned,*
> *so as to accept the one that is waiting for us.*
> *(Joseph Campbell)*

Übersetzung: „Wir müssen das Leben, das wir geplant haben, loslassen, damit wir das Leben, das auf uns wartet, annehmen können."

Es ist eine Besinnung auf die Heilung im totalen IST-Zustand des gegenwärtigen Augenblicks. Jeder, der sich darauf einlässt, Selbstreflexion anhand von intensivem „Hineinspüren" in seine Situation zu betreiben, wird sein aktuelles Thema durch diese Methode neu sehen und Lösungsmöglichkeiten aus einem anderen Blickwinkel für sich erschließen können.

> *Wo sich Gedanken und Herz treffen,*
> *da triffst du dich selbst.*

Du bist voller Mitgefühl, kannst vieles nicht verstehen und suchst meistens bei dir selbst den Fehler.

Dadurch wirkt sich die Begabung des feinen Gespürs bei vielen Betroffenen im Alltag keineswegs hilfreich aus. Viele Betroffene prägen ihre eigene Persönlichkeit nicht aus, bei ihnen leidet diese schwer, weil sie sich im Laufe der Zeit zu Meistern der Anpassung entwickeln.

Andere berichten mir oft, dass sie sich schon als Kinder so in die Welt ihres Gegenübers einfühlen konnten, dass sie die Welt gleichsam mit dessen Augen wahrnahmen. Dabei geht ihre eigene Urteilskraft und ihr eigenes Empfinden verloren. Oft würden sie nicht einmal ihren eigenen Körper wahrnehmen, und der Zugang zu den eigenen Bedürfnissen sei gestört. Der Körper wird nur noch wahrgenommen, wenn er stört, schmerzt oder gefühllos wird.

Viele Betroffene, die so intensiv mit anderen mitfühlen, überschreiten oftmals ihre eigene Belastungsfähigkeit. Dann „explodiert" der sonst besonders verständnisvolle Mensch und ruft dadurch bei seiner Umwelt Entsetzen hervor.

Was kannst du als Mensch tun, um deine Gabe positiv nutzen zu können? Es ist wichtig, dass Menschen, die so intensiv empfinden, lernen, sich selbst wieder wahrzunehmen und versuchen, ihre Gefühlswelt zu steuern. Der aktive Umgang mit der Wahrnehmung entscheidet darüber, ob wir uns von Reizen überwältigen lassen oder ob wir den Überblick behalten. Um das zu erreichen, sollten Betroffene sich nicht davor scheuen, professionelle Hilfe in Anspruch zu nehmen.

Denn aus meiner eigenen Erfahrung weiß ich, dass diese hohe Sensibilität auch viele Vorteile hat, wenn man die Begabung zu nutzen weiß.

Wenn du dich da wiederfindest, ist es wichtig, deine Fähigkeit erst mal wertzuschätzen und eine Verbindung dazu zu machen, deiner Intuition zu folgen und auf deine Impulse zu achten. Leicht gesagt, aber dies braucht Übung, dann erst arbeitet die Begabung Hand in Hand auch für dich.

Du und Ich übernehmen Verantwortung

Warum sind wir hier? Wie wird die Zukunft aussehen, wenn wir so weitermachen?

Was glaubst du, will deine Mutter Erde von dir? Was glaubst du, wollen die Kinder von dir, die Tiere und die Pflanzen? Was wäre, wenn sie mit dir sprechen? Und nur, weil du ihre Sprache nicht hörst, nicht verstehst, heißt es noch lange nicht, dass sie nicht existiert. Jeder von uns ist ein individuelles Bewusstsein, dass das Leben aus unserer eigenen Perspektive in einem unendlichen Feld von Bewusstsein und Energie erlebt. Du atmest, ohne zu wissen, dass du atmest, es kümmert dich nicht, da es von allein geschieht. Doch wer oder was macht das Atmen wirklich möglich?

Es ist einfach selbstverständlich für dich, stimmt's?

Wir sind alle mit einer wunderschönen, ständig wachsenden Erforschung unserer Einzigartigkeit und unserer Verbundenheit in diesem sich immer wieder entfaltenden Augenblick beschäftigt. Während jeder von uns ein individuelles Bewusstsein ist, ist unser Kern-Wesen mit dem Kern jedes anderen Bewusstseins im Universum verknüpft. Wir leben in einer beseelten Welt mit Billionen von Informationen unser aller Erde. Das Wesentliche, so scheint es, ist vergessen und selbstverständlich geworden. Auf den tiefsten Ebenen sind wir alle in diesem wilden und wunderbaren Tanz des Lebens und des Bewusstseins, dass sich selbst erforscht, miteinander verbunden. Doch wann begreifen wir, dass jedes noch so kleine Lebewesen ein Teil von uns ist und wir ein Teil von ihnen?

Um den Tanz des Lebens reicher, aussagekräftiger und wachstumsfördernder werden zu lassen, dürfen wir unsere Kernverknüpfung nicht vergessen, um tief in den mächtigen Tanz einzutauchen und ihn zu erforschen. Wir sind in diese dichte physische Welt eingetaucht, jeder mit seinem eigenen menschlichen Körper, der als Instrument zur Erforschung dient. Damit wir eins mit unserer Seele werden und uns mit dem echten Dasein verbinden.

Was das Gefühl der Trennung und manchmal die Einsamkeit hervorbringt, die wir in diesen Körpern fühlen, ist weitgehend unser Verstand und die Überzeugungen, die wir infolge des Aufwachsens in dieser Welt übernommen haben.

Als wir zum ersten Mal hier geboren wurden und unser Verstand noch nicht entwickelt war, fühlten wir uns natürlich mit allem um uns herum verbunden. Wir hatten noch nicht gelernt, was es bedeutet, getrennt zu sein. Der Mensch orientierte sich an allem, was da war. Er war ein Beobachter all dessen, was geschah im Rhythmus der Natur, und er folgte seiner Intuition, oder besser gesagt: der höheren Intelligenz.

Doch weil wir von Erwachsenen erzogen worden sind, die auch stark in die kollektiven Vereinbarungen der Menschheit eingebunden sind und ihre Realitäten weitergaben, die sie erlebten, haben die meisten von uns diese Kollektivvereinbarungen und Überzeugungen über die Realität übernommen, die jedoch längst vergangen und nicht mehr real sind.

Obwohl manche gegen die Überzeugungen und Vereinbarungen von denen um uns herum rebelliert haben, fragen nur wenige nach über die tieferen Vereinbarungen, über unsere Getrenntheit und die Grenzen der physischen Welt. Und sehr wenige sind sich der vielschichtigen energetischen Realitäten jenseits der physischen Realität bewusst. Doch immer mehr Menschen auf diesem Planeten erwachen jetzt wieder in die tiefere Verbundenheit unter der physischen Realität, in der wir leben. Viele erkennen, dass die physische Welt nur ein oberflächlicher Aspekt eines viel tieferen Wesens ist, wo wir alle in ständiger energetischer Kommunikation sind.

Wenn man dies verinnerlicht, versteht man die Gesetze der Natur, des Tierreichs, aber auch unserer menschlichen Beziehungen.

114

EQ- Emotionaler Quotient als weibliches Prinzip

- Die weibliche Energie ist erschaffend, bringt die Idee in die Manifestation.
- Die weibliche Energie ist in Wellen spürbar, in die Tiefe und Breite zerfließend, strömend, emotional und ohne Form.
- Sie ist schöpferisch, kreativ, Leben gebärend, aufnehmend, umwandelnd und heilend.
- Die weibliche Energie ist überfließende Liebe und dient sich selbst.
- Das weibliche Prinzip ist HINGABE, es ist EMPFÄNG-LICH und PASSIV.
- Sie ist nach innen gerichtet.
- Sie ist leise.

Populär wurde die emotionale Intelligenz durch das gleichnamige Buch von Daniel Goleman, das Mitte der Neunzigerjahre erschien. Seine Emotionen stärker zu beachten und in Einklang zu bringen, könne zu einem gesünderen und glücklicheren Leben führen. Um sozialer Verelendung, Drogenmissbrauch oder Gewalt zu entgehen, müsse dem „emotionalen Alphabet" mehr Aufmerksamkeit gewidmet werden.

„In unserem Zeitalter sind die Kräfte und Fähigkeiten des Herzens genauso lebenswichtig wie die des Kopfes", davon ist man heute überzeugt.

Nervenbahnen zwischen Neokortex als Sitz des Denkens und Mandelkern, der Basis unserer Leidenschaften, belegen, wie untrennbar verbunden Denken und Fühlen sind.

Der Hirnforscher Joseph LeDoux vom „Center for Neural Science" der New York University entdeckte, dass der Mandelkern sogar noch vor der geistigen Erfassung eines Ereignisses reagieren kann, als eine Art psychologischer Wachposten, der jede Wahrnehmung kritisch prüft, aber nur eine Frage im Sinn hat: „Ist das etwas, das ich nicht ausstehen kann, das mich kränkt, das ich fürchte?" Falls ja, reagiert der Mandelkern augenblicklich und schickt eine Krisenbotschaft an alle Teile des

Gehirns. Auch unser Handeln wird dadurch beeinflusst. Allein die Ratio wurde aber seit der Industrialisierung zum Nonplusultra des modernen Lebens erklärt. Ratio und Gefühl gehören indessen zum Menschen wie die linke und die rechte Hand. „Es entspricht der Natur des menschlichen Seelenlebens, dass die Vernunft immer wieder von Leidenschaften übermannt wird." Der Schlüssel des emotionalen Wohlbefindens liege darin, unsere bedrängenden Emotionen in Schach halten zu können. „Allerdings geht es hier um Ausgeglichenheit und nicht um Unterdrückung der Gefühle."

Das Konzept der emotionalen Intelligenz wurde bereits 1990 von den US-Psychologen Peter Salovay und John Mayer geprägt. Salovay und Mayer unterteilen die emotionale Intelligenz in fünf Komponenten:

An erster Stelle steht die Kenntnis der eigenen Emotionen. Ein Mensch mit hoher emotionaler Intelligenz kann seine eigenen Gefühle gut wahrnehmen und ist sehr sensibel für Veränderungen.

Daraus ergibt sich eine weitere wichtige Größe unseres Gefühlslebens: das Management der Emotionen. Nur wer sie genügend beachtet, kann sie auch beeinflussen und etwa Schwermut, Angst oder Gereiztheit schneller überwinden.

Ebenso ist die Fähigkeit wichtig, Empathie produktiv zu nutzen, um sich selbst zu motivieren. Aber auch über den eigenen Tellerrand zu blicken gehört zum Standardrepertoire eines emotional intelligenten Menschen. Das Achtsamkeitstraining hat daher vielerlei Vorteile, um den mentalen Geist zur Ruhe zu bringen, um mehr ins Fühlen zu kommen. Für Kopfmenschen eine wunderbare Erfahrung.

Psychologen sprechen von Empathie, also der Fähigkeit, die Emotionen anderer Menschen richtig zu erkennen und Mitgefühl zu entwickeln. Diese Haltung prägt dann auch den gekonnten Umgang mit Beziehungen, was seit Langem unter den Begriff Sozialkompetenz fällt.

Nicht zuletzt auch im Wirtschaftsleben gebe es viele Entscheidungen, die ein emotionales Verstehen unabdingbar machen. Erfolgreiche Menschen zeichneten sich, neben ihren geis-

Frauen, die im Schatten leben, sehen dies größtenteils als Pflichterfüllung an, und als Haus- und Hofhund befasst sie sich mit Beschäftigungstherapie für die Kinder, Freizeitgestalterin und Reiseleiterin und ist eine nicht bezahlte Entwicklungshelferin.

Sie kümmert sich vorwiegend um die Interessen der Bewohner des Hauses, der Nachbarn und der Familie. Kein Wunder, dass sie müde wird.

Sie ist auch selbstständig, nur heißt ihre Firma „Kümmerei", da sie ständig vom Außen damit beschäftigt ist, alles im Lot zu halten. Bis sie irgendwann psychisch, gesundheitlich und emotional vor die Hunde geht.

Sie lebt, ohne dass es ihr auffällt, im Schein und in der Wertung von moralischen Ansichten und Wertvorstellungen. Es ist durchaus lobenswert, dass sie einem Kind vielleicht (?) gute Manieren beibringt, wie man richtig isst, Zähne putzt, Hauptfächer mit positiven Noten abschließt, das Zimmer aufräumt, den Benimmregeln der Gesellschaft entspricht, brav dasitzt und wenn möglich irgendetwas „Intelligentes" hervorbringt – wohlgemerkt gesellschaftlich betrachtet. Sie kann sich auf den Lorbeeren der Schulbildung der Kinder zurücklehnen, atmet tief durch, ist mit den Nerven am Ende, und ihre ganze, scheinbar „heile" Welt bricht zusammen.

Letztendlich ist die ganze Kindermasche, wenn sie groß sind, fast geschafft. Dann wird sie verlassen oder ersetzt, da ihre Schönheit schwindet oder bereits verschwunden ist. Sie ist zu einem nörgelnden Hausdrachen mutiert, aus der Figur gewachsen, ihr gesamter Witz und Humor ist gespendet, die Sexualität geht ihr auf den Sack. Das ist der Lohn für ein nicht erfülltes weibliches Dasein. Durch ihr Nicht-Handeln – sie hat niemandem in ihrer Welt die Lehre vom emotionalen Bewusstsein oder emotionaler und mentaler Kompetenz gelehrt, die Geschichten von den Ahnen und unser kulturelles Erbe weitergegeben, das Wissen, wozu der Geist fähig ist, die Pflege und das Haushalten mit Energien und den Elementen, dass alles eine Seele hat … Das

Gesetz des Gebens und Nehmens wird völlig ignoriert, und dadurch ist der gesamte Erdenfluss in Disbalance. Die uralten Gesetze, die durchwegs von Frauen gelehrt wurden und mit dem Fluss des Lebens zu tun haben, wurden vergessen und haben eine Menschheit hervorgebracht, die im völligen Mangel und im „Habenwollen" **noch immer nicht satt ist.**

Da die Frauen von heute – und auch die Männer– keine wirklichen Werte mehr in sich tragen und alles irgendwie verwirrend ist, gehen sie konsumgesteuert und etwas paranoid durchs Leben.

Doch alles erfindet sich immer wieder neu, und die Kraft der neuen Zeit ist daran interessiert, ein völlig neues Wertesystem zu kreieren.

Anhand von der Tabelle kann man sehen, was mir als Spiegel gegenübersteht:

Alle guten Dinge sind drei

Weibliche Polarität	Männliche Polarität	Neutrale Polarität
(-)	(+)	(0) = (+/-)
Linksdrehend	Rechtsdrehend	Stillstehend
Weisheit	Wille und Macht	Sinn
Einatmen	Ausatmen	Atemstopp
Bewusstsein	Energie/Kraft	Körper
Kosmische Pläne	Bewegung	Organische Form
Geistige Gesetze	Gedächtnis	Spiegelung
Gefühlsinhalte	Gedankenformen	Realität

Wie man anhand der Tabelle sieht, kann man wunderbar die eigene Realität verändern, wenn diese Komponenten zusammenarbeiten.

Das Gedächtnis für Erlerntes und Erfahrungen

ist nicht nur im Gedanken und im Gehirn, sondern es sitzt auch auf der muskulären Ebene. Stress und Blockaden können bestimmte Muskelbereiche lähmen und blockieren. Ebenso können Energiemangel, ungelöste seelische Konflikte bzw. negativ polarisierte Gefühlsregungen starke Auswirkungen auf Körper und Geist haben, nachdem das Bauchhirn den grobstofflich-körperlichen, vitalenergetischen, emotionalen Bereich sowie den der Hauptspeicherung miteinander verbindet.

Das Erbgedächtnis ist in jeder einzelnen Zelle vorhanden, insbesondere jedoch im Hinterkopf-, Bauch- und Brustbereich. Das Lern-Gedächtnis ist in speziellen Bereichen des Muskelgewebes gespeichert, die in einer engen Beziehung zu jenen Körperzonen stehen, die während eines Lernprozesses angesprochen wurden. Spannungen und Stress erschweren das Abrufen derartiger Erinnerungen. Insbesondere gilt dies für Schockerlebnisse mentaler und emotionaler Art.

Zustände von Wut und Angst führen also zu muskulären Verspannungen und Verhärtungen. Sie können durch Massagen, aber auch durch entsprechende positive Vorstellungen aufgelöst werden. Das innere Kind unterscheidet dabei nicht zwischen Vergangenheit, Gegenwart und Zukunft. Es lebt nur in der Gegenwart. Deshalb können Erinnerungen und karmische Störungen aus der Vergangenheit auch nur in der Gegenwart verändert bzw. aufgelöst werden. Negative Erinnerungen setzen dabei Toxine, positive Daten Endorphine im Körper frei. Jede

Erfahrung und jedes Ereignis werden vom inneren Kind, unabhängig von ihrer Herkunft, aus dem Außen oder dem Innen, immer als körperliche Erinnerung gespeichert. Dabei entscheidet die Intensität der Erfahrung über die Stärke der Reaktion im Muskelgewebe. Verbunden wird dieser Impuls mit Erwartungen von **Lust bzw. Lustempfinden,** was die Hauptmotivation darstellt.

Krankheit als Signal:

Krankheit ist nicht etwas, das „einfach so" unter den Menschen oder der Menschheit verteilt wird, wobei der eine vom Glück und der andere vom Unglück getroffen wird. Krankheit ist ein Symptom, von Grippe bis hin zu Aids, zu Verfall und Sterben, ein Signal, das dein Innerstes als Nachricht aussendet, damit du etwas in deinem Leben von Grund auf einsehen und verändern kannst. Um dir etwas „bewusst" zu machen. Mit anderen Worten: Du tust etwas, das nicht vollständig in die Richtung des Lebens geht, wodurch dich das Leben nicht vollkommen und optimal durchströmen kann.

Abhängig davon, auf welche Art und Weise du etwas an deinen Lebensüberzeugungen und Handlungen korrigieren kannst, wirst du dieses oder jenes Leiden oder die eine oder andere Krankheit entwickeln. Je nachdem, welche Art der „Abweichung" du dem Leben und dir selbst gegenüber aufrechterhältst, mit Gedanken, Überzeugungen, Emotionen und damit einhergehenden Handlungen, wirst du dir diese oder jene Krankheit zuziehen.

So hat beispielsweise jemand, der Halsschmerzen bekommt, nicht auf die Stimme in sich selbst gehört, die ehrliche Gefühlsäußerung, Autonomie, emotionale Unabhängigkeit verlangt. Diese innere Stimme hält vor allem dazu an, nicht länger Trauer und Wut in sich aufzustauen, was häufig mit Begierden und Ansprüchen an andere und Gefühlen des Ausgestoßenseins einhergeht.

Aber nicht jede Krankheit ist selbst herangezogen und verursacht worden, und da, wo Psychosomatik aufhört, beginnt die systemische Arbeit, indem man im Feld schaut, wo die destruktiven Energien gelagert sind. Wieso haben Kinder Asthma? Die haben weder geraucht noch einen ungesunden Lebensstil geführt. Sie haben unerledigte Dinge geerbt, das muss nicht sein.

Warum sage ich das?

Ich habe viele kranke Menschen begleitet, gepflegt und musste unzählige Male zusehen, wie sie sich verabschiedet haben von dieser Welt. Kinder, die an Krebs oder an schicksalhaften Krankheiten leiden. Viele Menschen mit großem Schicksal. Da kann mir keiner erzählen, man hätte alles selbst in der Hand, denn solche Aussagen sind irgendwie eine Farce, wenn man sich vorstellt, man sagt zu einem Kind: „Ja, mein Schatz, das hast du verursacht."

Auch die Psychosomatik hat eine Grenze gegenüber dem Schicksal, dem Großen. Hier hat kein Therapeut, weder Arzt noch Heiler eine Ahnung. Da wirkt etwas Größeres.

Folge deinem Herzen

Stimme dich ein auf das allerhöchste Gefühl in dir, ein Zusammenwirken von Herz und Bewusstsein, ein höheres Wissen und Fühlen, sodass nur das Schöne in dich eintreten kann. Glaube daran, vertraue dich dem Allerhöchsten in dir an, sodass das Gotteslicht, das in dir steckt, dich befruchten kann und nur das Reinste aus der Außenwelt dich aufsuchen oder dir begegnen kann.

Dies spendet ein übermächtiges Gefühl der Ruhe und der Entspannung. Gerade weil du dich stark in deiner einzigartigen Struktur niedergelassen hast, kannst du es dir erlauben, alles loszulassen, Energien dein Wesen durchspülen zu lassen und ein herrliches Gefühl der Entspannung zu erwirken im Öffnen, im Loslassen aller Dinge, im Aufmachen deiner selbst wie von einem selig lauen Lebenswind umhegt zu werden. Absolute Herrlichkeit, indem du durchlässt und dich ohne Weiteres „sein" lässt.

Du fixierst nicht mit deinem Denken, im Gegenteil, es ist vielmehr ein Zustand des Nicht-Denkens, alles mit dem Kopf loszulassen, eher ein Sein-Lassen, dich selbst sein zu lassen, zuzulassen, dass alles, was das Leben dir zu bieten hat, in seiner Essenz in dich eintritt und dich schlichtweg durchquert oder beseelt.

Ein bereitwilliges Ja-Sagen, in Dienstbarkeit, zu dem, was sich in dir als wirklich rein und schön offenbaren möchte, ein flexibles Neigen des Kopfes, um sich biegsam für das wirklich reine Gold, das in deinen Körper hineinströmen möchte, zu öffnen.

Links und rechts, das Weibliche und Männliche innerhalb einer ausgewogenen Struktur, im Gleichgewicht gehalten. Es hat in der Mitte die Funktion eines Kanals, um Lebensenergien durchströmen zu lassen. Empfangen und weitergeben im Licht des „Seins". Du lässt dich auf dem linken und rechten Bein gleich stark nieder, das Rückgrat stabil in der Mitte aufgerichtet, dich in deinem Kopf mit deinem höheren Bewusstsein für alle möglichen Kräfte, Energien und Lebenswinde, die durch dich hindurchströmen möchten, öffnend.

Welche Botschaften und Signale schickt dir dein Herz? Was will gesehen, gehört, gefühlt werden? Welche Teile von dir schreien förmlich nach Aufmerksamkeit durch körperliche „Beschwerden"? Was ist zu schwer und will transformiert werden, damit du in deine Uressenz zurückfindest, in das Geburtsrecht der Leichtigkeit, um deine Fähigkeiten auszuleben?

Vielleicht hast du dir ein Leben aufgebaut, das auf vermeintlicher Sicherheit basiert. Jeder Mensch ist kreativ und hat ganz spezielle Talente, die nur dir zur Verfügung stehen. Lebst du sie? Achtest du sie und schenkst du sie der Welt? Oder bleiben sie nur innere, geheime Wünsche und Träume? Werden sie zu sogenannten Hobbys, die in deiner Freizeit manchmal ausgelebt werden, oder landen sie auf der Liste, „was ich in meinem Leben noch machen möchte" …? In deinem tiefen Inneren flüstert vielleicht eine leise Stimme: „Eigentlich bin ich ganz anders, ich komm nur so selten dazu." Manchmal macht sich eine Trauer breit in deinem Herzen, weil du so viel unterdrückst, dich nicht traust, „realistisch gesehen" es gar nicht möglich ist, in deiner jetzigen Lebenssituation diese Bedürfnisse an die Oberfläche zu bringen und sie umzusetzen.

Ausdrücken statt unterdrücken

Deine Körperintelligenz ist der Weg zu deiner Herzintelligenz.
Und so gehst du deiner Arbeit, deinem Alltag nach, und dein Körper beginnt sich zu beschweren und sendet psychosomatische Marker: Kopfschmerzen, Rückenschmerzen, Magenschmerzen, Ohrenleiden, Halsschmerzen etc. – dein Kopf ist voller „Ich muss", dein Rücken trägt Lasten, die du nicht mehr zu tragen bereit bist, dein Magen kann die Unterdrückung nicht mehr verdauen, deine Ohren können es nicht mehr hören, dein Hals, der Sitz der Wahrheit, kann sich nicht ausdrücken in den Worten, die deine innere Wahrheit offenlegen würden.
Wahr-Nehmen statt Abstand-Nehmen: Bewusstsein und Authentizität

Dein Herz spricht mit dir, manchmal ganz laut, vehement und unübersehbar. Statt Linderung zu suchen mit der altbekannten Methode von Arztbesuch und Medikamenteneinnahme, um die Symptome kurzfristig zum Schweigen zu bringen, schau dir doch mal die Ursache, die Wurzel der „Krankheit" an. Frag deinen Körper, was er dir eigentlich damit mitteilen möchte.

Hole dir die Essenz ins Bewusstsein, dann kannst du auch effektiv damit umgehen, eine Veränderung einleiten, etwas befreien oder loslassen.

Dein Körper kann nicht lügen. Er versucht, dir mit allen Mitteln zu zeigen, dass etwas aus dem Gleichgewicht ist. Es liegt an dir, auf deinen Körper, dein Innerstes zu hören, dieser inneren Stimme Beachtung zu schenken und sie ernst zu nehmen.

Multidimensionale Intelligenz in Bewegung – wenn du deine körperlichen Tore öffnest, bist du im Einklang mit der allumfassenden Energie. Durch das Gehen startet ein Prozess, der so vieles vermag und eine einzigartige Wirkung hat.

Beim ersten Mal begleite ich dich, und wir lassen deinen Körper uns den Weg weisen. Im völligen Vertrauen kennt die Wahrheit den Weg, deine tiefsten, innersten Bedürfnisse zeigen sich, die Erkenntnisse deines Körpergefühls mit der Umsetzungskraft deines Geistes, deines Willens. Die Heilung innerhalb geht in Resonanz zum äußeren Feld. Was musst du dann noch tun? Atmen und zulassen.

Die Heilung liegt in dir, du musst sie nur „wahr-nehmen"– es kommt nicht von außen, von Ärzten, Medikamenten, Therapeuten etc., du trägst sie in dir, deine Körperweisheit kennt sie und vermittelt sie dir in jedem körperlichen Anzeichen des Unwohlseins.

Lerne die Sprache deines Körpers kennen, nehme die Signale bewusst wahr, lass die Körperspeicherungen sprechen. Dein Körper kennt die innere Weisheit deines Seins, er ruft dich auf, hinzuschauen, hinzufühlen, er kennt den Weg in die Lösung.

Die Lehre aus einer inneren Präsenz verbindet alle Ebenen des Menschen im Wachstumsprozess. Es bringt jeden in das Bewusstsein, dass er sich selbst helfen kann, dafür verantwortlich ist und nicht die Macht an andere abgibt. Laut den Aborigines ist es wichtig, an niemanden unsere eigene Macht abzugeben, sondern sich der einzigen wahren Kraft zu bedienen: dem Atem.

Das Wunder des Seins eröffnet sich auf ganz direkte, erfahrbare, oftmals ganz neue Weise. Eigenermächtigung ist ein Schlüsselwort, genauso wie die eigene Wahrheit annehmen und authentisch zu leben (beginnen), weil die individuellen Bedürfnisse eines jeden spürbar werden und jeder Mensch seinen ganz eigenen Weg gehen kann, seinem eigenen Lebensrhythmus folgt und sich den Botschaften seiner Seele öffnet.

Der Walk and Talk die SNEP® ist eine Ein–Schritt-Technik, jederzeit und überall anwendbar, man braucht dafür nur sich selbst!

Es versöhnt mit der Vergangenheit und öffnet für die Zukunft, während das Jetzt bewusst gelebt wird.

Die Techniken und die zugrunde liegende Philosophie gründen in der bewussten Wahrnehmung – der Körpersignale, der Körpererinnerung und der Körperweisheit in Verbindung mit dem Universellen. Ohne jegliche Bewertung, in der völligen Akzeptanz: vom Wahrnehmen zum Annehmen, vom Zulassen zum Loslassen. Das Ziel ist es, den Körper als das großartigste Instrument zur Heilung wahrzunehmen.

Der Homo Querulantus

Wie kommt es, dass der Mensch keine Zufriedenheit findet?

Negative Menschen gibt es viele auf der Welt. Ihre Lieblingsbeschäftigung ist das Jammern, sie sind scheinbar nie zufrieden, und irgendwie meint es das Schicksal besonders schlecht mit ihnen. Jedes Gesprächsthema handelt von einem Problem, und Leichtigkeit scheint für diese Personen ein Fremdwort zu sein. Musst du bei dieser Beschreibung an einen oder mehrere Menschen aus deinem sozialen Umfeld denken?

Auffällig wird es dann, wenn dieser Typ Mensch bei einem Lösungsvorschlag wieder ein Problem damit hat. Das ist sogenannte Negativität. Es ist anstrengend, ermüdend und äußerst gesundheitsschädlich.

Was ist ein Querulant, ein Miesepeter? Der Typ Mensch, der schlechte Laune verbreitet und beim Anblick dessen sich dein Körper zusammenzieht. Es sind diejenigen, die dir das Leben schwer machen, dir keinen Erfolg gönnen. Sie heucheln sich durchs Leben und sind meisterliche Jammerer. Die findest du überall: Im Berufsleben, Familie oder Freundeskreis, und sie verhindern deinen Erfolg. Denn das Jammern über dieses und jenes lenkt dich ab.

Das Einzige, was sie wollen, ist deine Aufmerksamkeit, und damit werden sie zu einer Blockade.

Eine Blockade für dich und dein Leben, deine Wünsche und deine Visionen. Sie haben auch das Talent, kreative Lösungen im Keim zu ersticken. Doch die heutige Zeit verlangt umso mehr Kreativität.

Der Unterschied zwischen Querulanten und Rebellen ist der: Der Querulant stellt sich gegen Lösungen, der Rebell fordert und sucht nach Lösungen.

Der Rebell, der sich gegen ein System stellt, gegen eine Struktur, hat eine unliebsame Aufgabe, und er hat wahrscheinlich kein entspanntes Leben. Es ist seine Berufung, aufzuwirbeln, um es zum Guten zu wenden, und nur dafür kämpft er oder sie. Warum schreibe ich das? Ich bin eine Rebellin, war ich schon immer – ich bin aber schon ruhiger geworden …

Und diese Querulanten haben ein großes Bedürfnis: zu streiten. Sie tragen ihren inneren Konflikt nach außen oder übertragen es dir! Die Streitkultur aber wächst zunehmend.

Wenn man in einem Krankenhaus arbeitet, dann hört man viel von diesem Klagen, man erlebt viele Schicksale, die das Leben hervorbringt. Der Sozialarbeiter, der sich jeden Tag abmüht, um positive Veränderungen herbeizuschaffen. Die Lehrer, die mit den unbewussten Feldern der Familien in Kontakt sind und die Erziehung der Kinder übertragen bekommen. Der Rechtsanwalt, der ständig in Streitkonflikte verwickelt ist. Die Tochter oder der Sohn, die das Klagen der Eltern nicht mehr hören können, weil sie in der Vergangenheit leben. Der Nachbar, dem das Bellen deines Hundes oder das Spielen der Kinder nervt. Die Liste ist unendlich.

Klagen über Klagen, die meiner Meinung nach eine der schlimmsten Krankheiten hervorbringt: die **Unzufriedenheit.** Sie ist eine mentale, emotionale Vergiftung. Wieso gibt es im Gesundheitsprogramm kein Training dafür? Warum findet kein Training in den Schulen statt, um die Generationen der Zukunft neu zu unterrichten? Na ja, vielleicht kommt's noch! Dies alles bedeutet für das Herz und auch für deine Seele – Stillstand.

Die Hindernisse auf dem Weg zur Heilung

Die meisten Hindernisse auf dem Weg zur Heilung sind das Verleugnen von Gefühlen. Vieles davon ist natürlich alt, sprich aus der Vergangenheit, und wer will sich schon mit dem Vergangenen befassen? Doch der Schmerz liegt immer noch im Verborgenen.

Widerstand und die Hindernisse, die wir in unserem Leben finden, können wir auch lösen. Wir hatten alle Zeiten, in denen wir auf schwer zu überwindende Hürden gestoßen sind. Diese äußeren Widerstände sind Signale unseres wahren Selbst, die darauf hinweisen, dass es einen inneren Widerstand gibt. Der wiederum entstammt unserem beschränkten Glauben, dass unser Selbst losgelöst ist von anderen. Diese Überzeugung führt zu Anspruchsdenken, Egoismus und Pessimismus. Sie blockiert den natürlichen Fluss des Lebens. Wenn wir Dankbarkeit üben, erweitert sich unsere Perspektive, und wir sehen, dass wir keineswegs isoliert von den anderen sind. Wir werden von der Großzügigkeit des Universums auf unendliche Weise unterstützt. Wenn wir das sehen, lösen sich unsere Negativität, unser Anspruchsdenken und alle Hindernisse auf, wie der Morgennebel mit der aufgehenden Sonne …

Gleicht unser Leben hingegen einem einzigen Kampf, gibt es noch viele Hindernisse auf dem Weg zur Gnade. Erfahrungen dieser Art haben wir alle. Diese Hindernisse sind jedoch gar keine echten Feinde, auch wenn sie sehr frustrierend sein können. Denn jedes Hindernis ist ein Zeichen, das uns unser wahres Selbst sendet. Es bittet uns damit, die jeweilige Situation mit frischem Blick zu betrachten. So etwas wie inneren Widerstand gibt es nämlich so gut wie immer, und die äußeren Hindernisse sind nur ein Spiegel unserer inneren Widerstände. Dankbarkeit ist eigentlich ein ganz natürliches Gefühl, aber es halten sich hartnäckige Zustände in uns, die dieses Gefühl im Keim ersticken können.

Diese festsitzenden Überzeugungen sind in der Regel pessimistischer Natur. Wir schauen auf die dunkle Seite des Lebens und teilen uns so mit, dass es auf dieser Welt eigentlich nichts gibt, für das es sich lohnen würde, dankbar zu sein.

Ein anderes Hindernis für Dankbarkeit liegt in unseren Ansichten über Berechtigung und Verdienst, wonach alles Schöne im Leben erarbeitet und verdient sein muss. Wenn wir die guten Dinge in unserem Leben als uns zustehend und vollkommen verdient betrachten, gibt es eigentlich auch keinen Grund mehr, dafür dankbar zu sein. Solches Denken entspringt einem nur leicht getarnten Egoismus.

Beginnen wir jedoch erst einmal damit, Dankbarkeit zu praktizieren, öffnet sich unsere Perspektive schlagartig. Wir fangen an zu sehen, wie großzügig und auf unzählige Art und Weise uns das Universum unterstützt. Setzt sich diese Einsicht erst einmal fest, löst sich das zuvor angesprochene Anspruchsdenken ganz schnell auf. Wir sehen unser Leben als ein Geschenk des Universums, das es tatsächlich ist. Eine Gnade, die uns mit jedem unserer Atemzüge erneut zuteilwird.

Aus dieser gewandelten Wahrnehmung erwächst Optimismus auf ganz natürliche Weise. Das Auf und Ab unseres täglichen Lebens erscheint bedeutungslos gegenüber der unermesslichen Großzügigkeit der Natur. Es hat sich in meinem ganzen Leben als sehr nützlich erwiesen. Immer wenn du inneren Widerstand spürst, gegenüber einer Person, einem Ereignis oder einer Hürde, nimm dir einen Moment Zeit für das Hinführen des „Guten Hellen" in dir.

„Der intuitive Geist ist ein heiliges Geschenk und
der rationale Geist ein treuer Diener.
Wir haben eine Gesellschaft erschaffen, die den Diener
ehrt und das Geschenk vergessen hat."
(Albert Einstein)

Innere Disharmonie ist ein Anzeichen für die Tatsache, dass etwas nicht eingesehen wird, dass etwas in Bezug auf das eigene Wohlbefinden nicht bewusst wahrgenommen wird. Zur Genesung des Leidens wird man eine Veränderung herbeiführen müssen. Ein Umdenken von übernommenen Glaubensmustern, ein effektiveres Handeln, das mir zum Wohle gilt, ist auch zum Wohle aller, doch auch ein Betrachten meines Umfeldes ist manchmal von Wichtigkeit. So unter dem Motto „Du machst mich krank".

„Der Körper ist der Strand am Ozean des Seins."
(Sufi-Weisheit)

Auch über seine entscheidende Rolle bei der Stressregulierung und über die Trauma-Heilung hinaus ist dies ein äußerst wertvolles und wirkungsvolles Werkzeug, das unser persönliches Leben bereichert und unsere Selbstkenntnis vertieft. Ich betrachte es hier als meine Aufgabe, dich dazu zu bewegen, deinen Körper ernst zu nehmen.

Bestimmte Erlebnisse können wir „nicht schlucken oder verdauen", und bei wieder anderen wird uns „kotzübel". Und natürlich wissen die meisten von uns, wie es sich anfühlt, „Schmetterlinge im Bauch" zu haben. Auch die Empfindung „aufgebläht", „dicht" oder „engherzig" zu sein, hat eine emotionale Bedeutung. In bestimmten Situationen mögen wir „den Mund halten", während wir unter anderen Umständen ein „loses Mundwerk" haben. Vielleicht fühlen wir uns in Bauch und Brustkorb ganz offen oder sind „atemlos vor Freude". Das alles sind eindeutige Botschaften unserer Muskeln und inneren Organe.

Sämtliche menschliche Erfahrungen sind auch körperlicher Natur. Unsere Empfindungen und Emotionen steuern unsere Gedanken. Unsere Erfahrungen (bis zurück zum Heranwachsen im Mutterleib) beeinflussen unser Leben und prägen und verändern die Gestalt unseres Körpers. Diese körperlichen Merkmale bilden die Grundlage der Person, zu der wir geworden sind.

Hierzu muss man die richtige Einsicht gewinnen, das Umsetzen in die Praxis wird darauf folgen. Arzneimittel – weder klassische noch natürliche – bieten keine wahre Genesung, weil man hiermit an der psychischen Korrektur vorbeitherapiert, die ausgeführt werden muss, damit sich der Körper auf autonome Weise selbst heilen kann. Nimm die Ursache fort, und das Symptom verschwindet. Dennoch können Arzneimittel, klassische oder natürliche, in einer Übergangsphase in bestimmten Entwicklungsstadien oder Krisenmomenten genutzt werden und haben keine negativen Auswirkungen auf den Menschen, unter der Voraussetzung, dass unterdessen an den wahren psycho-emotionalen Ursachen der Problematik, der Krankheit, gearbeitet wird.

Der Ursprung eines defekten Zellbewusstseins

Zuallererst ist es von Bedeutung, sich bewusst zu machen, dass es erheblich zum Wohle der Menschheit beiträgt, keine Dogmas oder starre Regeln zu etablieren. Besser lassen wir das Leben selbst sprechen: Wahrheit zeigt sich von selbst und bedarf keines „Namens".

Die Zeit ist angebrochen, dass der Mensch lernt, auf das zu hören, wonach das Leben in ihm selbst verlangt, auf diese „Wahrheitsstimme" tief in ihm, auf das, was „Wahrheit" – dem Leben innewohnend – will. Dass der Mensch jetzt zu dem Bewusstsein kommt, dass er selbst es ist, der die volle Verantwortung für sein Seelendasein trägt und er diese nicht von sich weisen soll. Ja, dass er sein Leben ganz und gar selbst in der Hand hat: dass er zu der Erkenntnis kommt, wie das Leben wirklich in sich stimmig ist und dass ihm dies schließlich ein ungeahntes Gefühl der Befreiung und Freude bereiten wird.

Natürlich klagen wir alle mal über dies oder jenes, doch ist es nicht unser Lebensinhalt, sondern wir konzentrieren uns auf die Möglichkeiten, es zu klären. Doch negative Menschen nutzen diese Strategie um ihrer Rechtfertigung wegen, weil sie sich im Grunde nicht weiterentwickeln möchten.

Die entgegenwirkende Energie wäre, das Leben mit mehr Verantwortung zu übernehmen. Sein Bestes zu geben, um es zu ändern. Und das beste Heilmittel aller Zeiten wären dann die sogenannten „30 cm".

Was sind die „30 Zentimeter"? Na, ganz einfach, steh auf: hebe deinen Allerwertesten, und damit dich – das sind die ersten 30 cm zur Veränderung. Verändere deine Gedanken im Gehirn.

Dann solltest du erst einmal in den Spiegel sehen: Mit großer Wahrscheinlichkeit gehörst du nämlich selbst zu manchmal negativen Persönlichkeiten. Warum Negativität so schädlich ist und was du für positivere Lebensgestaltung tun kannst:

Skills, um Negativität und Konflikte zu meistern

Im Leben treffen wir nicht immer nur auf nette und aufmunternde Menschen. Einigen Menschen in der heutigen Gesellschaft fällt es nicht leicht, „Nein" zu diesen negativen Menschen zu sagen.

Das ist leicht gesagt, aber auch manchmal schwierig, wenn es dich zum Beispiel im Berufsleben betrifft. Die nörgelnde Arbeitskollegin, der immer angepisste Vorarbeiter, der Chef, der nie ein gutes Wort auslässt, die Führungskraft, die Chaos verursacht und nichts gebacken kriegt.

Blöde Situationen, doch versuche, ihnen aus dem Weg zu gehen – und manchmal braucht es eine Versetzung oder auch eine Kündigung, zumindest dann, bevor sie dich krank machen. Negative Menschen glauben nämlich, sie sind die Ärmsten und können glückliche, zufriedene Menschen nicht gut aushalten. Im Privatbereich ist es so, dass die Freundin oder der Freund oftmals von selbst verschwinden. Mit der Meinung, du hast dich so verändert. Ganz klar, weil dein Schwingungsfeld nicht mehr kompatibel ist mit dem negativen Schwingungsfeld. Was kannst du machen, wenn diese nicht von selbst verschwinden? Kürze deine Telefonate, sag, du hast keine Zeit, halte deine Besuche kürzer als sonst. Das ist oftmals schwierig für die Helferlein unter euch. Aber halt dir eines vor Augen: Du machst sie auch stark, indem du dich nicht (mehr) um ihre Probleme kümmerst! Natürlich tut es weh, zuzusehen, wie sie leiden, und doch ist es ihr Wunsch … Na ja, und wem kann man schon einen Wunsch abschlagen … Sie schaffen das schon und lernen vom Leben.

Die Herausforderung meistern

Eine andere Möglichkeit ist, es als Herausforderung zu sehen. Inwieweit hast du noch selbst solche negativen Anteile in dir, wenn man das Resonanzgesetz in Betracht zieht? Ist es noch aus vergangenen Tagen, sprich, warst du auch so? Dann schau gut in den Spiegel: So war es mal.

Leitsatz: Was mir an dir nicht gefällt, das korrigiere ich bei mir. Eine negative Sprache verdeckt lediglich eine emotionale Wunde, die noch nicht verheilt ist. Diese Wunde bringt negative Handlungsweisen, Gedanken und Gefühle hervor. Du kreierst dein ganzes Leben um diese Erfahrung des Schmerzes, und so hast du dein eigenes Gefängnis erschaffen. Diese Wunden sitzen in deinem unbewussten Teil, vielleicht schon in der Kindheit entstanden, vielleicht im Drama der ersten großen Liebe – all dies beeinflusst dein Weiterkommen und dein Glück, und du bemerkst jetzt, dass es dir an Liebe fehlt. Na, dann ist es ein großartiger Zeitpunkt, um die Tür zu finden und aufzustehen … Und jetzt: GEH endlich raus, um dich zu erneuern!

Für Fortgeschrittene darf's ein bisschen mehr sein: Beobachte und nimm es als Training für dich, versuche in deiner eigenen Welt zu bleiben, die gerade richtig gut läuft oder sich zum Besseren wendet.

Versuche, die Energien zu orten: Wo in deinem Körper triggert dich dies noch und atme es aus. Du wirst sehen, es gelingt vorzüglich. Achte darauf, dass du die Schwingungen nicht mit nach Hause nimmst, und wenn doch – geh dich duschen und meditiere. Es gibt wunderbare einfache Techniken, dies sofort zu klären, und du kannst wieder an deine eigene Energie anknüpfen. Es ist am Anfang nicht leicht, Fremdschwingungen von den eigenen zu unterscheiden. Doch mit der Übung „Das geflügelte Herz" geht es immer leichter.

Die Möglichkeit der Inspiration

Ah, mein Lieblingsthema, ich liebe es, zu inspirieren – es macht einfach Freude! Da kann ich so richtig mein Potenzial leben. „Du schaffst das schon, komm, möchtest du das versuchen?"

Sind wir nicht alle irgendwie auch für unsere Mitmenschen ein lieber Geist, der den Kopf nicht hängen lässt, und wie fühlen wir uns dabei, jemanden zu unterstützen, damit es demjenigen wieder besser geht? Das ist doch wunderbar, es lenkt von eigenen Themen ab, und das sage ich ganz bewusst, denn durch die Inspiration kann man selbst auch ganz viel lernen. Obwohl ich schon wirklich lange Menschen begleite, werden meine Herausforderungen nicht weniger, nur meine Herangehensweise hat sich verändert. Also, das heißt, auch wenn man ein Coach ist – hat man somit ein Holy-Moly- Sonnenschein-Leben in der Tasche? Nein, auf gar keinen Fall, zumindest bei mir ist es nicht so. Aber ich glaube und akzeptiere, dass das, was mich führt und liebt, für mich das Beste kreiert, und ich bekomme immer das, was ich brauche für meine Entwicklung. Du kannst so viel lernen von deinen Mitmenschen auf unserer Erde, da wird's nicht langweilig, so viel habe ich schon herausgefunden – gut, gell?

Deine Meinung: Ich sag dir mal etwas ...

„Okay, jetzt wird's ernst. Mmhh ... also, jetzt reicht's mir aber mit dir, und ich sag dir mal etwas! Jetzt hör mal auf zu jammern und zu klagen, denn aus diesem Teufelskreis steig ich jetzt aus!"

Wenn jemand mit seiner Negativität zu dir kommt, will ich „Nein" zu dieser negativen Einstellung sagen können. Willst du das auch für dein Leben?

Denn auch sie sind Teil unserer Weltbevölkerung. Es ist äußerst wichtig, mit negativen Menschen umgehen zu können. Ansonsten schickt uns das Leben immer wieder diese Herausforderung – bis wir sie meistern können.

Alles ergänzt sich: gut & böse – negativ & positiv

Es gibt Dunkelheit, und es gibt Licht. Es gibt Negativität, und es gibt Positivität. Nichts davon ist durchdringend schlecht oder gut.

So wie die Elektrizität nicht ohne eine negative und positive Ladung existiert, sind sowohl Dunkelheit als auch Licht notwendig für uns, um uns mit der Erfahrung des Lebens in diesem Universum zu beschäftigen.

Wenn es nur Licht gäbe, vermute ich, dass das Leben und die Existenz unendliche Langeweile wären. Wenn es nur ein göttliches Wesen ohne Existenz gibt, nichts anderes, um damit zu interagieren, würden du und ich nicht als getrennte Einheiten existieren, um miteinander zu interagieren. Und wenn alle Dunkelheit wären, könnten wir auch nichts sehen oder erleben. Wir wären völlig bewusstlos oder existierten nicht. Und denke daran, dass die ganze Dunkelheit in der Welt das Licht einer einzigen Kerze nicht auslöschen kann.

Wir brauchen Licht und Dunkel. Wie jeder gute Fotograf dir sagen wird, ist es der Kontrast von Licht und Schatten, welcher Schönheit und Geheimnis schafft. Es ist das Zusammenspiel von Licht und Dunkelheit und dem unendlichen Regenbogen von Farben und Abstufungen, die aus den beiden geschaffen werden können, die dem Leben seinen Reichtum verleihen.

Könnte es sein, dass das Leben harmonisch und fröhlich ist, wenn wir sowohl Licht als auch Dunkelheit willkommen heißen und ein harmonisches Gleichgewicht zwischen den beiden finden? Könnte dies der mittlere Weg sein, der so ein wesentlicher Bestandteil des Buddhismus ist? Könnte es sein, dass, wenn wir lernen, die Dualität zu transzendieren, um in den Rissen zwischen und über Licht und Dunkelheit zu tanzen, wir mehr Spaß haben könnten?

Wir sind am Beginn einer transzendenten oder holistischen Medizin, beginnend mit dem Blick auf das gesundheitliche Erbe.

In manchen Kulturen ist das Göttliche ein Teil der physikalischen Welt. Hier wird also nicht zwischen einem „Diesseits" (oder einer physikalischen Welt) und einem Jenseits (oder einer himmlischen/nicht physikalischen Welt) unterschieden. Vielmehr stellt man sich die Natur selbst als „beseelt" oder „göttlich" vor. Beispiele dafür finden sich in vielen Naturreligionen, in denen Tieren, Bäumen, Bergen, Flüssen etc. göttliche Attribute zugeschrieben werden. Auch der Pantheismus ist eine Glaubenstradition, der das Göttliche der Natur selbst innewohnt. Dieser Auffassung zufolge ist also das Göttliche etwas in der Welt selbst Liegendes.

Im Gegensatz dazu stehen Glaubensvorstellungen, die die
Welt als etwas sehen, das von der göttlichen Sphäre grundlegend getrennt ist. Zu diesem Thema komme ich jedoch im Teil
des Glaubens noch einmal.

Die Spiegelung!

Nr.	Geistiges Gesetz	Negativprogramm
1	Meine Welt (Resonanz, Polarität und Spiegelung)	Schuld, Opferrollenspiel, Bestrafungsdynamik, Abhängigkeit, Widerstand, Schmerz, Leid usw.
2	Es geschieht das, an was du glaubst – dein Glaube erschafft Wirklichkeit	Egoismus, Kleinkariertheit, Druck, Stress, Mobbing, Manipulation, Machtmissbrauch usw.
3	Energie folgt der Achtsamkeit	Unkonzentriertheit, fehlender Fokus, Chaos, Konfliktsucht, Streit, Wut, Zorn, Ärger, nach innen gerichtete Aggression
4	Jetzt	Mangel, Armut, Neid, Minderwertigkeitskomplexe, Missgunst, nicht loslassen, Trauer
5	Holy Connection	Mangel an Eigenliebe, Isolation, Selbstzerstörung, geistige Bequemlichkeit, Hochmut, Egozentrik
6	Es liegt alles in dir	Eigenwertmangel, Furcht, Neurosen, Angst- und Zwangsvorstellungen, fehlende Anbindung an die Körperlichkeit, Scheinwelten
7	Wahrheit heilt	Fehlende Eigenverantwortung, Mangel an Lebensfreude und Lebenswille, Identitätslosigkeit

Nehmen wir eines heraus: die Abhängigkeit. Eine Dame beschwert sich in einer Sitzung über ihren Gatten. Dass er ständig Ausflüge macht, Stammtische besucht und im Vereinsvorstand ziemlich wichtig erscheint und dementsprechend viel weg ist. Darunter leide, so sagt sie, ihre Beziehung. Immer wenn sie was vorhat, muss sie sich rechtfertigen und wird kontrolliert. Was ist ihr Negativprogramm? Andere haben das Sagen, sie steckt in der Opferrolle fest, und ein Schuldprogramm rennt. Was wäre Positives beim Ehegatten zu erkennen? Er verfolgt seine Interessen, hat ein gesellschaftlich reiches Leben, wahrscheinlich hat er mehr Freude und viel Abwechslung. Wie man sieht, ist Negatives für den einen genau das Gegenteil für den anderen. Natürlich entstehen hierbei Konflikte, die, genauer betrachtet, gut gelöst werden können, indem man das Gute herausfiltert und die eigene Sichtweise verändert. So hätten beide ihren Spaß. Und warum? Die Frau kann ihre Welt kreativer gestalten.

An was du glaubst, geschieht dir!

Die Lehre von Eckhart Tolle geht davon aus, dass die meisten Menschen ausschließlich aus ihrem Verstand bzw. aus dem Denken heraus leben. Das führt zu zwanghaftem Denken, d.h., du kannst nicht zu denken aufhören. Der endlose Strom deiner Gedanken, der unaufhörliche Lärm des Denkens verhindert den Zugang zu deinem tieferen Selbst, deinem tieferen Bewusstsein, zu dem, was du wirklich bist. Du glaubst somit an deine Gedanken, und du wirst zu dem Gedankengut. Alles was deine Gedanken dir vormachen, ob sie stimmen oder nicht, verändert dich. So erzeugen deine Gedanken deine Realität.

Aber bist du wirklich nur das Gedachte?

Denn der Verstand macht nur einen Bruchteil des Bewusstseins aus. Das wird sofort klar, denn alles, was wirklich von Bedeutung für das Dasein ist, sind Schönheit, Liebe, Kreativität, Freude, innerer Frieden. Jedoch haben diese Qualitäten nichts mit Denken oder dem Verstand zu tun und sind mit dem Verstand auch so gut wie nicht erfassbar. Dies zeigt sofort, wie viel du davon in deinem Leben schon erschaffen hast.

Denn diese Qualitäten erschaffen Bewusstheit. Bewusstheit in Verbindung mit deiner Herzens-Intelligenz. Auch für deine Träume und Gedanken gibt es keine Grenzen, und wenn es für deine Gedanken keine Grenzen gibt, dann ist auch alles möglich!

Zumindest alles, was ein Mensch vor uns geschafft hat, ist auch für uns möglich. Es kann sein, dass wir uns dafür etwas anstrengen müssen. Aber machbar ist es. Jeder Mensch trägt alle Ressourcen in sich, die sie oder er zur Lösung der eigenen Probleme braucht. Es gibt keine Grenzen, die ihn daran hindern könnten. Das Universum ist bedingungslos für dich da, ohne Grenzen. Die Grenzen erschaffst du selber!

Zumindest haben wir noch nicht viel erforscht. In der Sendung Galileo sagten sie, wir hätten ungefähr 11 % erforscht, das ist doch unglaublich – was da am restlichen Mysterium noch alles möglich ist? Als Mensch stoßen wir auf Begrenzungen, wie erklärt sich das?

Der Schamane Serge Kahili King unterscheidet zwischen zwei Arten von Grenzen: schöpferischen und gefilterten Grenzen. Schöpferische Grenzen sind innerhalb eines grenzenlosen Universums absichtlich eingeführte Limits, die einzelne Erfahrungen ermöglichen. Dazu zählen unsere begrenzten physischen Erlebnisbereiche wie Sicht oder Gehörsinn. Gefilterte Begrenzungen hingegen sind Beschränkungen, die aus (übernommenen) Ideen, Überzeugungen, Glaubensinhalten etc. entstehen. Sie wirken eher als Behinderung. Andererseits sind Ideen, Glaubensüberzeugungen usw. auch grenzenlos veränder- und austauschbar. Man kann sein Leben jederzeit in großem Umfang ändern. Alles ist möglich, wenn wir daran glauben. Bewusst oder unbewusst erschaffen wir alle Lebensumstände, Ereignisse, Begegnungen, Beziehungen oder Dinge. Das nur, weil überall eine Substanz zur Verfügung steht, die wir Energie nennen. Diese Energie ist bereit, in jeder Form in Erscheinung zu treten, sobald sie irgendeiner ruft.

Die Form, die wir unserem Gedanken geben, prägt diese Substanz und lässt sie in Erscheinung treten.

Wenn man dieses dann noch mit einem Glauben ruft, muss sie in Erscheinung treten. Denn du hast einen freien Willen – nach diesem Prinzip funktioniert fast alles.

Die Wissenschaft hat gerade entdeckt, was alle Völker schon vor uns wussten. Also ist die Wissenschaft nicht neu, sondern sie findet lediglich das heraus, was immer schon war. Sie bezieht sich im wahrsten Sinne auf Vergangenheit, das hat Jesus oder Buddha und auch Abraham schon gewusst. Genau diese Lehre, die schon seit Jahrtausenden existiert – wir hinken da lediglich noch hinterher. Alte Heil-Techniken kommen zurück, die in null Komma nichts wirken, doch dies ist alles schon dagewesen.

Apropos Vergangenheit

In vielen derzeitigen Lehren wird gesagt, du bist nicht die Vergangenheit, du bist nicht deine Geschichte. Identifiziere dich mit niemanden, lebe im Jetzt, und alles wird gut – ja, wenn's so leicht wäre!

Als Systemikerin finde ich die Ansätze wirklich genial gut, wären da nicht unserer aller Prägungen, die so tief verankert sind, dass dies doch irgendwie unmöglich ist. Denn viele haben keinen freien Willen, oder sie wissen es noch nicht. Diese nennt man in der holistischen Sprache auch Schlafwandler. So wie jetzt der Trend ins Aufwachen geht. Doch so viele Schleier umnebeln dich, der Schleier der religiösen Erziehung, der Schleier des Familiensystems, der Schleier deines Gehirns, der Schleier der Medien … na, da soll sich mal einer zurechtfinden in dem Chaos.

Und eines sag ich dir, es verlangt einem schon einiges ab, sich diesem Weg zu widmen. Der Weg zur Selbstverwirklichung oder Berufung ist der Weg, zur eigenen Wahrheit zu finden im Dschungel von Widerständen.

Für mich als Mutter von zwei Kindern nicht leicht. Ich kann nicht auf ewige Suche gehen, mich abwenden von ihnen und sagen, so Kinder, ich will mich selbst verwirklichen und bin dann mal weg. Wir Frauen, und auch die Väter unserer Kinder, möchten dies miteinander erleben und füreinander da sein, gemeinsam auf den Weg der Wahrheit voranschreiten.

Wir lieben unsere Eltern und Großeltern, und deren Vergangenheit gehört zu uns, ob wir wollen oder nicht. Die Vergangenheit zu ehren und Frieden zu machen, wenn möglich, ist der erste Schritt. Und ja, auf der Suche nach Erfüllung, Glück, Erfolg und Liebe konnte ich beobachten, wie viele letztendlich im angeblichen spirituellen, esoterischen Humbug landeten und Unmengen von Geld ausgegeben haben für leeres Gelaber.

Aber wer die Vergangenheit nicht ehrt, ist die Zukunft nicht wert. Denn trotz aller Widrigkeiten und Gutem bist du aus dem gekommen. Alles hat dich zu dem gemacht, was du heute verkörperst. Denn der Verstand und die Gedanken sind nun einmal ein Teil von uns. Dieser Teil meint es aber auch gut mit dir. Meine Meinung dazu ist: Einen Kampf gegen das Ego zu führen, ist sinnlos. Wäre es nicht angenehmer, eins zu werden mit dem Kopf und dem Herz – oder besser gesagt mit Leib und Seele?

Vielleicht liegt dieses armselige Denken in der Vergangenheit, also ganz woanders. Denn wir wissen alle: Zum Glücklichsein brauchen wir vieles nicht und manches mehr. Beim Menschen ist das Kontakt, Berührung, Kommunikation.

Schwarz und weiß denken?

Im alten Paradigma konzentrierte sich die überwiegende Mehrheit der Menschen auf der Erde weitgehend auf Fragen des Überlebens und der Sicherheit.

Dies hielt sie in erster Linie auf den Tanz der Trennung konzentriert. Doch da diese Kernbedürfnisse für einen großen Teil der Menschheit jetzt sehr gut erfüllt sind, haben wir unsere Aufmerksamkeit nach außen auf immer mehr erweiterte Erkundungen gerichtet. Als Ergebnis, im neuen Zeitalter, in welchem viele von uns jetzt Mitschöpfer sind, durchbohren wir die Schleier der dreidimensionalen, fünf-sensorischen Welt und beginnen zu sehen. Wir erforschen die tieferen energetischen Reiche, integrieren die göttliche Schönheit und erkennen die Vernetzung von uns allen.

Wenn wir uns entschließen, diese Verbundenheit immer tiefer in unserem täglichen Leben zu erkennen und zu erleben, können wir anfangen, einen Lebensreichtum zu erleben, der weit über das hinausgeht, was aus den alten Paradigmen Konzepten von Raum und Zeit uns einst zugänglich war. Je mehr wir unser Bewusstsein für die tiefere energetische Verbindung mit allem um uns herum öffnen, desto wahrscheinlicher wird unser Leben mit Wundern und reicher Umwandlung erfüllt sein.

Da immer mehr von uns zum unendlichen Brunnen der Liebe und Weisheit erwachen, der in uns und allen Wesen liegt, sind wir unserer Rolle als Pioniere eines neuen Paradigmas bewusst, wo wir die Vorteile der Erforschung der vielen Geheimnisse der Trennung und Verbundenheit ernten können. Könnte es sein, dass ich deshalb hier bin und viele von uns jetzt auch? Wenn ja, lasst uns Spaß haben!

Wenn wir diesen einen Schritt weiter machen, wenn es ein quelleneinheitliches Bewusstsein gab, das sich selbst zersplitterte, so vermute ich, dass seit dieser ursprünglichen Fragmentierung immer ein erweitertes kollektives Bewusstsein für alle Fragmente, eine Art göttliches kollektives Bewusstsein aller Wesen existiert hat. Und in dieser Richtung befinde ich das holistische Denken und Empathie als sinnvoller für alles und jeden von uns. Holistisch betrachtet ist in jedem der Fragmente das Ganze enthalten. Aus diesem Blickwinkel gibt es ein größeres kollektives Bewusstsein oder Intelligenz, und innerhalb jedes individuellen Bewusstseins haben wir Zugang zu diesem erweiterten kollektiven Bewusstsein.
Denn es gibt noch mehr als Ursache und Wirkung!

Die dritte geistige Quintessenz – Achtsamkeit

Energie an sich ist neutral. Aus der Sicht der indigenen Völker gesehen gibt es keine gute oder schlechte Energie. Wenn ich etwas für schlecht halte und mich damit beschäftige, nähre ich diesen Zustand dennoch mit Energie. Halte ich etwas für stimmig, wird diese Seite genährt. Im Buddhismus wird dies auch als Anhaftung bezeichnet.

Auch wenn ich es ablehne, entziehe ich damit meine Energie nicht. Ganz im Gegenteil: Je emotionaler ich mit einer Sache verhaftet bin, desto mehr Energie geht in diese Richtung. Umgekehrt natürlich auch: Je weniger ich mich mit etwas auseinandersetze, desto weniger nähre ich es. Die einzige Möglichkeit, etwas im eigenen Leben zu reduzieren, was uns nicht gefällt, besteht also darin, sich mit etwas anderem zu beschäftigen. Die Energie und die Gedanken dorthin zu lenken, was wir nähren und fördern wollen.

Denn ein stetiger Energiestrom, der von uns ausgeht, erzeugt das Leben und die Wirklichkeit. Über unsere bewusste Ausrichtung ist diese Energie veränderbar. Und damit auch das, was wir erleben.

Energie folgt deiner Aufmerksamkeit, was so viel heißt, dass das, was du betrachtest, existiert, weil du der Beobachter bist.

Konzentration kann Magie sein

„Energie folgt demnach der Aufmerksamkeit. Aufmerksamkeit folgt dem Interesse."

So wie Eckart Tolle es auch benennt, dass durch die Identifikation mit dem Denken das Ego gefüttert wird und somit das falsche Selbst. Kurz gesagt: Das Ego ist der unaufhörliche Denker in dir. Der Denker urteilt, bewertet, interpretiert, analysiert, definiert und konzipiert.

Das Ego ist die gedankliche Vorstellung von dir, davon, wer du bist. Es ist geprägt davon, wie und wo du aufgewachsen bist, von deinem persönlichen und kulturellen Umfeld. Das Ego ist also nichts anderes als ein Gedankengebilde, das primär aus der Vergangenheit kreiert, was sich in der Zukunft zeigt. Wenn es die Vergangenheit nicht gibt, da sie ja vergangen ist, wer bist du dann?

Das Ego beschäftigt sich mit der Zukunft, um sicherzustellen, dass es weiterlebt. Für das Ego existiert der gegenwärtige Augenblick kaum. Und wenn, dann nur als Mittel zum Zweck, um einen erdachten Zustand in der Zukunft zu erreichen.

Also, das Ego wird ganz schön runtergemacht, böses EGO ... Machen wir aus dem Wort EGO: Erfahrung. Denn deine Erfahrungen sind weder schlecht noch gut, sie sind einfach. Deine Erfahrungen sind wichtig und genauso ein Teil von dir. Deine Erfahrungen haben dich hierhergebracht. Und es geht jetzt nicht darum, einen Widerstand gegen das EGO zu führen, sondern es vielmehr zu integrieren.

Denn innerer Widerstand wird stets als Negativität erfahren. Negativität ist immer Widerstand. Negativität reicht von Gereiztheit und Ungeduld über Wut, Groll und Niedergeschlagenheit bis hin zu Verzweiflung. Manchmal wird der emotionale Schmerzkörper aktiviert. Wenn Negativität ignoriert wird, verleugnest oder sabotierst du auch das Positive in deinem Leben, dadurch würde deine Identität als Opfer oder übel behandelter Mensch gefährdet. Das ist ein weit verbreitetes Phänomen.

Natürlich will unser Ego Aufmerksamkeit, und die schenken wir ihm, denn warum will in uns dieser Teil gesehen, gehört und gefühlt werden? Na, weil wir dahinter ein Bedürfnis haben, wir sind ja Menschen, und als Mensch haben wir Bedürfnisse. Also unser Ego zu verbannen und schlecht zu machen ist genauso dogmatisch, doch wenn du das Verhalten des ungeliebten Musters aus der Vergangenheit veränderst, dann kann es dir gut gehen. Es gehört lediglich dein Verhalten angeschaut.

Dein Ego ist genauso wertvoll, denn es ist ein Teil von dir!

Wir sind gefühlsgesteuerte Menschen

Und solange Negativität da ist, kannst du sie nutzen. Sie ist ein Signal für dich und erinnert dich an nicht verdaute Prozesse und Erfahrungen.

In der buddhistischen westlichen Psychologie oder auch in den Lehren von Eckhart Tolle wird immer wieder von der Nicht-Identifikation und Anhaftung gesprochen. Nur: Die Verleugnung des negativ Erlebten ist, als würde ich vom Universum den Minuspol verleugnen. Diese Erlebnisse gehören zu uns, denn unsere Gefühlswelt vermag ja eine ungeheure Menge an Energie zu haben.

Manchmal brauchen wir auch die Missgeschicke und sogenannten negativen Erfahrungen, um daraus zu lernen, denn bekanntlich geht man auch aus einer Krise gestärkt und voller Erkenntnisse heraus. Allein sich alles wegzumeditieren, ist da auch nicht sinnvoll. Oder einfach nur zu sagen, das existiert ja nicht, diese Emotion usw. Das kannst du schon sagen, doch deine innere Prägung ist da wohl anderer Meinung.

Stell dir vor, dein Guru oder Lehrer streitet auch mit seiner Frau, und sie sind nicht einer Meinung, Dalai Lama ist nach wie vor im Exil, John of God wurde angeklagt, Trump tut, was er will – wie man sieht, das Negative ist ganz normal und stets zu Diensten.

Wo viel Gutes ist, ist auch viel Schatten und umgekehrt!

Und auch der Trip zum Weg der Erleuchtung lässt den Schatten wachsen, weil wir einfach Menschen sind und spirituelle Wesen. Wie kann es sein, dass ich mich über 40 Jahre mit dem Dasein als Frau beschäftige, dass ich immer noch so gefühlsstark bin, na, ganz einfach, ich bin so. Als ich jünger war, kanalisierte sich meine Energie anders, jetzt bin ich doch ruhiger. Na ja, ein bisschen ruhiger! Ich bin Licht und Schatten zugleich und somit doch einigermaßen im Gleichgewicht.

Es gibt keine Erleuchteten unter uns, solange wir Menschen sind, da wären wir Engel, und die inkarnieren nicht auf der Erde. Weise Menschen wissen auch mit schwierigen Situationen umzugehen und verlieren dabei auch nicht ihre Güte und ihr Mitgefühl. Es heißt „Mit Gefühl", wohlgemerkt, das Gefühl ist die wesentliche Kraft und die Hotline zum Universum.

Ich hatte immer wieder mal Trauergefühle durch Verluste von geliebten Menschen, durch Diagnosen von Ärzten, durch meine komplizierten Beziehungen mit meiner Mama, meinem Mann und meinen Kindern. Selbst wenn in der Welt so manche Dinge absolut schiefgelaufen sind im ersten Moment und ich traurig war oder auch verzweifelt, so wurde ich durch meinem Glauben noch stärker. So war es meistens letztendlich, dass es das Beste war für mich, ich verstand es nur momentan nicht. Doch ich begann, mich als Ganzes zu akzeptieren und vergebe mir alles immer wieder.

Mit dem Satz „Auch das geht vorbei" hielt ich mich in Bewegung. Mit den darauffolgenden Gebet oder Mantra stärkte ich mich von innen heraus.

Ich bin so, wie ich bin, mich lässt einfach nichts unberührt. Ich liebe einfach und lebe und fühle, weil ich Mensch bin.

In manchen Phasen meines Lebens waren auch Depressionen da, und es fehlte mir der Antrieb, ich fühlte mich schwer und ausgelaugt. Die Freude und der Sinn kamen abhanden. Dafür ist aber nicht jemand anderer verantwortlich, denn ich werde auch traurig, wenn Bäume in Massen gefällt werden, wenn ich von Gewalt an Kindern und Frauen höre oder Menschen über Nacht ihr Zuhause verlieren, weil wir uns nicht um das Klima kümmern. Dies alles ist ja negativ behaftet, stimmt's? Ach, Shit, und was jetzt? Mir hilft aber keine Meditation, um mir alles rosarot wegzudenken, sondern die radikale Akzeptanz, die lautet: Es ist, wie es ist. Sei einfach wahrhaftig da, mit allem, was du in dir trägst!

Wir sind ja alle vernetzt

Okay, sagte ich mir, da ich meine Traurigkeit nicht einzuordnen wusste, ging ich zum Arzt, der machte eine Überweisung und verschrieb mir gleich ein Gegenmittel in Form von Antidepressiva! Na ja, dies alles ist mal, kurz gesagt, ein Widerstand. Depressive Menschen sind einfach nicht in, wir machen mit, keiner gibt es gern zu, dass es ihm oder ihr schlecht geht, und wenn wir gefragt werden „Hi, wie geht's dir, geht's dir gut?", sagen wir automatisch: „Gut, danke, und dir?" Das stimmt aber nicht immer! Sagen wir die Wahrheit – „Na ja, es geht so, aber eigentlich nicht so gut …" –, was kommt dann? „Ach, entschuldige, jetzt habe ich keine Zeit, aber telefonieren wir doch heute oder morgen."

Die Masse ist auch im Widerstand. Bloß keine Negativität zulassen.

So kann's nicht funktionieren, doch wenn wir den inneren negativen Erlebnissen Raum geben und uns darum kümmern, kann es heilen, und wenn's sein muss, dann lebe sie so richtig aus, die Depression, höre traurige Musik, bleib im Bett, lass sie zu, deine Trauer, an der ist nichts falsch, weine, was du beweinen musst.

Meine Heilung fand ich in der Natur, und so ist auch das systemische Embodiment entstanden, ich stellte mich meiner inneren Dynamik und fühlte sie mit jedem Schritt, durch die innere Wahrnehmung konnte ich einen heilsamen Kontakt machen und ich gab mir Raum. Du kannst allem Raum geben, ohne dich dabei zu verlieren, dass ist das Geniale am Gehen, bleib in Bewegung und folge absolut authentisch dem, was du gerade fühlst. Bleib echt und wahrhaftig, denn das Einzige, was emotional wirklich heilt, ist deine Wahrheit – fühle einfach deine Wahrheit. So veränderte ich auf liebevolle Weise mein Verhalten, indem ich an unliebsame Geschichten dachte und dem Raum gab. Der Körper ist ein unfassbares Gefäß für Weisheit, alles Abgespeicherte hat ein Verhalten, wie Lähmungen, Schmerzen usw. So bewegte ich alles in eine neue Richtung, und es gelang.

Wir sind Menschen, um Gefühle und Schmerz auch zu leben, da sie genauso dazugehören. Und wenn du weinen kannst, bleibst du auch gesund. Weil du nichts verleugnest, weil du deiner Wahrheit und deinem Schmerz Raum gibst. Der Körper scheidet durch die Tränenflüssigkeit das überschüssige Cortisol aus, und dein Körper weiß schon, wie er damit umgeht und heilt sich von selbst. Trauer, die eine Geschichte erzählt, ist wichtig zu betrachten, zu belieben und anzuerkennen.

Mit der Naturpädagogik zur Achtsamkeit

Die Natur gibt uns Raum und Natürlichkeit ohne Bewertung, die Stille spricht mit uns. Sie ist ganz einfach gesagt ein wunderbarer Resonanzgeber. Du bist in allem, was die Natur zu bieten hat, und bestens aufgehoben, sie arbeitet mit dir auf eine so liebevolle Art, besser geht's nicht. Sie kann dir Grenzen zeigen, Hinweise schicken, und durch den Atem nimmst du ohnehin Heilung auf. So wie bekannt ist, dass der Wald Diabetes, Depressionen und vieles mehr in Heilung bringt, ohne dass du all die Kräuter kennen musst oder sie gar ausreißt, denn hierbei geht es um einen tieferen Sinn.

Wann immer unbegründete Negativität in dir aufsteigt, dann achte auf die leiseste Gereiztheit, aufgepasst: raus aus dem Denken – sei gegenwärtig. Lasse die negative Reaktion einfach fallen. Du kannst sie auch loswerden, indem du dir vorstellst, für den äußeren Anlass der Reaktion durchlässig zu werden.

Da Energie dahin fließt, wohin sich die Aufmerksamkeit richtet, sind Aspekte des derzeitigen Erlebens, die von Dauer scheinen, Auswirkungen von gewohnheitsmäßig anhaltender Aufmerksamkeit. Wenn wir Erfahrungen in unserem Leben verändern möchten, ist es notwendig, die Aufmerksamkeit des unteren Selbst auf ein anderes Muster zu lenken. Wir können lernen, unsere Energie bewusst auf das zu lenken, was wir wirklich wollen, denn das wird uns auch langfristig stärken und stützen. Wir können lernen, es zu vermeiden, dass unsere Aufmerksamkeit unbewusst von jemandem oder etwas angezogen wird, der oder das uns nicht gefällt, uns ärgert oder ängstigt. Aufmerksamkeit wird aber auch von jeder starken Energiequelle angezogen, die unsere Sinne reizt.

Diese Vorstellung, die weder für die Metaphysik noch für die Physik neu ist, schließt ein, dass letztlich alles, auch das Denken, Energie ist.

Nun sei konzentriert auf das, was du willst, nicht auf das, was du nicht willst!

Behalte deine Absichten, Zielsetzungen, Ziele und Bestimmungen im Auge. Das hilft dir, ein hohes Maß an Effizienz und ein geringes Maß an Frustration zu erreichen. Wir gehen davon aus, dass unsere Gedanken sehr machtvolle Energien sind und dass diese dorthin fließen, wo der Fokus unserer Aufmerksamkeit liegt. Das heißt, wir nähren mit unserer eigenen mentalen Kraft das, womit wir uns positiv oder negativ beschäftigen.

Je mehr wir an unangenehme Personen oder widrige Umstände denken, desto mehr stärken wir mit unserer geistigen Kraft das, was wir eigentlich nicht mögen und ablehnen. Je mehr wir uns vor etwas Schrecklichem fürchten, dass auf uns zukommen könnte, umso mehr tragen wir dazu bei, dass sich genau das manifestiert. All dies ergibt sich zum einen wiederum aus dem Wirken des geistigen Gesetzes der Resonanz bzw. der Anziehung, zum anderen aus der Tatsache, dass das Universum nicht wertet und der freie menschliche Wille über allem steht.

Du kannst genauso den Walk in die andere Richtung lenken, um Ziele oder positive Gefühle zu festigen, um mehr im Körper verankert zu sein. Mit deiner Aufmerksamkeit, mit deiner physischen Präsenz verbunden zu sein, bedeutet einfach, im Hier und Jetzt zu sein mit dem, was gerade anfällt. Alles ist OK!

Die Wahrnehmung ist der Schlüssel für dich!

Im Buch von Jack Kornfield dreht es sich um die buddhistische Psychologie und dessen universelle Prinzipien. Als ich vor zig Jahren mich mit Buddhismus auseinandersetzte, um mögliche Alternativen für Heilungsprozesse zu finden, begann eine unglaubliche Reise.

Zwar praktizierte ich schon vorher die Transformation über die Bewegung und das achtsame Gehen, doch als ich dies las, wurde mir erst bewusst, dass diese Form vom Buddhismus und von den Aborigines stammt.

Wenn wir ein Problem näher untersuchen wollen, etwas, das in uns „brodelt", dann ist es klug, zuerst festzustellen, was in unserem Körper geschieht. Können wir eingrenzen, wo das Problem angesiedelt ist?

Manchmal finden sich Empfindungen von Hitze, Anspannung, Härte oder Vibrieren. Oder wir bemerken ein gewisses Pochen, eine Art Taubheit. Mitunter machen sich auch Farben oder Formen bemerkbar.

Würden wir diese Stelle in unserem Körper am liebsten ausblenden, oder können wir ihr mit Achtsamkeit begegnen?

Was passiert, wenn wir diese Empfindungen achtsam einfach sein lassen? Öffnen sie sich? Gibt es andere Schichten? Gibt es einen Mittelpunkt? Werden sie intensiver? Wandern sie? Kommt es zu Ausdehnung, Veränderung, Wiederholung, Auflösung, Wandel?

Dann richten wir den Blick auf unseren Geist. Wir fragen uns, welche Gedanken und Bilder mit diesem Problem verbunden sind. Wir machen uns die Geschichten bewusst, die wir uns erzählen, die Wertungen und Überzeugungen, denen wir diesbezüglich anhängen. Wenn wir genauer hinsehen, bemerken wir häufig, dass wir manchmal recht einseitige Standpunkte vertreten, die Denkmuster der Gewohnheit eben, die mitunter schon ihre Gültigkeit verloren haben. Und wir erkennen, dass es sich dabei nur um Geschichten handelt. Voller Achtsamkeit lockern wir den Klammergriff, in den uns diese Geschichten nehmen, und sorgen dafür, dass wir weniger an ihnen hängen.

Die vierte Grundlage der Achtsamkeit ist die Wahrheit. Im buddhistischen „Dharma" benannt, kann sie sich auf die Lehren und den Pfad des Buddhismus beziehen. Der Begriff heißt auch einfach nur „Wahrheit". In diesem Fall bezieht er sich auf die Muster und Elemente unserer Erfahrung. Wenn wir also die Realität näher betrachten, dann sehen wir uns die Prinzipien und Gesetze an, die unsere Wirklichkeit lenken. Ist die Erfahrung so, wie sie uns erscheint? Ist sie tatsächlich unwandelbar? Oder ist sie nicht vielmehr in steter Veränderung begriffen, beweglich, sich ständig neu erschaffend? Verengt oder erweitert das Problem den Raum in unserem Bewusstsein? Haben wir es unter Kontrolle, oder scheint es vielmehr ein Eigenleben zu entfalten? Wir merken, ob wir uns das Problem nur selbst geschaffen haben. Wir stellen fest, ob wir daran anhaften, ihm Widerstand entgegensetzen oder es einfach sein lassen können. Wir sehen, ob wir zu unserem Problem ein Verhältnis haben, das uns Glück oder Leid verursacht. Und schließlich wird uns klar, wie sehr wir uns damit identifizieren.

Damit aber kommen wir zum Prinzip der Nicht-Identifikation.

Nicht-Identifizieren

bedeutet einfach, dass wir aufhören, das Problem als „Ich" oder „mein" zu betrachten. Wir erkennen, dass unsere Identifikation Abhängigkeiten schafft, Ängste und ein Gefühl der mangelnden Authentizität. Wenn wir uns der Praxis der Nicht-Identifikation widmen, untersuchen wir jeden Bewusstseinszustand, jede Erfahrung, jede Geschichte. „Bin ich das wirklich?" Bald enthüllt sich uns das offene, augenblickshafte unserer Identität. Dann können wir loslassen und im Gewahrsein ruhen. Dies ist das Ziel der vier hier vorgestellten Prozesse und Prinzipien.

Der zwischenmenschliche Dialog ist auch immer ein körperlicher Dialog. Was nach Paul Watzlawick für die verbale Kommunikation gilt – man kann nicht nicht kommunizieren, das heißt, es ist nicht möglich, nicht zu kommunizieren –, gilt auch für die körperliche Ebene. Die gestalttherapeutische Beziehung ist trotz aller vorhandener Asymmetrie innerhalb der Rollenkonstellation, da ein Hilfesuchender und ein Hilfegebender miteinander zu tun haben, eine Beziehung, in der zwei Menschen möglichst ihr ganzes Wahrnehmungssensorium nutzen sollten.

Da wir körperliche Wesen sind, nehmen wir einander auch körperlich wahr. Die Aufmerksamkeit des „Shep-Modells" ist vorwiegend auf die nonverbale und sprachliche Kompetenz und innere Kommunikation ausgerichtet, dazu kommt die systemische Sicht und Feldarbeit.

Die vier Grundlagen der Achtsamkeit

Dein Körper ist das Tor zur Weisheit
Deine Gefühle steuern dich
Dein Geist und Glaube
Deine Wahrheit

Dazu zählen Körperhaltung, Gestik und Atmung und auch der Tonfall – sie werden dabei ebenso ernst genommen wie die Inhalte sprachlicher Mitteilungen. Im Behandlungsverlauf wird der Therapeut selbst zum Instrument, indem ihm die eigenen körperlichen, emotionalen und intellektuellen Reaktionen Orientierung geben. Da aber der Prozess der Klientin im Vordergrund steht, sollte der Therapeut einen Teil der eigenen Reaktionen zurückhalten, also bewusst retroflektieren.

Alles, was zum Ausdruck gebracht wird, darf authentisch gebracht werden, also subjektiv stimmig sein. Alles, was im Feld des Jeweiligen liegt, hat den Anspruch, wahrgenommen zu werden.

Welche Gefühle und Gedanken jedoch mitgeteilt werden und wann, wird stets in Hinblick auf die Frage, was dem Verlauf der Therapie dienlich ist, entschieden.

Dieses setzt eine sichere Selbstwahrnehmungsfähigkeit des Begleiters voraus. Sie sollten sich der Vielzahl von Informationen

…en (etwa Sinneseindrücke, Bewegungsimpulse oder …rnehmung von körperlichen Verspannungen) und nach außen (etwa Atmung, Körperhaltung, Tonfall, Gestik und Mimik) möglichst bewusst sein und einen relativ selbstverständlichen Umgang damit pflegen. Denn die körpersprachliche Dimension des Dialoges gestaltet den Prozess ganz erheblich mit. Der nonverbale Informationsfluss ist deutlich unmittelbarer als der verbale und diesem immer vorgelagert. Das bestätigen auch die jüngeren neurobiologischen Forschungsergebnisse.

Sprachliche Kommunikation führt nur dann zu Veränderung, wenn durch nonverbale Kommunikation bereits ein Vertrauenszustand hergestellt worden ist.

Die Trennung von Körper und Geist hielt sich ja lange und reicht sogar in die moderne Medizin hinein, in der der Körper allein unter physikalischen, chemischen und biologischen Gesichtspunkten behandelt wurde. Der Begriff „Psychosomatik" geht bereits von einem ganzheitlichen Zusammenhang aus.

Im vielfältigen Recherchieren und jahrelangen Beobachten meiner Klienten wurde deutlich, wie sich die Psyche des Körpers bemächtigt, um dort Konflikte auszutragen. Problematische Themen werden abgewehrt und auf der Körperebene ausgetragen. Der Zusammenhang zwischen körperlichen Vorgängen und psychischen Prozessen wird deutlich gesehen und gespürt. Der physische Vorgang wird als Begleiterscheinung gesehen, der mit einem auslösenden psychischen Ereignis in direkter Verbindung steht. Es wird als ein psychischer Konflikt gesehen, der körperliche Symptome verursacht. Hierbei werden die zwei Aspekte der physischen und psychischen Konstellation zusammen als Ganzes gesehen. Diese holistische Auffassung basiert auf dem Prinzip, dass das Ganze mehr ist als die Summe seiner Teile. Daher betrachtet eine integrative Sicht beides als Bestandteil einer untrennbaren Äußerung des Selbst. Es ist lediglich ein defekter Teilaspekt in jedem von uns, der wieder genesen kann. Um wieder ein Ganzes zu werden, muss der Dualismus im Menschen geheilt werden, denn wir sind eine ganzheitliche Einheit („Holismus").

1. Erkennen im analytischen Sinne

Die Achtsamkeit des Körpers erlaubt uns, unser Leben ganz zu leben. Niemals gibt es das Sein nur in spiritueller Hinsicht, wenn die körperliche Ebene außer Acht gelassen wird, denn Spiritualität beginnt damit, im Körper zu sein. Achtsamkeit und Wahrnehmung machen dich authentisch und frei. Um im Körper gut verankert zu sein bzw. wach zu werden und die eigene innere Dynamik zu erforschen, bedarf es aller Anteile wie Ego, Körper und Seele. Nur wenn alle drei in Einklang kommen, lebst du in der wahren Verkörperung deines Wesens.

Immer wenn du feststeckst, sei es beruflich, in deiner Liebesbeziehung, in den Beziehungen zu den Kindern oder auch, wenn es sich durch körperliche Grenzen zeigt, wird es Zeit, sich damit auseinanderzusetzen und zu erkennen, in was für einer Enttäuschung, Lüge oder „nicht wahrhaben wollen" ich eigentlich lebe. Und genau jetzt kannst du die Bereitschaft aufbringen, um dir anzusehen, was los ist. Du hältst kurz inne, um deine Wirklichkeit und das, was du erfährst, zu überprüfen. Hier und jetzt.

Der Diabetiker kann sich fragen: Was ist los mit der Süße meines Lebens? Was unterdrücke ich schon seit längerer Zeit? Der gestresste Manager, wo Anzeichen von Panik und Angst sich kundtun, kann sich fragen: Kann ich den Druck von oben und unten und der Familie noch aushalten? Oder wird es Zeit, meinen Lebensstil, der ja immerhin auch eine Menge kostet, zu verändern? Oder die nach außen hin versteckte Depression könnte man ändern, indem man die Lebenskraft wieder- entdeckt.

Was alles hast du noch nicht überwunden?

Was war zu schwer für dich?

Was hat dich so gekränkt, das in dir immer noch rumort?

Nimm dich ins Herz und sprich darüber, nimm deine Kränkung und dein verletztes Herz ernst!

Solche Kränkungen machen krank. Denn ist die Gesundheit erst einmal ruiniert, hat dies weitaus schwerwiegendere Folgen für dich und alle Beteiligten.

2. Emotionen als Wegweiser

„Emotionen" sind Signale aus unserer inneren Dynamik, und die weniger angenehmen Emotionen müssen nicht als negativ angesehen werden, sondern sollten als wichtige Wegweiser fungieren.

Fühlst du Trauer, Schmerz, Wut in dir? Dann bedeutet das vielleicht, dass du einen wichtigen Teil deiner selbst, deines Wesens als Mensch missachtest, dass du deinen Wert, deine Schöpfungskräfte, die Dankbarkeit für deine Existenz unzureichend anerkennst. Du bist einfach nur im Widerstand. Höre gut hin und helfe dir selbst. Glaube an deine innere Größe und beschenke dich mit Liebe. Das Leben in dir möchte nichts lieber, als dich unaufhörlich „in Freude" zu erleben. Schenke dem Beachtung und korrigiere dort, wo nötig, sodass du zu größerer Harmonie mit dir selbst kommst. Wenn jemand mit einer anderen Person eine Rauferei anfängt, ist dies nur möglich, weil diesem Menschen bereits Streitlust und Aggression innewohnen. Es ist nicht das spöttische, höhnische Gelächter des anderen, das ihn seine Faust ballen lässt (dies ist nur der Auslöser), es sind die tiefer liegenden Wut-Ohnmacht-Angst-Gefühle in ihm, das autodestruktive Spottgelächter auf das Leben in ihm. Das sind die wahren Ursachen, wodurch er eine solche Situation an sich heranlässt, zu kämpfen beginnt und wütend seine Fäuste ballt.

Vergiss nicht: Ein bestimmtes Ereignis in deinem Dasein ist im Grunde lediglich der „Anlass", wodurch ein bestimmtes Gefühl wie Wut oder Traurigkeit usw. „hochkommt". Die Ursache deiner Wut oder Trauer scheint im ersten Moment in diesem Ereignis begründet zu liegen – nein, „die Ursache" liegt viel tiefer. Löse sie tief in dir selbst, du hattest bereits eine Vibration von Wut in dir, und infolgedessen hast du eine Situation an dich herangelassen, in der du deine Wut herauslässt. Nicht umgekehrt. So können Geschehnisse und deine damit einhergehende emotionale Reaktion dich darauf hinweisen, dass sich in dir noch Wut, Angst, Traurigkeit, Schuldgefühle oder welche Emotion auch immer verbergen. Die Umstände, mit denen du dich unbewusst umgibst, sind lediglich eine Folge der bereits in dir existierenden Emotion.

Heilung zeigt sich aus dem tiefsten Raum, da wird viel frei, denn Tränen machen auch gesund. Denn in unserem innen liegenden Schmerz ist die Liebe, Kraft, Weisheit, Lebensfreude eingesperrt, und wenn du den Schmerz beginnst anzusehen, ihm zuzuhören, ihn zu spüren, befreist du daraus deine ganze Liebeskapazität.

Osho sagte in seinem Buch „Emotionen": wenn du traurig bist, sei richtig traurig, lebe es durch. Danach stehst du wieder auf. Die Tränenflüssigkeit schwemmt das natürliche Antidepressiva aus, dies kann man heutzutage sogar feststellen, wie alt deine Tränen sind – geniale Wissenschaft.

3. Erkenntnis

dass wir eine Gesellschaft erschaffen haben, die Armut, Ungerechtigkeit und Krankheit leugnet. Die neuen Krankheiten aus dieser Gesellschaft sind Unzufriedenheit, unterdrückte Wut, der übertriebene Ehrgeiz, Profit um jeden Preis, tiefsitzende Schmerzen – Depressionen stehen ja auch an erster Stelle – und die Leugnung all dessen. Also ich muss schon sagen: Ausgezeichnete Vorbilder sind wir.

Wie behandelt man Unzufriedenheit bitte, wie behandelt man unterdrückte Wut, und wie Depressionen? Keiner sagt: „Ich leide an Unzufriedenheit, Herr Doktor." Und wozu auch, dafür gibt es noch keine Tablette. Stimmt nicht, denn das Erste, was normalerweise gezückt wird, ist der Rezeptblock, und ein Stimmungsaufheller wird verschrieben. Was zum Kuckuck soll ein Stimmungsaufheller, wenn einer einfach mal unlustig und angepisst ist? Wenn einer mal einfach nicht mehr kann, ganz einfach müde ist des Lebens? Das ist doch normal, so geht's doch mal jedem im Leben. Was würde denn helfen? Vielleicht mal so richtig die Wahrheit sagen, alles, was kacke ist, rede es dir von der Seele, suche dir einen Mistkübel oder Therapeuten und sprich die ganze Wahrheit, rede dich frei – und danach geh spazieren oder laufen. Ganz natürlich einfach sein!

Denn Unzufriedenheit macht auf Dauer kränker, als du denkst, es vergiftet das Umfeld und die Folgeschäden – ohne Liebe zu leben, produziert Schmerz.

Es braucht schon Mut zu sagen: Ich bin ein undankbarer Mensch geworden, bin abgestumpft und leer.

Denn die meisten tun nur so, als wären sie zufrieden und dankbar, und im Gegenzug denken sie schon an das, was sie nicht haben und sehen nicht das, was schon alles da ist.

Wann immer aber wir das erkennen, was in unserer jeweilig eigenen Welt die Wahrheit ist, stellt sich eine neue Sichtweise mit der Energie der Offenheit und Dankbarkeit zur Veränderung bereit. Hier kommt das Gesetz der Einsicht mit Liebe und Verständnis zur Wirkung. Allein es anzusprechen und sich damit auseinanderzusetzen, bringt Erleichterung und neue Lebenskraft in dein Energiefeld.

Ressourcenfindung durch mehr oder weniger

Die Schwingung der Liebe heißt nicht, zu allem Ja zu sagen, die Schwingung der Liebe erfordert auch so einige Veränderungen, die vielleicht nicht nach deinem Geschmack sind. Wo vielleicht andere Menschen kommen und dir sagen werden: „Was, das soll Liebe sein? Du bist ja ein noch größerer Egoist geworden."

Manchmal wirst auch du in die Gelegenheit kommen, zu deinen Gefühlen und deiner Wahrheit zu stehen. Das hat nichts mit urteilen oder richten zu tun, sondern lediglich bekannt zu geben, dass du nicht derselben Meinung bist. So ist dies der Weg in die Eigenverantwortung, und die wiederum hat was mit der Selbstliebe zutun. Es mag dir schwerfallen, wenn du das erste Mal widersprichst. So liebe dich dafür, es tut dir weh, wenn es der- oder demjenigen nicht gefällt und du kritisiert wirst, was für ein unmöglicher Mensch du nicht bist, geschweige denn, was du dir erlaubst, so etwas zu sagen.

So liebe dich dafür und akzeptiere den momentanen Zustand!

Eine Beziehung ohne Wahrheit ist keine Beziehung, es ist eher eine tote Beziehung. Sie hat an Lebendigkeit und Sinn verloren. An dieser Beziehung kann keiner von beiden wachsen, sie verlagert sich eher nach außen. Wenn die Kommunikation in der Beziehung keine Tiefe und Gefühle mehr hat, dann ist es höchste Zeit, etwas für die Beziehung zu tun.

Der Unterschied zwischen Emotion und Gefühl! Eine Emotion kommt oftmals aus der Vergangenheit und vergiftet unsere Gegenwart. Eine Emotion ist wie ein Virus, der dich blockiert und dein Immunsystem schädigt. Es ist ein Sichabtrennen von dem, was ist. Der Mensch lebt in der ungeliebten Emotion der Vergangenheit, die ständig unterdrückt wird und dauerhaften Schaden anrichtet. Und wenn du diese Emotionen lange genug gelebt hast, glaubst du daran, das ist das schlimmere Übel, und dies ist dann deine für dich gültige Wahrheit. Wahrnehmen hat immer etwas mit der innewohnenden Wahrheit zu tun, Okay? Also fangen wir an, dies wahrzunehmen, aber bewusst, und von da an beginnt schon die Veränderung, da es vom Verborgenen ins Jetzt geholt wird.

Vom Wahrnehmen zum Annehmen: Die Akzeptanz als Start führt in eine heilsame Bewegung. Der Seufzer der Erleichterung bringt dich ins Gewahrsein des einzigen Augenblicks – ins Hier und Heute. Wenn der Widerstand sich angenommen fühlt, ist die erste Mission gelungen. Der Schmerz bekommt endlich Raum, der Widerstand bekommt Raum.

Denn vor der Akzeptanz all deiner Erfahrungen kommen natürlicherweise auch die Formen von Widerstand.

Einige Beispiele: Alles erscheint dir weit weg, du siehst alles verschwommen. Du fühlst dich erschöpft und ausgelaugt. Du fühlst dich allein gelassen und abgelehnt. Du fühlst dich ungenügend, einsam. Du bist selbstgerecht und lenkst solange ein, bis du Recht bekommst. Du fühlst dich falsch verstanden. Du redest vom Partner, was der nicht alles tut und falsch macht.

Du liebst es, zu streiten, zu diskutieren und zu kämpfen. Dein Körper zieht sich zusammen, und es kann Gelähmtheit und Taubheit auftreten. Du gibst deinem Partner die Schuld. Du bist angespannt und reizbar, und dann wieder deprimiert. Du resignierst.

In der Gegenüberstellung zeigt sich der Ausweg von „weniger und mehr". Aber auch von „mehr zu weniger". Wie ist das zu verstehen? Du arbeitest unentwegt, bekommst kaum noch Luft, du hast dich so daran gewöhnt, dass es, so glaubst du, deiner Natürlichkeit entspricht – dem ist nicht so. Wenn schon Schlafstörungen, innere Unruhe, Konzentrationsschwierigkeiten, Gereiztheit und wieder Müdigkeit sich abwechseln, bist du nicht mehr mit deiner inneren Natürlichkeit verbunden. Mehr innere Authentizität und Natürlichkeit oder Freiheit durch weniger (…) zu kultivieren, führt zu mehr Freiheit und Lebensfreude. Mehr Ruhe führt zu mehr Gelassenheit. Also, wovon möchtest du weniger und wovon möchtest du mehr?

Negative Emotionen wie Wut, Feindseligkeit, Neid, Gier usw., also alles, was Mensch so in sich trägt, wird Schritt für Schritt gewandelt in Ressourcen.

Zum Beispiel:

Weniger	Hin zu mehr
Wertungen	Stärke
Sorge	Mut
Ärger	Achtsamkeit
Angst	Realität
Hass	Verbundenheit
Aggression	Mitgefühl

Achte auf das, was du fütterst in dir!

Der Indianer und die Wölfe

Ein alter Indianer erzählte seinem Enkel von einer großen Tragödie und wie sie ihn nach vielen Jahren immer noch beschäftigte.

„Was fühlst du, wenn du heute darüber sprichst?", fragte der Enkel.

Der Alte antwortete: „Es ist, als ob zwei Wölfe in meinem Herzen kämpfen. Der eine Wolf ist rachsüchtig und gewalttätig. Der andere ist großmütig und liebevoll."

Der Enkel fragte: „Welcher Wolf wird den Kampf in deinem Herzen gewinnen?"

„Der Wolf, den ich füttere!", sagte der Alte.

Was bedeutet für uns Widerstand beim Erkennen? Dass wir beginnen, diesen zu akzeptieren. Die Akzeptanz dessen, was dir widerfährt, verändert dein gesamtes System, deine Denkweise deine Handlungen und somit deine Seele.

Diese Widerstände können sich zeigen und wollen wahrgenommen werden, nicht mehr und nicht weniger, sie dürfen einfach da sein. Ich darf mich ärgern, ich darf wütend sein und darf der Angst ruhig Raum geben – es ist doch einfach nur menschlich. Mensch zu sein mit allem, was dazugehört, macht so richtig rund und lebenswert, denn was soll's, es ist so, wie es ist.

Jetzt mache ich eine Verbindung dazu und beginne mit der Wandlung. Erst dann komme ich zu meiner lang ersehnten Freiheit, wie du in der Tabelle sehen kannst.

Der Körper als unsere Verankerung in der Welt ist mit seinen Sinnen auf diese gerichtet. In der ganzheitlichen Sichtweise wird er als Erkenntnis- und Wahrnehmungsorgan miteinbezogen. Das Aufwachen oder auch „Awareness", die Bewusstheit im Hier und Jetzt, ist der Schlüssel zum aufmerksamen Fühlen und zu guter Letzt für wahre Spiritualität.

Negative Emotionen einfach auflösen

Wie geht das? Als Erstes denke nach – um welche Negativität geht es denn? Ist es ein immer wiederkehrender Gedanke, bist du wütend, traurig, abgekämpft usw.? Dann beginne, sie in deinem Körper zu orten: Wo tut es denn weh, welche Symptome treten auf?

Jetzt gehst du in Verbindung mit der Kraft des neutralen Feldes oder auch Nullfrequenz!

Nun wird die körpersprachliche Botschaft ganz bewusst wahrgenommen. Du beginnst den Atem dorthin zu lenken und bleibst mit deiner Aufmerksamkeit bei dieser Empfindung. In Gedanken gibst du dem jetzt Raum, du lässt dies zu.

Das dazugehörige Gefühl kann somit transformiert werden. Das Symptom wird direkt in Bewegung gebracht, was wir durch

Annahme und sanfte Berührung unserer Aufmerksamkeit in eine neue Richtung lenken.

Zum Beispiel: Eine Verspannung im Nacken kann vielleicht als übermächtiger Kontrollzwang oder Angst erlebt werden, indem du dann das Gefühl hast, dass durch das Bewegen des Nackens dieser wieder nachgibt. Du kannst dich fragen, wer oder was sitzt mir im Nacken, oder wovor habe ich Angst? Ich fordere dich dazu auf, deinen Impulsen einfach zu folgen, sie zu wiederholen oder sogar bewusst zu verstärken. Über das Wahrnehmen und Verstärken körpersprachlicher Phänomene werden zurückgehaltene Impulse und unerledigte Situationen ausgedrückt.

Oftmals ist es wichtig, die Situation und die dazugehörigen Menschen ins Bewusstsein zu bringen. Dem Raum zu geben, und mit den dann heilenden Sätzen lösen sich die Blockaden aus deiner inneren Dynamik. Die Bewegung macht es so viel einfacher. Innere Bilder können dadurch entsprechend dem lebensgeschichtlichen Hintergrund aktualisiert und verändert werden. Alle Symptome sind nur Symptome, bis man dem auf den Grund geht, denn diese zurückgehaltenen Gefühle und Impulse sind ein Vermeidungsverhalten.

Gerätst du in Konflikt mit den eigenen Bedürfnissen und denen deiner Umwelt und findest keine angemessene Lösung, um dieser ambivalenten Situation zu entrinnen, dann versuchen die meisten Menschen, diese schmerzhaften oder auch lustvollen Gefühle möglichst zu unterdrücken, um diese scheinbar unerträglichen oder unangemessenen Gefühle nicht mehr spüren zu müssen. Der freie körperliche Ausdruck wird dadurch jedoch eingeschränkt, wodurch die Intensität von Gefühlen und Empfindungen abgeschwächt wird.

Jeder ungelöste Konflikt oder kranke Geist (Benennung aus der schamanischen Sicht) in der Entwicklung hinterlässt seine Spuren und führt zu einer Starre in Haltung und Ausdruck sowie einer Verflachung des Atems. Wird nun die Aufmerksamkeit auf Gefühle und körperliche Empfindungen gelenkt, so intensiviert sich der Kontakt zum Körper. Auf diesem Weg werden unvollendete Bedürfnisse oder auch verdrängte Wünsche wieder ins Bewusstsein geholt. Sie können unmittelbar, ganzheitlich und intensiv erlebt und durch Bewegungen ausgedrückt werden. Nun wird es auch körpersprachlich vollzogen, denn durch den Ausdruck werden unmittelbare körperliche Veränderungsschritte gesetzt. Es verändert sich etwa das Körperempfinden, der Atem oder die Körperhaltung. Grundsätzlich gilt, dass erst, was ganzheitlich abgerufen wird, mit Ressourcen und anderen Erinnerungen verknüpft und verändert werden kann.

Durch mangelnde Aufmerksamkeit, ohne Bewusstheit im Hier und Jetzt, sind wir viel stärker durch früh erlernte Muster, die im Gehirn abgespeichert sind, eingeschränkt. Da sie uns heute nicht mehr bewusst sind, unterliegen sie der Gewohnheit. Aufmerksamkeit führt zu Erregung, und diese ist eine grundlegende Voraussetzung für das Erlernen neuer Bewältigungsformen.

Im Setting werden nun Gefühle und ungeliebte Handlungen zum Ausdruck gebracht. Im Hier und Jetzt bringt das einen aktiven Prozess in Gang. So wie jedes Erleben durch Erinnerung geprägt ist, so kann auch jedes Erleben zu Erinnerungen hinführen. Therapeutisches Arbeiten, aber auch jede andere bedeutsame Begegnung verändert solche Erinnerungen, da sie durch den gegenwärtigen Kontext deutlich beeinflusst werden.

Es wird also immer eine gegenwärtige Wirklichkeit konstruiert. Je mehr Sinnesqualitäten, Affekte und Bewegungen miteinbezogen werden, desto besser kann eine neue Erfahrung verankert werden, da diese im Gehirn in mehreren sensorischen und motorischen „Karten" abgespeichert wird. Lernen bedeutet in diesem Zusammenhang, dass das Verhalten eine generelle Änderung erfährt, die sich in einer Fülle unterschiedlicher Handlungen äußert.

Allerdings erfordert dies, im Kontakt zu sein mit sich selbst und seiner Umwelt, damit das Prinzip der organismischen Selbstregulation wieder in Kraft treten kann.

„Der gesunde Organismus mobilisiert alle seine Potentiale, um die im Vordergrund stehenden Bedürfnisse zu befriedigen. Sobald eine Aufgabe erledigt ist, weicht sie in den Hintergrund zurück und erlaubt dem, was inzwischen das Wichtigste geworden ist, in den Vordergrund zu treten." (Salutogenese)Der Organismus wird in der ganzheitlich funktionierenden Einheit verstanden, die mit ihrer Umwelt eng verflochten ist. Der gesunde Organismus antwortet unter normalen Bedingungen auf aktuelle Situationen.

Achtsamkeitstraining allein oder in Gruppen

Es ist auf jeden Fall leichter, Achtsamkeit allein zu trainieren. Meditation ebenfalls, und dies am besten stehend oder gehend mit offenen Augen. Mit bewusster Atemlenkung lernst du, die Energiefrequenzen zu steuern. Denn solange du die Energie nicht lenken kannst, wird wenig gelingen. Wenn du alle Essenzen trainierst, verwandelt sich dein Leben sehr schnell, und zwar genau in die Richtung, wo du hinwillst.

Allein üben und mit anderen leben. **Denn nur durch Menschen wirst du erfolgreich! Deine innere Resonanz spiegelt sich wider, da ist es dann echt cool, da du sofort bemerkst, ob deine gewählte Richtung und das Ziel okay sind oder ob es einer Korrektur bedarf.**

Die vierte geistige Quintessenz –
deine Herzensintellegenz

Auf den ersten Blick klingt es ungewöhnlich: die „Holy Connection". Die Liebe ist wohl ein seltsames Spiel, doch sie gewinnt immer mehr an Boden. So viele unterschiedliche Vorlieben. Die romantische Liebe, die Elternliebe, dann haben wir die Selbstliebe und auch die religiöse Liebe. Alles dreht sich irgendwie um Liebe. Die Liebe zum Job, oder auch wirtschaftliche Liebe, steht im Fokus. Die Liebe ist immer mit von der Partie. Die Werbungen in den Medien handeln meistens von Liebe, sie wollen dich berühren in deinem Herzen. Liebe hat so viele Facetten und wird aus der Grundenergie des Universums kreiert. Es ist die Ursubstanz, die um uns und in uns schwingt.

Die Liebe in dir hat viele Ausdrucksmöglichkeiten, sie wirkt jedoch immer produktiv. Diese Produktivität ist in Verbindung mit Achtsamkeit, Verantwortung und Erkenntnis. Fürsorge und Empathie sind auch sehr begehrenswert. Wer möchte denn nicht solche Mitarbeiter in seinem Betrieb haben? Wer möchte nicht eine Familie, die sich gegenseitig wertschätzend und liebevoll gesinnt gegenübersitzt? Mit Dankbarkeit und Anerkennung. Da geht die Zukunft hin, und wir haben noch eine Menge an Arbeit vor uns.

Arbeit an unseren Werten, unseren Urteilen, unseren Beziehungen zu Menschen, zu Tieren und zur Natur.

Grundlegend ist die Liebe ein Förderer, also: Bist du mit deinem Herzen verbunden?

Hingabe zur Liebe besteht in der einfachen Weisheit, sich lieber dem Strom des Lebens anzuvertrauen als sich ihm zu widersetzen. Es bedeutet, den inneren Widerstand gegen das, was war, aufzugeben.

Ein totales JA, eine innere Zustimmung zu allem Gewesenen und allem Künftigen.

Es bedeutet nicht aufgeben oder unerwünschte Lebensumstände hinzunehmen. Nein. Die Zustimmung bedeutet vielmehr, dass du dir vollkommen darüber im Klaren bist, dass du aus unangenehmen Lebensumständen herauswillst. Dann richte deine Aufmerksamkeit ausschließlich auf den gegenwärtigen Augenblick, ohne ihn zu beurteilen. Infolgedessen entsteht auch kein Widerstand, keine Negativität. Du akzeptierst das Sosein dieses Augenblicks. Dann trittst du in Aktion und tust alles, was dir möglich ist, um dich aus der Situation zu befreien. Das ist positives Handeln. Es ist viel effektiver als negatives Handeln aus Wut, Verzweiflung oder Frustration. Bis du das gewünschte Ergebnis erreicht hast, übst du dich weiterhin in Hingabe, indem du aufhörst, das Jetzt zu bewerten.

Hingabe ist also nicht etwa Resignation oder Lethargie. Du kannst handeln und Veränderungen durchführen oder Ziele verfolgen. Aber durch Hingabe fließt eine völlig neue Energie in dein Handeln ein, es beginnt eine völlig neue Qualität in dein Leben zu kommen.

Mit der Hingabe schärft sich auch dein Blick für das, was zu tun ist. Du trittst in Aktion und konzentrierst dich immer nur auf eine Sache, erledigst eins nach dem anderen. Lerne von der Natur. Sieh, wie sich das Wunder des Lebens ohne Unzufriedenheit oder Trübsinn entfaltet und alles gelingt. Lerne aus der Beobachtung von Pflanzen und Tieren, das zu akzeptieren, was ist. Lerne von ihnen, wie man lebt und stirbt und wie man aus Leben und Sterben kein Problem macht.

Wenn du in einer Situation nichts tun und dich auch nicht befreien kannst, dann nutze sie, um dich noch intensiver in Hingabe zu üben und noch tiefer ins Jetzt, ins Sein hineinzugehen. Dann ergeben sich oft erstaunliche Veränderungen, ohne dass du viel dazutun musst. Das Leben erweist sich auf einmal als hilfreich und kooperativ. Innere Faktoren wie Angst, Schuldgefühle oder Trägheit, die dich abhalten, aktiv zu werden, lösen sich im Licht deiner Bewusstheit auf.

Hingabe zu üben oder widerstandslos zu sein, heißt also nicht unbedingt, untätig zu sein. Es heißt nur, dass dein Handeln nicht mehr auf bloßer Reaktion beruht.

Wenn z.B. ein unbewusster Mensch versucht, dich zu manipulieren oder auszunutzen, ist es durchaus möglich, „Nein" zu sagen oder sich der Situation zu entziehen und doch zugleich innerlich vollkommen widerstandslos zu sein. Wenn dein „Nein" nicht einer Reaktion, sondern deiner bewussten Einsicht entspringt, was in diesem Augenblick für dich richtig oder falsch ist, dann ist es ein „Nein" ohne Negativität, dass kein weiteres Leid schafft.

Das Ego glaubt, deine Stärke liege darin, Widerstand zu leisten, doch in Wirklichkeit schneidet es dich vom Sein ab, dem einzigen Bereich wahrer Macht.

Widerstand ist Schwäche und Angst, als Stärke maskiert.

Ohne holistische Sichtweise besteht ein Großteil der menschlichen Beziehungen und ihrer Interaktionen aus unbewussten Rollenspielen. Mit Hingabe brauchst du keine Rollen mehr, aus denen du dein Selbstgefühl beziehst. Du wirst ganz einfach ganz real.

Deine Bewertung, ob etwas schlecht oder gut ist, hängt von deinen Erfahrungen ab.

Angenommen, du hast intensiv einen Menschen geliebt, und alles war stimmig in deinen Augen. Na ja, ein wenig zu viel Alltag, so wie es der Großteil lebt – weniger Körperlichkeit, ganz klar, der viele Stress macht unlustig- Am Wochenende hundertfünfzig Sachen planen, um ja die Freizeit gut auszukosten, doch irgendwie schafft man es dann doch nicht. Langsam schleichend verändert sich die Beziehung, und die einst so prächtige Rose der Liebe verwelkt.

Überlegungen der Trennung machen sich breit – und vielleicht geschieht sie auch. Einer möchte mehr? Der andere erlebt irgendwann die Enttäuschung.

Der Verlassene oder auch Unzufriedene in der Beziehung sagt sich vielleicht, die Beziehungskiste ist nichts für mich, es verunsichert ihn oder er will nicht mehr abhängig sein usw. Sie reden aneinander vorbei. Sie hat sich verändert, er sitzt nur mehr vor dem Computer, viele unausgesprochene Missverständnisse schlummern im Hintergrund. Schlussendlich haben sie die Verbindung zueinander verloren. Doch die Verbindung, die sie wirklich verloren haben, ist lediglich zu sich selbst! Die Liebe kommt aus dir – du hast die Liebe verloren.

Wenn dir das bewusst wird, gibt es nur das Jetzt!

Viele leben irgendwie dazwischen, indem sie nur funktionieren, ohne zu ahnen, dass das Leben im Erdendasein endet. Deine Seele, die verbunden ist mit dem All-Einem, sieht das vielleicht etwas anders und möchte dich aufwecken, da es noch so viel mehr gibt …

Ich bin nicht tot und kann nicht leben – man ist nicht im Himmel und kann aber auch nicht wurzeln, das ist eine anstrengende Phase, vergleichbar zum Beispiel mit einem Umzug. Jeder ist schon mal umgezogen, und in der Phase, wo wir Altes hinter uns lassen und das Neue noch nicht so ist, wie wir uns das vorstellen, ist es ein Übergang, der nicht so angenehm ist. Ja ja, alles braucht seine Zeit, doch von der haben wir ja nicht genug. Scheint so!

Mit Ego meine ich keineswegs eine unerwünschte oder abträgliche Sache oder gar etwas, das man loswerden sollte (oder könnte). Vielmehr beschreibe ich damit das bewusste Alltagsselbst bzw. die Persönlichkeit eines Menschen – unsere normale Art und Weise, uns und die Welt zu erfahren. Das Wort Alltag ist hierbei der Schlüssel: Ich spreche vom bewussten Selbst, während es sich in seinem normalen, alltäglichen Wahrnehmungszustand befindet. Dieser kann sich verändern, manchmal vertieft bzw. erhöht er sich deutlich oder verändert sich auf eine andere Weise. Das bewusste Selbst befindet sich im nicht alltäglichen Zustand außerhalb dessen, was ich mit Ego meine.

Wie du sehen kannst, verwende ich das Wort Ego nicht auf herabsetzende Weise – wie in „er hat ein aufgeblasenes Ego" oder „sie ist auf einem Egotrip", ich deute damit nicht etwa Selbstsucht, Selbstwichtigkeit, Fixierungen, Eitelkeit oder Einbildung an. Auch wenn Menschen mit unreifen Egos oft selbstsüchtig sind, handelt es sich bei jenen mit reifen Egos meistens um liebevolle Personen. In diesem Sinne stellt das Ego einen normalen und wesentlichen Zug des Menschseins dar, es ist einfach ein Element der umfassenderen menschlichen Psyche. Der Besitz eines Egos und damit eines bewussten Selbst, das über längere Zeit stabil bleibt, macht uns zu Menschen – sei es zum Guten oder zum Schlechten. Wenn in unserer frühen Entwicklung alles gut verläuft, entwickelt sich im Alter von vier Jahren ein gesundes erstes Ego, das sich über die Jahre schrittweise verändert, während es reift und uns durch ein abenteuerliches Leben begleitet.

Es ist in erster Linie das Ego, das sich im Laufe eines Lebens reifend entwickelt, und nicht die Seele. Einer der wichtigsten Meilensteine in der Ego-Entwicklung ereignet sich zum Zeitpunkt der Seeleninitiation, die bereits im Mutterleib passiert. Du übernimmst ja hier schon die Wahrnehmungen und Erlebnisse von deinen Eltern. Von diesem Moment an akzeptiert das Ego seine Rolle als Vertreter oder Dienstbote der Seele, es wird zum seelenzentrierten Ego. Einige Traditionen sprechen vom reifen Ego und der Seele als einem Liebespaar. Jeder gibt dem anderen etwas Essenzielles, das von äußerstem Wert ist. Nur die Seele weiß, was das Ego im Leben als am Erfüllendsten erfahren könnte. Nur das Ego kann die Sehnsüchte der Seele in der Welt manifestieren. Doch selbst nach der Seeleninitiation bleibt das Ego ein Ego, also ein „Ich".

Wenn das Ego in irgendeiner Lebensphase steckenbleibt, verloren geht oder blockiert wird, fängt es an, die persönliche Entwicklung zu behindern. Das geschieht zum Beispiel, wenn es Veränderungen, Verlusten, Kummer oder radikalen Umwandlungen durch die Hand der Götter und Göttinnen (den Personifikationen des Mysteriums) Widerstand entgegensetzt. Im Gegensatz dazu versteht ein reifes Ego, dass es gelegentlich notwendig ist, aufzugeben oder sich von einer Kraft bezwingen zu lassen, die größer als es selbst ist – wie es z. B. während der Tod-Wiedergeburt-Erfahrung des Unterbewusstseins geschieht, wo sich das Ego der Seele ergibt – oder während der Ego-Transzendenz, wo es sich dem Geist ausliefert. So wie jede Seele ein Vertreter des Geistes ist, stellt auch jedes seeleninitiierte Ego einen Vertreter der Seele und somit auch des Geistes dar.

Also mach dir nicht so viele Gedanken über das Ego, das endet in einer Fahrt, die nirgendwo ankommt.

Wir haben so Wörter wie Akzeptanz, Loslassen, sich gehen lassen … Doch meistens geschieht es aus der Dynamik des Verstandes. Die Bereitschaft, ein für alle Mal ein Thema abschließen zu wollen. Die Auseinandersetzung ist auf jeden Fall sinnvoll, denn wer möchte nicht Altes loslassen? Darüber hinaus gibt es jedoch noch eine stärkere Energie, die dein Herz berührt. Denn Akzeptanz allein ist oftmals auch ein Konstrukt unseres Gedankenspiels. Auf der einen Seite willst du akzeptieren und auf der anderen Seite jedoch das Leid, das es verursacht, nicht loslassen. Also kurz gesagt, am Schmerz der Geschichte festhalten.

Die drei weisen Alten

Es war eines Tages im Frühling, als eine Frau vor ihrem Haus drei alte Männer stehen sah. Sie hatten lange weiße Bärte und sahen aus, als wären sie schon weit herumgekommen.

Obwohl sie die Männer nicht kannte, folgte sie ihrem Impuls, sie zu fragen, ob sie vielleicht hungrig seien und mit hineinkommen wollten. Da antwortete einer von ihnen: „Sie sind sehr freundlich, aber es kann nur einer von uns mit Ihnen gehen." Sein Name ist

Reichtum, und er deutete dabei auf den Alten, der rechts von ihm stand. Dann wies er auf den, der links von ihm stand und sagte: „Sein Name ist Erfolg. Und mein Name ist Liebe. Ihr müsst euch überlegen, wen von uns Ihr ins Haus bitten wollt."

Die Frau ging ins Haus zurück und erzählte ihrem Mann, was sie gerade draußen erlebt hatte. Ihr Mann war hoch erfreut und sagte: „Toll, lass uns doch Reichtum einladen."

Seine Frau aber widersprach: „Nein, ich denke, wir sollten lieber Erfolg einladen."

Die Tochter aber sagte: „Wäre es nicht schöner, wir würden Liebe einladen?"

„Sie hat recht", sagte der Mann. „Geh raus und lade Liebe als unseren Gast ein." Und auch die Frau nickte und ging zu den Männern. Draußen sprach sie: „Wer von euch ist Liebe? Bitte kommen Sie rein und seien Sie unser Gast." Liebe machte sich auf, und ihm folgten die beiden anderen.

Überrascht fragte die Frau Reichtum und Erfolg: „Ich habe nur Liebe eingeladen. Warum wollt ihr nun auch mitkommen?" Die alten Männer antworteten im Chor: „Wenn Sie Reichtum oder Erfolg eingeladen hätten, wären die beiden anderen draußen geblieben. Da Sie aber Liebe eingeladen haben, gehen die anderen dorthin, wohin die Liebe hingeht."

Prävention für dein Herz

Das mentale Training ist ein uraltes Geheimwissen zu unserem geistigen Potenzial. Meta-Training ist eine Methode, in der man lernt, mit sich selbst umzugehen. Es dient dazu, von der Person zur Persönlichkeit zu werden. Mit der Hilfe dieses Werkzeuges ist man nicht mehr dem Zufall ausgeliefert. Es gibt kein Glück oder Pech. Es sind Ereignisse, aus denen du lernen kannst. Aus den sieben hermetischen Essenzen ist Ursache und Wirkung mal das Erste, dem wir uns widmen.

Es stammt ursprünglich von Hermes Trisgemitos Thot und wurde übersetzt, sodass wir unser altes Wissen wieder erneuern und umsetzen können.

Durch Training dieser Essenzen können wir gesund bleiben und uns auch heilen. Spirituelle Praxis wurde in jeder großen Kultur als wertvoll erachtet. Mit Weisheit und Mitgefühl zu leben ist jedem möglich, der sich aufrichtig einem Training von Herz und Geist unterzieht.

Die Selbstheilungskräfte in uns werden aktiviert. Wir lernen natürlich auch das liebevolle Miteinander und haben dadurch die Möglichkeit, den Partner zu finden, der für uns ideal ist. Es gibt keinen Spitzensportler, der zum Beispiel nicht mental arbeitet. Es ist geeignet, um Wünsche zu erreichen oder auch nur zum Stressabbau.

Auf der materiellen Ebene bedeutet das: Erfolg

Auf der körperlichen Ebene bedeutet es: Gesundheit, Kraft, Wohlgefühl.

Auf der seelischen Ebene: Liebe, Glück, Harmonie mit mir und auch den Mitmenschen.

Auf der geistigen Ebene: Erkenntnis, Weisheit, Bewusstseinserweiterung.

Metatraining ist ein geistiges Werkzeug, das absolut zuverlässig funktioniert, falls du keine hartnäckigen Programmierungen gespeichert hast.

Die emotionale Kompetenz geht übers Denken hinaus, das Erleben lässt es Realität werden, und es ist viel einfacher zu verwenden als die Imagination. Denn geht es dir nicht auch so, dass du deinen Bildern, die du siehst, oftmals nicht traust?

Meditation kommt von dem lateinischen Wort „meditatio" und bedeutet Nachdenken. Wir bedienen uns dabei des Atmens, danach nehmen wir eine bestimmte Körperhaltung ein, und dann beginnt der Weg des Schweigens oder Fühlens.

Es entkeimt alles sehr tief im Menschen und manifestiert sich schlussendlich im Körper, und somit trägt der Mensch: Der Körper spricht „eine Sprache". Der Körper drückt aus, versinnbildlicht das, was innerlich „richtig" oder „falsch" läuft. Krankheit hat absolut nichts mit „Schuld" oder „Strafe Gottes" zu tun! Der Körper spricht die Sprache dessen, was er fortwährend bildet, bestehen lässt, ins Leben bringt und hält: Die Sprache des inneren Lebenskernes. Durch die treibende Kraft des Lebens, an die wir alle angeschlossen sind und die in jedem Menschen existiert.

Wir haben den Kontakt zu unseren natürlichen Instinkten verloren, doch wenn wir den Körper ignorieren, macht er sich mit unzähligen Krankheitssymptomen bemerkbar. Ohne diese Verbindung zu einem gesunden körperlichen Dasein hast du zu wenig Lebensenergie. Chronische Schmerzen und allerhand stressbedingte Krankheiten machen sich breit. Es entwickeln sich Essstörungen, hoher Blutdruck, Magen- und Verdauungsprobleme, und zu guter Letzt trifft dich auch noch der Schlag.

Es liegt auf der Hand, dass Schlafstörungen, Depressionen und Angst sich breitmachen können, von den Süchten gar nicht zu sprechen. Zwanghafte Bedürfnisse, wie ständig online zu sein, lassen dich und deinen Körper nicht mehr zur Ruhe zu kommen. Du verlierst kontinuierlich Lebenskraft. Vielleicht bist du dir dessen noch nicht bewusst, dass du wichtig bist?

Unser Körper ist Materie und ein absolutes Wunder, er existiert lediglich durch die innere Kraftquelle und die Verbindung zur Natur, die als Lebensmotor angesehen werden kann. Du bist eigentlich ein individualisierter Geist, der sich in der Materie offenbart. Genau deswegen ist es notwendig, dass wir alle zu einem größeren Selbstbewusstsein, zu einem stärkeren Glauben an unsere Möglichkeiten, bis hin zu bedingungsloser Selbstliebe, wachsen. Dass wir wissen, dass tief in uns ein unsterblicher Kern wohnt, der uns unmittelbar Signale sendet, falls wir nicht länger auf dem richtigen Weg sind, sodass wir auf bewusste Weise unser Leben wieder korrigieren können.

Wir unterliegen nicht unbewussten Impulsen und Trieben, wir lassen uns nicht leben, wenn wir dies nicht wollen, wenn wir mit dem bewussten Ich unsere tiefen, natürlichen Gefühle in eine Zukunft führen, die wir selbst gestalten können. Wir sind keine Opfer, es sei denn, wir verdammen uns zu solchen.

Anderen etwas bewusst zu machen, beginnt mit deiner eigenen Bewusstwerdung. Werde ein Meister über deinen Körper, deine Sinne und dein Herz: Damit heilst du dich selbst. Baue an der intensiven Liebe zu dir, glaube an dich selbst und sei offen für die wahren Ursachen deiner Krankheit, sei geduldig mit dir und mache stets mit Vertrauen weiter, während du unterdessen Schritt für Schritt die notwendigen Veränderungen in dir selbst herbeiführst. Das Leben wird dir beistehen.

Irdische und kosmische Bewusstheit ist eine simultane, multidimensionale Erfahrung von Wahrnehmung in jedem Augenblick auf allen Ebenen. Der Körper ist unser größtes Sinnesorgan und hat einen enormen Einfluss auf unseren Geist. Der Zustand unseres Körpers teilt uns viel mehr über unsere momentane Befindlichkeit mit als unsere Gedanken.

Du kannst dir deiner Empfindungen immer nur im gegenwärtigen Moment bewusst sein, und sie stehen in direktem Zusammenhang mit deinem Gefühlszustand. Damit ist die direkte Verbindung zu deinem momentanen Zustand hergestellt. Wenn du dich ganz bewusst mit deinem Körper verbindest, bist du auch mit dem gegenwärtigen Moment verbunden.

Bewusstheit macht aus deinem Körperdasein ein echtes, ehrliches Erlebnis. Sie schafft Sicherheit und Effizienz, von innen nach außen dringend. Wenn du bewusst aufmerksam bist, hast du Zugang zu Informationen, die du für deine Selbstheilung brauchst.

„Was ihr durch Worte gelernt habt, werdet ihr schnell vergessen. Was ihr mit eurem ganzen Körper verstanden habt, daran werdet ihr euch euer ganzes Leben lang erinnern."
(Meister Gishin Funakoshi)

Es ist eine Heilung im Sinne einer ganzheitlichen Sichtweise. Denn alles Innenwohnende geht in Resonanz mit deiner Umwelt. Gutes und auch weniger Gutes.

Ein Gleichgewicht und eine bewusste Körperausrichtung allein führen zu mehr Verbundenheit zu sich selbst. Man ist geerdet und zentriert, in sich selbst verankert, was zu mehr Zufriedenheit führt.

Du kannst bewusst und sicher durchs Leben steuern, eine gesunde Auswahl treffen und Entscheidungen fällen, die angenehme Ergebnisse hervorbringen. Deine sensorische Bewusstheit zeigt dir an, was momentan effektiv los ist. Wähle ganz bewusst so zu leben, dass Heilung erzeugt und stimuliert wird. Stimulation ist Bewegung, es ist die Kunst, die richtige Bewegung zu wählen, um Selbstheilung zu bewirken. Dies ist der Weg, wie wir uns auf unseren Körper einstimmen und wie wir Bewegung als Medizin einsetzen können. Wenn wir das wählen, was unserem Körper Freude und Wohlbefinden beschert, dann zeigt uns dies, dass wir bewusster und aufmerksamer werden.

Der Herd für Manifestationen von Symptomen existiert nicht nur körperlich, sondern auch im psychischen Bereich, im Alltagsleben. Hierbei wird diese innere Disharmonie in der Außenwelt gespiegelt, und die gewissen Situationen zeigen sich im

Berufsleben, in der Partnerschaft und bei den Kindern. Das ist dann diese endlose, immer wiederkehrende Schleife, eine nicht enden wollende alte Leier. Das wäre jetzt eine gute Gelegenheit, sich dieses Themas anzunehmen und sich bewusst zu werden, anstatt das Leid mit Energie weiter zu füttern. Und ich sag dir eines: Es geht nicht von allein weg, da kannst du lange warten.

Jeder Einzelne, der sich auf den Weg in die Natur macht, geht ins Erwachsenwerden oder ins Aufwachen, wird somit noch einmal geboren und bekommt ein anderes Bewusstsein von Dankbarkeit, Wertschätzung und Achtung. Und es ist ein wahres Zurückkommen zu deiner Quelle, zu deinen Urwurzeln.

Das Allerwichtigste ist, dass der Mensch wieder den Zugang findet. Die Botschaften wiederzufinden, die unmittelbar und direkt vor deiner Nase liegen, welche dein Alltag und die Natur dir bieten. Wir sehen uns immer getrennt von der Natur, getrennt von denen, die wir lieben, jeder kreist immer nur um sich selbst und vergisst die anderen dabei. Da geht's nicht darum, was die anderen sagen werden, angstbesetzt, enttäuscht oder vorwurfsvoll. Ich bin ein Teil all dessen, und das ist damit auch gemeint, wenn in der HUNA-Philosophie gesagt wird: „sei grenzenlos".

Auf welche Weise senden wir Schwingungen aus?

Früher galt das Herz als das stärkste Symbol für unsere Gefühle. Doch die Wissenschaftler und Schulmediziner wollten uns einreden, dass unser Herz eine einfache Pumpe ist. Doch für „normale Menschen" hat sich trotzdem die Meinung gehalten, dass unser Herz das Zentrum unserer Gefühle ist. Dies wird in Redensarten wie „Sie hat mir das Herz gebrochen!" oder „Er fasst sich ein Herz und fragt sie …" „Herz besitzen" bedeutet im Lateinischen „Mut", und das Wort „Herz" ist verwandt mit „Glaube".

Im Jahr 1993 haben Wissenschaftler Forschungsreihen für die „emotionale Physiologie und die Herz-Hirn-Wechselwirkung" durchgeführt. Bei diesen Forschungen haben sie relativ rasch herausgefunden, dass unser Herz ein gewaltiges Energiefeld umgibt. Es hat einen Durchmesser von ungefähr zweieinhalb Metern!

Der Senderadius des Herzenergiefeldes ist daher um ein Vielfaches größer als das Energiefeld unseres Gehirns! Die Wissenschaftler nehmen sogar an, dass das Herzenergiefeld noch größer ausstrahlt.

Die heutigen Testmethoden lassen aber keine weitergehenden Ergebnisse zu. Die vom Herzen erzeugten elektrischen und magnetischen Felder kommunizieren mit den Organen in unserem Körper. Weiterführende Untersuchungen haben bewiesen, dass zwischen Herz und Hirn eine Verbindung besteht. Das Herz signalisiert dem Gehirn, welche Hormone, Endorphine oder andere chemische Substanzen das Hirn im Körper erzeugen lassen soll. (Quellenverzeichnis Gregg Braden)

Die drei goldenen Herzen in uns! IQ + EQ = SQ

IQ (Geist)+ Emotionale Intelligenz (+ Körper) = Spirituelle Intelligenz (Herz und Glaube)

Ich habe nicht nur mein Leben damit geheilt, sondern ich habe mein gesamtes Wissen überprüft, ob das Gelernte überhaupt fühlbar und vor allem lebbar ist. Aus Büchern zu lernen ist gut, doch sind diese nur Worte. Worte, die mein Gehirn aufnimmt. Theoretisch zu lieben, das macht ja wohl der Großteil der Menschheit, das ist mir aber zu wenig. Wir bestehen aber nicht nur aus einem Gehirn. Ich will das Sein mit all meinen Körpern, meinem emotionalen Körper, meinem mentalen Körper, meinem physischen Körper, meiner Seele, meiner Erde und meinem Himmel. Ich will mich als ein Teil des Ganzen fühlen. Ich will helfen, eine neue Form der Heilung zu finden, und ich wusste, da gibt's noch mehr, und ich wusste, es geht einfach, ich muss mich nur erinnern.

Nur ein Glaubensmuster zu ändern ist zu wenig, es ist dein Verhalten, das geändert gehört zu dem, was du glaubst, denn Glaubensmuster sind, was du denkst, aber das bist nicht du, und deshalb tauchen diese Glaubensmuster immer wieder auf. Es ist unbefriedigend und mühsam, wir sind zu mehr fähig.

Wenn du das Verhalten veränderst, verändert sich damit auch deine Welt.

Immer wieder mal kommt Liebe, aber was ist Liebe, und wie geht das, zu lieben? In einer der Ausbildungen, die ich leite, stelle ich die Frage: „Wieso willst du diese Ausbildung machen?", und ein Mann antwortete mir: „Ich will lieben lernen." Ich schmunzelte – was für eine geniale Aussage! Doch geht es nicht vielen so? Dir vielleicht auch?

Ich antwortete: „Ich bin überhaupt kein Liebesexperte, und schon gar nicht von bedingungsloser Liebe." Dann werde ich bekanntlich mit großen Augen angesehen und ich erwidere nochmals mit: „Nein, ich bin kein Experte." Ich vermute mal, so etwas gibt es nicht unter Erwachsenen. Doch Kinder sind es schon, finde ich zumindest, wenn sie auf die Welt kommen.

Liebe, was für ein großes Wort und so missbraucht – und doch gibt es sie in uns allen, sie geschieht jeden Tag, ohne dass die meisten es bemerken. Sie geschieht uns und ist verborgen im Lächeln, im Atem, in der Einfachheit. Sowie auch Heilung in der Einfachheit geschieht. Also, weniger Bemühung um die Liebe. Von Kindheit an wird uns beigebracht, dass wir lieben sollen, als ob man uns die Liebe anerziehen könnte. Wir sollen unsere Eltern lieben, den Bruder, die Schwester, ja, schlichtweg alles. Ja, und das wird so ein Zwang – wir müssen lieben, und so verhalten sich die meisten. Wenn uns die Liebe beigebracht worden ist, warum sind wir dann auf der Suche nach der Liebe? Ist doch paradox: Also wir wollen die Liebe mit jemand anderem teilen. Mit der Heilung ist es dasselbe Desaster: Wir müssen und können es doch nicht.

Ist das Liebe, ist das Leben, also was ist es?

Die dynamische Form, die ich entwickelt habe, ist ein alchemistischer Prozess. Unzählige Erfahrungsberichte untermauern die Wirkung dieser Technik.

Welche Kräfte wirken also wirklich, denn wir sehen lediglich 5–8% mit unserem menschlichen Auge. Alles, wirklich alles unterliegt dem kosmischen Prinzip. Der Prozess in unserem Körper und in unserem Frequenzfeld umfasst jedoch Billionen von Zellen. 3000–250 000 Stoffwechselprozesse finden in jeder Sekunde statt. Was für eine Silvesterparty an Energie – und wer oder was steuert das? Unser Gehirn erzeugt Frequenzen, unsere Erde erzeugt Frequenzen, und der galaktische Raum macht dasselbe. In der Natur ist überall der Torus zu finden. Wir leben alle in demselben Schwingungsprinzip.

Eines Tages, als ich wieder die Liebe studierte, war mein Gehirn vollgestopft mit Informationen, und es ging einfach absolut nichts mehr. Ich wurde unruhig, und eine innere Stimme forderte mich auf, in die Natur zu gehen.

Die nächste Anweisung war: Atme, Andrea, atme dein Wissen in jede Zelle – und ich tat, was mich führte. Und ich wurde ruhiger. Ich bewegte mich, und mein Gefühl war, als würde ich mich in meinem eigenen Universum bewegen. Ich bekam von meiner Umwelt nichts mit, ich ging, als steuerte mich etwas Großes. Mein Blick wurde schärfer, meine Schritte wurden langsamer … Was geschieht da mit mir? Ich blickte zu meinen Füßen und fragte mich innerlich – wer geht da eigentlich? Was führt und atmet mich? In diesen Moment erlebte ich Glück und Frieden, ich kniete mich nieder und legte meine Hand auf unsere Mutter Erde. Ich war so tief berührt, Tränen flossen, und sie umarmte mich als ihr Kind und ihre Tochter, mein Blick richtete sich zu den Bäumen, und ich sagte: Ihr lasst mich atmen, durch euer Dasein ist mir mein Leben geschenkt worden. Diese Verbindung von Erde und Himmel in mir empfand ich als Wunder.

Ich konnte nicht wirklich begreifen, was passierte, doch ich machte jeden Tag denselben Holy Walk.

Was ist das Geheimnis in uns, was macht uns so großartig? Unsere Fähigkeit zu lieben.

Wir befinden uns in einem Feld, das voller Weisheit ausgestattet ist, wir müssen uns lediglich dafür öffnen, um zu empfangen. Ich bin im Atem. Und es ist jedem von uns möglich, die Weisheit, die unsere uralte Mutter in sich trägt, zu empfangen, wir erfinden nichts Neues, denn alles gab es schon, die Wissenschaft ist zu jung für sie. Alles ist in ihr gespeichert, vor allem die Weisheit des Lebens hier auf diesem Planeten. Jedes Element kommuniziert mit uns.

Alle Energiefelder haben dasselbe Schwingungsfeld, der sich Torus nennt.

Diese drei Aktivierungen der drei goldenen Herzen sind der Beginn des alchemistischen Prozesses, den du durch ein Jahrestraining bekommst. Nur eines sag ich dazu: Dein Leben verändert sich auf jeden Fall!

Die grandiosen 30 Zentimeter

Für den Anfang ist es wichtig, die Aktivierung täglich zu praktizieren. Start-up deiner 40 000 Neuriten-Herzbatterie. Mehr Power, mehr Gesundheit – einfach mehr von allem!
(Gregg Braden Die sechs Wahrheiten)

Dein Gehirn handelt nicht eigenständig, sondern erhält die Signale dafür vom Herzen!
Es sind nur 30 cm vom Hirn zum Herz und vom Herz in den gesamten Körper.

Die „Sprache", mit der das Herz mit dem Gehirn und den anderen Organen kommuniziert, sind die Emotionen. In unseren Emotionen sind sämtliche Informationen enthalten, durch die unser Herz dem Gehirn und allen Organen wissen lässt, was diese und daher unser Körper zum jeweiligen Zeitpunkt brauchen.

Nach diesen sensationellen Entdeckungen haben die Wissenschaftler weitergeforscht und herausgefunden, dass das Herzenergiefeld nicht nur von den Emotionen aufgebaut wird, sondern seine Kraft auch durch unsere Überzeugungen erhält.

Die Überzeugungen sind all die Dinge, die wir tief in uns glauben und nach denen wir unser Leben ausrichten!

Unsere Welt ist nicht mehr als ein Spiegel dessen, wovon wir überzeugt sind. Die Grundlagen unseres Lebens sind unsere Überzeugungen über die Welt, über uns selbst, unsere Fähigkeiten und unsere Begrenzungen. Unsere Überzeugungen entstehen hauptsächlich aus dem, was uns Wissenschaft, Geschichte, Religionen, Kultur und unsere Familie oder Umwelt mitteilen.

Diese ganzen Informationen sind also in der ausgesandten Energie unseres Herzens. Diese Informationen werden mit der größten Sendestärke unseres Körpers nicht nur zu unserem Gehirn und unseren Organen, sondern in die weite Welt hinaus gesendet.

Dies beweisen uns auch alte Redensarten wie: „Es ist ein Herzenswunsch ...", „Da steckt mein Herzblut darin", „Mit der Sprache des Herzens ..." Unser Herz dient also als Vermittler bzw. Übersetzer, der alle unsere Gefühle und Überzeugungen in elektrische und magnetische Wellen und Schwingungen übersetzt.

Diese elektromagnetischen Wellen reichen also weit in unser Umfeld hinein und interagieren mit allem, was uns umgibt. Unsere Gefühle und Überzeugungen stehen durch die elektromagnetischen Wellen, die unser Herz aussendet, in Wechselwirkung mit der physischen Welt. Untersuchungen haben gezeigt:

Die elektrische Kraft des Herzsignals (EKG) ist bis zu 60-mal stärker als das elektrische Signal des Gehirns.
Das magnetische Feld des Herzens ist sogar 5000-mal stärker als das des Gehirns.

Liebe ist alles, was alle Beteiligten glücklich macht. Liebe ist sehr klar definiert, sie existiert in dem Ausmaß, wie auch Glück existiert. Liebe bedeutet eine tiefe Verbindung mit dem, was man liebt. Im natürlichen Denken ist die Liebe nicht nur auf Menschen beschränkt. Wir sind immer mit allem verbunden, was beseelt und belebt ist. Und das ist nun mal alles – Pflanzen, Tiere, Menschen, Steine, Wasser, Licht, Computer oder das Meer. Wenn wir in tiefer Harmonie mit allem sind, dann leben wir in der Verbundenheit mit dem, was ist, was wir als Liebe bezeichnen.

Wenn wir uns der Liebe hingeben, sind wir zutiefst verbunden. Dann sind wir auch vollkommen sicher und gestärkt. In der Liebe sind wir geheilt und ganz. Liebe ist die stärkste Macht im Universum. Jedes Lebewesen will geliebt und anerkannt werden. Das gesamte Universum strebt nach Harmonie und Liebe, es ist der natürliche Zustand jedes Wesens, in Harmonie zu sein. Wenn nicht ein anderes Denkmuster dem entgegensteht, wird unser Unbewusstes immer eine Lösung oder einen Weg in Liebe und Harmonie anstreben. Dieser Weg ist für uns der einfachste und leichteste.

Nach diesen sensationellen Entdeckungen haben die Wissenschaftler weitergeforscht und herausgefunden, dass das Herzenergiefeld nicht nur von den Emotionen aufgebaut wird, sondern
seine Kraft auch durch unsere Überzeugungen erhält.

Überzeugungen sind all die Dinge, die wir tief in uns glauben
und nach denen wir unser Leben ausrichten!

So ist auch die Holy Connection mehr erwünscht, da es ein
wirklich langfristiges Erfolgskonzept darstellt. Wir befinden
uns nun mal die meiste Zeit in der Arbeit – Liebe ist nicht nur
eine Sache in der privaten Beziehung oder dem Familiensystem
unterlegen, die Liebe und die Achtung sind wohl die stärksten
Tools in den Firmen. Tue das, was du tust, mit ganzer Hingabe, und alle haben etwas davon!

Warum gibt es einen Unterschied zwischen Fühlen und Spüren?

Das Fühlen und Gefühl kommen von innen heraus, wobei das
Spüren von außen zu dir fließt. Wichtig dabei ist, dass du es nicht
als deines annimmst. Denn da machst du eine halbe Weltreise,
um endlich bei dir anzukommen, und ich weiß, wovon ich rede!
    Dies ist essenziell und für die Schulung der Eigenwahrneh-
mung ganz wichtig. Und eine weitere Anmerkung: Für Hy-
persensible ist diese Schulung auch wirklich notwendig, wenn
nicht sogar lebensrettend.

Alle Menschen, würden viel mehr profitieren, wenn die Achtsamkeit als Training an der Tagesordnung stehen würde. Die Lage
der schwingenden Energie zu checken hat viele Vorteile. Denn
das Feld zu verändern bedarf nur Übung und Aufmerksamkeit.
    Die Aufmerksamkeit wird nun auf die körperlichen Emp-
findungen gelenkt, um diese wieder ins Bewusstsein zu rufen.

Du kannst durch die Kunst der Wahrnehmung vieles verändern.

Die Frage, die du dir jetzt stellen kannst: Sind es meine oder ist es fremd? Wenn es fremd ist, geht dies augenblicklich zurück, von wo es herkam. Probiere es aus, es funktioniert!

Manche Empfindungen sind parasitär, aber sind es wirklich deine? Manche Menschen haben jeden Tag andere Symptome und werden von Medizinern abgecheckt, und die sagen: Nein, alles in Ordnung – ja, wo kommt denn dann dieser ganze Mist her?

Die Symptome treten in den Vordergrund und heben sich somit vom Hintergrund der Körpererfahrung ab. Es wird also etwas Herausragendes bewusst erlebt. Sobald dies für das Selbst bedeutend wird, beginnt es Aufmerksamkeit zu erregen und an Energie zu gewinnen. Du gibst Energie ab und weißt nicht einmal, an wen und für was. Viele Gefühlsmenschen leben unbewusst oder bewusst mit Energievampiren in ihrem Umfeld zusammen, sei es der Job, Familie Freunde. Denn Menschen mit zu viel Empathie haben den Stoff, den Energievampire brauchen. Sie sind das Wasser im Glas, der Energielieferant für ihre Ziele. Du vergisst dein Vorhaben, falls du überhaupt eines anstrebst. Der Empath opfert sich auf, er gibt alles, nur – um welchen Preis?

Schau auf die Punkte, die nun aufgeführt sind, so kann es sein, dass du begabt bist durch deine Empathie und dein gutes Herz, mit lediglich einem schwachen Ich.

- Du entwickelst unerklärliche Symptome wie Burn-out, Depressionen, Autoimmunkrankheiten, Erschöpfungszustände – es muss nichts mit dir zu tun haben, es können auch Energieräuber in deinem Umfeld sein!
- Du kümmerst dich um alle, deine Freunde und Familie, bist pflichtbewusst daheim und im Job, und trotzdem verlierst du vielleicht alles – Familie, Freunde, Job, Einkommen, bis hin zu deiner eigenen Würde.
- Du machst alles, um gesund zu bleiben, achtest auf deine Ernährung, deine körperliche Fitness, meditierst.
- Du glaubst an das Gute in jedem Menschen.
- Du willst um jeden Preis harmonische Beziehungen und verleugnest dich sogar selbst, um dies zu erreichen.

- Du bist immer für alle da, für ihre Probleme und Schwierigkeiten und versuchst immer, eine Lösung zu finden.
- Du willst die Erde zu einem besseren Ort machen und setzt all deine Kraft, Energie, deine Fähigkeiten und deine Liebe dafür ein.
- Die Menschen, denen du geholfen hast, lassen nichts mehr von sich hören, kaum geht es ihnen besser. Du hast das Gefühl, dass ein Ausgleich eigentlich nie stattfindet, dass du selbst nie davon profitierst, sei es auf der Gefühlsebene oder im Erfolg auf der finanziellen Ebene … Und trotzdem gibst du dein Bestes mit bestem Wissen und Gewissen, und die Menschen um dich herum heilen, werden erfolgreicher und glücklicher – und du bist ausgelaugt, erschöpft, unglücklich und traurig und kannst dir nicht erklären, weshalb.
- Du kämpfst mit Schuldgefühlen: Und denkst: „Was mache ich denn falsch?"

Im Grunde bist du ein Energieversorger deines Umfeldes!

Durch dein Mitgefühl und deine Empathie bist du mit all den oberen Punkten das perfekte Zielobjekt für Energieräuber und ein Mistkübel für die Gesellschaft. Mit dem Unterschied, dass sie nichts dafür bekommen, aber ganz ehrlich: Die Müllabfuhr bezahlen wir doch auch!

Empathische Menschen reagieren mit mehr als Mitgefühl. Sie nehmen effektiv oftmals ihre Umgebung auf, integrieren die Energie anderer in ihren eigenen Körper. Empathen können oft nicht unterscheiden, ob es nun die eigene Energie ist oder nicht und haben letztlich unerklärliche Symptome.

Empathie und Mitgefühl für dich entwickeln

Empathie ist eigentlich ein essenzieller Grundbaustein für ein harmonisches und friedliches Zusammenleben. Geht es einem Mitmenschen schlecht oder hat die Nachbarsfamilie beispielsweise zu wenig Essen auf dem Tisch, kann man sich entweder dazu entscheiden, diese Tatsache zu ignorieren, oder man fasst den Entschluss (wenn die Mittel dafür vorhanden sind), ihnen zu helfen. Sei es, die Familie mal zum Essen einzuladen oder ihnen einen Einkauf zu spendieren. Im empathischen Sinne ist es jedoch schon damit getan, sich in den anderen hineinzufühlen und eventuell einfach mal nachzufragen, ob man etwas tun kann. Das nennt man Empathie … Die Bereitschaft und Fähigkeit, sich in andere Menschen und deren Einstellungen (sprich Gedanken), aber auch den entsprechenden Gefühlen hineinzufühlen. Zu unserem Entsetzen müssen wir jedoch feststellen, dass Empathie im 21. Jahrhundert langsam, aber sicher ausstirbt und einfühlsame, verständnisvolle Menschen einer seltenen Gattung angehören. Empathie kann man erlernen – oder man hat sie schon. Es ist auf alle Fälle eine Fähigkeit.

Die Fähigkeit, ganzheitlich einander wahrzunehmen. So ist es wichtig,

mit dem Herzen den anderen zu fühlen,
mit den Augen den anderen zu sehen,
mit den Ohren des anderen zu hören.

Diese drei sind den Sinnen zugeordnet, was so viel heißt wie: Trainiere deine Sinne. Dies geht relativ einfach. Wenn du dir Zeit nimmst, dich in die Natur begibst und wahrnimmst. Einfach da sein. Die Stille macht's möglich. Es erweitert deinen Horizont und fördert deine Gesundheit von ganz allein. Ein Beobachter zu werden, nicht nur im Außen, sondern auch deine innere Beobachtung zu schulen. **Gesunde Empathiker können mehr wahrnehmen und es doch bei dem belassen.**

Sie haben kein Mitleid, sondern vor allem Mitgefühl, und doch können sie es bei dem belassen.

Sie stimmen dem Leben zu, und das mit ganzem Herzen!

Deine Rückverbindung an das Wesentliche

Im Atem der Liebe zu leben ist die Quelle des Lebens, so schätzt man, was IST. Schätze und vermehre das Gute. In der Essenz der Liebe, die vereint, statt trennt, die ständig wächst, statt begrenzt, die heilt, statt verletzt, die sich einfach verströmt, statt sich zu definieren. Es geht um Liebe, die letztlich alles beinhaltet, die nichts mehr ausschließt, die einfach ist – die alles ist, was ist. „Mit etwas glücklich sein" – das klingt einfach, greifbar. Wenn ich etwas gern tue, wenn ich Freude an meinem Tun habe, dann bin ich glücklich, und das Glücklichsein ist dann ein Ausdruck der Liebe. Manchmal scheinen wir über alle Zutaten zum Glücklichsein zu verfügen und sind trotzdem traurig. Es scheint etwas zu fehlen, das Glücklichsein erscheint uns so flüchtig.

Unsere Sinne sind die Instrumente, mit denen wir die physische Welt erfahren. Alle Eindrücke, die wir sammeln, alle Erfahrungen, die wir machen, werden über unsere Sinne wahrgenommen, aufgenommen und dann im Gehirn verarbeitet, eventuell bewertet, und bilden somit die Grundlage unseres Denkens. Wir verfügen über fünf Sinne (Hören, Sehen, Riechen, Schmecken und Tasten). Dass wir durch diese physischen Sinneserfahrungen jedoch noch lange nicht satt werden, wissen wir aus eigener Erfahrung. Da unsere physischen Sinne von feinstofflichen Sinnen ergänzt werden, gilt es nun, diese feinstofflichen Sinne zu aktivieren und ihnen mehr Aufmerksamkeit zu schenken. Die Erfahrungen der physischen und der feinstofflichen Sinne treffen sich dann im Herzen, wo nun Sattheit erfahren werden kann. Ein sattes Herz macht glücklich, ein sattes Herz ist angefüllt mit Liebe.

Heilung bedeutet, mit Liebe zu berühren, was wir zuerst mit Angst betrachteten (Stelzl)

Auch das Gegenteil ist dementsprechend sehr verbreitet. Es geht um Menschen, die sich alles nehmen, alles für sich beanspruchen und andere ausbeuten, ohne jemals einen gebührenden Ausgleich zu schaffen. Wahrscheinlich bleiben beide Menschentypen in ihren Herzen gleich leer, diejenigen, die nur geben, und diejenigen, die nur nehmen. Nur ein Ausgleich im Geben und Nehmen kann eine Sattheit im Herzen schaffen. Nur durch rechtes Geben und Nehmen kann eine Beziehung in Liebe entstehen bzw. aufgebaut werden. Dies besagt auch das geistige Gesetz der Harmonie.

Zeit haben für sich selbst, Zeit haben für andere ist gleichbedeutend mit Zeit haben zum Leben! Die Rhythmen zwischen Geben und Nehmen, beschäftigt sein und Ruhen sind oftmals aneinandergekoppelt. Die Natur gibt uns bestimmte Rhythmen vor, alles läuft in Zyklen ab. Wir Menschen sollten uns nicht gegen diese Wellenbewegungen wehren, wir sollten unseren Rhythmus finden, der sich zeigt, wenn wir bereit sind, achtsam mit unserem Körper umzugehen und auf ihn zu hören. Durch das Nichtbeachten unserer Rhythmen können sowohl im Körper als auch in unserer Psyche schwere Störungen auftreten. Das Synchronisieren der eigenen verschiedenen Rhythmen ist nicht immer ganz einfach.

Es zählt nicht, wie viel wir tun, sondern, wie viel Liebe wir in das legen, was wir tun!

Genussvolles Essen ist etwas ganz Wunderbares, gutes Essen hat so viel Sattmachendes. „Essen und Trinken hält Leib und Seele zusammen", weiß der Volksmund. Kultivieren wir diesen Sinn doch wieder, damit wir satt sein können im Herzen!

In gewisser Weise bemisst sich Intelligenz auch an der Intensität, mit der wir uns unserer Sinne erfreuen! Unsere Seelenfenster, unsere Augen, sind fähig, sehr klar zu sehen. Sie sehen viel mehr als nur das zu betrachtende Objekt. Sie sind fähig, die Wahrheit zu erkennen, sie sind fähig, in die Seele anderer Menschen zu blicken, und in der Meditation sind sie fähig, in die eigene Seele zu schauen. In der Königsdisziplin Meditation dürfen sie ihr eigenes, großartiges Wesen erkennen und die Bilder dem Wachbewusstsein übermitteln – das sind wahrlich große Augenblicke!

Wie wir gesehen haben, ist Achtsamkeit in unserer sinnlichen Erfahrung von größter Wichtigkeit. Mit unseren Sinnen erfahren wir unser gesamtes irdisches Leben, unsere subjektive Wirklichkeit. Je bewusster wir dies tun, je achtsamer wir im Erleben sind, desto klarer sind die Eindrücke, die wir sammeln, und desto eher gelingt es uns, Konditionierungen auszuschalten und die Dinge hinter dem Offensichtlichen zu erkennen. Bei allem, was wir tun, sollten wir versuchen, möglichst alle Sinne einzubinden, um ein reiches Gesamterlebnis, eine breite Erfahrungsebene zu haben. Denken wir daran, wie wichtig die Gestaltung des eigenen Lebens ist.

Liebe ist das Einzige, was sich verdoppelt, wenn man es teilt

Es geht also immer nur um das Glücklichsein und um das Vermehren von Freude. Denn Liebe ist der Teil der Gefühle zwischen Menschen oder anderen Wesen, der Freude bei allen Beteiligten bewirkt. Der Rest ist etwas anderes, nämlich Abhängigkeit, Mangel an Selbstwertgefühl, Eifersucht, Kontrollbedürfnis usw. Liebe ist immer da, aber oft durch Kritik und Urteil verdeckt. Sie nimmt aber in demselben Maß zu, in dem das Urteilen abnimmt. Alles im Universum ist lebendig und bewusst – es gibt für Schamanen keine tote Materie – und verdient Respekt. Auch und vor allem wir selbst. Denn wenn wir uns selbst oder jemand anderen anerkennen, ganz bewusst unsere Aufmerksamkeit auf das lenken, was wir an uns oder anderen Wesen schätzen, verstärken wir mit unserer eigenen mentalen Energie das, was wir mögen. Und die Liebe wächst.

Die fünfte Quintessenz: Jetzt

Wir westlich denkenden Menschen orientieren uns an einer linearen Zeit. Eine gedachte Linie, die irgendwann beginnt, ein Stück weit bereits hinter uns liegt und noch ein Stück vor uns weiterführt. Der jetzige Augenblick ist nur ein kleiner Markierungspunkt auf dieser Linie. Die Vergangenheit ist die Ursache für die Gegenwart, die Gegenwart ist der Ausgangspunkt für die Zukunft. Wo Raum und Zeit nicht existieren.

Es existiert immer nur der gegenwärtige Augenblick. Alles, was wir haben und sind, ist jetzt. Wenn jetzt der Augenblick der Macht ist, können wir auch jetzt alles verändern, was wir möchten. Da die Vergangenheit vorbei ist, und das Morgen ist eben Morgen. Dazwischen Wenn es keine objektive Wirklichkeit gibt, sondern nur eine subjektive Sicht auf das, was wir wahrnehmen, dann gibt es ohnehin keine objektive Geschichte. Wir haben nur mehr persönliche Erinnerungen.

Es macht allerdings einen großen Unterschied, ob wir uns mit positiven oder schmerzhaften Erinnerungen beschäftigen. Der Körper kann zwischen den unbewussten Speicherungen aus der Vergangenheit und dem Jetzt unterscheiden, jede Erinnerung kann im Hier und Jetzt abgerufen werden. So ist ja auch die systemische Arbeit am effektivsten, um Unerlöstes aufzulösen, nicht Ausgesprochenes endlich mal loszuwerden und vieles mehr – da geschieht Heilung im Jetzt und erlöst die Vergangenheit. Diese Gefühle sind sehr real spürbar. Alte schmerzhafte Erinnerungen werden den Schmerz immer wieder erzeugen. Jedes Mal von Neuem. Ebenso erzeugen fröhliche Erinnerungen freudige Gedanken und stärkende Energie im Jetzt.

Lenke deine Aufmerksamkeit auf den gegenwärtigen Augenblick. Werde zum Beobachter deines Denkens. Sei Zeuge deiner eigenen Gedanken. Höre der inneren Stimme in deinem Kopf zu – beurteile und analysiere nicht das, was du hörst. Das **Erkennen der eigenen Gegenwart** (als Beobachter der Gedanken) ist kein Gedanke. Das Erkennen des „Ich bin", dieses Gefühl der eigenen Gegenwart, ist der Schritt in eine neue Bewusstseinsdimension. Mit der Erkenntnis, dass du nicht das Wesen bist, von dem du besessen wirst (der Denker), wird eine höhere Bewusstseinsebene aktiviert.

Die Zeit!

Alles, was wir haben und worauf wir reagieren, sind Erinnerungen an Dinge, Fertigkeiten, Erfahrungen. Nur die Erinnerungen existieren in diesem Augenblick, und wir können unser Denken über diese Erinnerungen und somit auch deren Wirkung auf unser Leben verändern. Wenn wir der Ansicht sind, dass die Vergangenheit unveränderbar ist und Macht über unsere Gegenwart hat, dann fallen wir leicht in das Bewusstsein des (hilflosen) Opfers. Wenn wir jedoch die Vergangenheit für vergangen und machtlos halten, gestatten wir uns die Freiheit, diejenigen Veränderungen durchzuführen, die wir durchführen wollen.

Je mehr wir in der Vergangenheit oder Zukunft leben, desto weniger Energie haben wir für die Gegenwart. Es sind unsere aktuellen Überzeugungen, Entscheidungen und Handlungen, die uns zu dem machen, was wir sind bzw. was wir haben. Das Umfeld und die Umstände in diesem Moment spiegeln unser mentales und physisches Verhalten direkt wider. Aufgrund unserer Erinnerung tragen wir Gewohnheitsmuster von Tag zu Tag weiter, aber jeder Tag ist eine neue Schöpfung, und jede Gewohnheit lässt sich in jedem Augenblick wandeln (auch wenn es nicht immer einfach ist). Doch dies wurde von allen Propheten kundgetan.

Jesus, Buddha oder auch Einstein waren Menschen, die im Hier und Jetzt lebten. Sie waren nicht von Planungen oder Sorgen getrieben, aber auch nicht mit Ballast aus der Vergangenheit beladen. Wie war das möglich?

Die Grundlagen waren: Sie hatten einen guten Coach. sie redeten und meditierten mit dem Feld-Himmel – Überbewusstsein. So lebten es auch unsere Vorfahren oder indigene Völker und nannten es den großen Geist. Sie wussten, dass sie nicht allein durchs Leben gingen, und sie wussten, dass da eine Kraft ist, die sie lenkt, um ihre Berufung oder auch ihr Schicksal zu leben. Und diese Art zu leben steht uns allen offen.

Also: Wie bereits erwähnt gibt es viele Menschen, die den größten Teil ihrer Aufmerksamkeit auf Erinnerungen an die Vergangenheit, auf Projektionen in die Zukunft oder auf Fantasien etc. richten. Im gleichen Maße nehmen aber ihre Macht und Effektivität in der Gegenwart ab. Unglücklicherweise fühlen sich einige Menschen aufgrund von tiefer Angst, Wut, Groll, Sorgen etc. in der Vergangenheit gefangen und halten sich so von der Gegenwart und von der Freude des Lebens fern. Viele von diesen bindenden Gefühlen können durch eine Verlagerung der Aufmerksamkeit in die Gegenwart reduziert bzw. aufgelöst werden. Sich auf die sensorische Gegenwart zu besinnen bedeutet, sich immer mehr der Eindrücke bewusst zu werden, die uns unsere Sinne übermitteln. Je mehr Aufmerksamkeit wir unseren Sinneseindrücken widmen, desto mehr gelangen wir zu Erlebnissen von erhöhter sinnlicher Präzision, Entspannung, Wahrnehmung des Energieflusses in und um uns herum bzw. zu einer Erweiterung des Wahrnehmungsfeldes bis hin zu einer wachsenden Erkenntnis der Traumhaftigkeit physischer Realität und einer Achtsamkeit, die uns auch Träume als luzid erleben lässt.

Der gegenwärtige Moment ist der Einzige, in dem wir wirksam und kreativ tätig werden können. Nicht die Vergangenheit als eine unveränderliche Ansammlung von Fakten prägt uns im Hier und Jetzt, sondern unsere heutige Beurteilung dessen, was wir in unserer Erinnerung gespeichert haben.

Wobei unsere Erinnerung sowieso nur einen subjektiven Eindruck vermittelt, denn sie umfasst nur einen kleinen Ausschnitt dessen, was sich „wirklich" abgespielt hat. Wenn fünf Augenzeugen den Hergang eines Unfalls schildern, dann gibt es fünf verschiedene Versionen der Schilderung. Auch die Zukunft ist im Hier und Jetzt nicht Realität, sondern Fiktion. Doch schon die Vorstellung, die wir uns von ihr machen, bewirkt in der Gegenwart, dass wir uns gut und sicher oder schwach und bedroht fühlen. Wir entscheiden uns immer von Neuem für eine bestimmte Bewertung von Vergangenheit und Zukunft und damit für die Auswirkung dieser Fiktion auf uns im gegenwärtigen Moment.

Bist du da?

Über Beruf, privates Leben und Medien nimmt man heute derart viele Informationen und Eindrücke auf, dass man ständig Gehörtes, Gesehenes und Erlebtes ordnen und verarbeiten muss. Besonders deutlich wird dies beim Reisen. Wir sind vielleicht physisch schon am neuen Ort, aber unsere Seele, unser Inneres, ist immer noch unterwegs. Sie braucht Zeit, um nachzukommen und sich auf die neuen Umstände einzustellen.

Schau dich um, du sitzt in einem Café, die Sonne scheint, und du musst warten, das elendige Warten. Schon zücken alle ihre Handys und sind schon wieder weg. Die Kellnerin kommt und fragt: „Großer Brauner?" Keiner antwortet, sie fragt noch mal –

ah, Glück gehabt, es meldet sich jemand, und der Blick wandert schon wieder zu Instagram, Facebook, WhatsApp oder sonst was.

In den Pausen bei den Seminaren dasselbe Bild, es ist nicht zu fassen, wie kontrolliert alle sind. So schön Medien auch sein können, das ist auf jeden Fall Ablenkung, und dies hat große Auswirkungen für die Gestaltung deiner Zukunft. Denn wer nicht mehr abschalten kann, nicht einmal ein Handy, der ist bereits gestört. Hmm, also, du wirst gestört in deinem Vorhaben und verschenkst dadurch deine Energie den Bloggern, Instagram, Facebook – kein Wunder, dass sie explodiert sind. Suchtgefahr von der feinsten Sorte.

„Bist du da? Hallo!" – das kennen wir doch alle. Ja, genau, jetzt ist der Augenblick der Macht. Sei präsent, und dies erhöht deine Kraft. Es ist schon wichtig, so viel wie möglich im gegenwärtigen Augenblick zu bleiben, besonders wenn du es mit Angelegenheiten des gegenwärtigen Augenblicks zu tun hast.

Menschen, die wie wir an die Physik glauben, wissen, dass die Unterscheidung zwischen Vergangenheit, Gegenwart und Zukunft nur eine besonders hartnäckige Illusion ist.
(Albert Einstein)

Das Anhaften an Vergangenheit ist viel mehr dein Glaube an das Geschehene, es ist aber nicht mehr da, oder doch? Laut dem gegenwärtigen Moment ist es eigentlich nicht da, doch sobald wir uns erinnern, kommt alles zurück in genau der Form und mit genau den Empfindungen, wie es einst war. Durch die Wiederbelebung in sprachlicher Form wiederholen wir und leben zeitversetzt im alten Modus. Es gibt keine Erlösung in der Zeit. Die Zukunft macht dich nicht frei. Bestimmte Dinge sind in der Vergangenheit nicht so gelaufen, wie du es dir gewünscht hast. Du sträubst dich dagegen. Hoffnung hält dich in Gang, aber lenkt dein Augenmerk auf die Zukunft und verstärkt deine Abwehrhaltung gegen das Jetzt. So entsteht neues Leid und Schmerz.

Die innere Präsenz

Immer schön in Bewegung bleiben, das hält den Geist wach!

Wir sind soziale Sinneswesen, und jedes einzelne Erlebnis wird in unserem Körper gespeichert. Dies beginnt schon in der pränatalen Phase im Mutterleib. Je nach Umwelt und Erziehung sind wir auf verschiedensten Ebenen geprägt und haben unsere dementsprechenden Verhaltensmuster entwickelt. Unsere inneren Persönlichkeiten sind je nachdem stärker oder schwächer ausgeprägt. Es gilt, dieses innere Team kennenzulernen, aber auch ins Gleichgewicht zu bringen. Es sind wertvolle Ressourcen, und je nach Anforderung im Leben kann auf den betreffenden Anteil zurückgegriffen werden, vorausgesetzt, sie sind bewusst und integriert.

Manche Ressourcen müssen geweckt werden, manche haben sich versteckt, andere wiederum sind oftmals zu übereifrig oder dominant. Alles wird ja immer dem Ego zugesprochen, doch unser Ego ist genauso ein liebevoller oder auch ungeliebter Anteil. Durch die Kontaktaufnahme und das Zwiegespräch mit unseren inneren Anteilen kommen wir auf eine neue Beziehungsebene mit uns selbst. Das Anerkennen und Würdigen von gewissen Anteilen ist enorm wichtig, sie haben in früheren Lebenssituationen eine wichtige, wenn nicht sogar überlebenswichtige Funktion gehabt. Manchmal ist es nicht mehr notwendig, sich in einer bestimmten Art zu verhalten, und sie haben ausgedient oder es ist Zeit, dass sie sich verändern und sich dem jetzigen Leben anpassen.

Im dynamischen Prozess nimmt man den Menschen genau so, wie er oder sie jetzt ist. Das Körpergefühl gibt Signale, die aufzeigen, welche Thematik im Vordergrund steht. Ohne zu hinterfragen oder zu analysieren, zu bewerten oder dem Versuch, es zu verstehen. Der Moment ist jetzt so, wie er ist. Der Körper spricht bzw. die Seele (Unterbewusst) spricht durch den Körper.

Der dynamische Prozess ist so konzipiert worden, dass du täglich Psychohygiene machen kannst. Sinnes-Bewusstsein, mentales Bewusstsein, seelische Konstellation in Bewegung, damit ich in Verbindung bin und bleiben kann. Der dynamische Prozess ist nachhaltig, er initiiert jedes Mal das neu erlebte. Die Methode WALK and Talk kann mühelos angewendet werden, und du wirst jeden Tag ein bisschen selbstbewusster, kraftvoller oder was auch immer du gerade in deinem Leben brauchst. Und bitte, sei jetzt unverschämt ehrlich!

Indem wir unsere Körpersignale ernst nehmen, auf sie hören und dementsprechend auf sie eingehen, um sie zu transformieren, haben wir die Möglichkeit, unsere Selbstheilungskräfte zu aktivieren und in der Selbstverantwortung unsere Lebenskräfte zu stärken.

Das Formulieren der Gefühle, die der Körper preisgibt, eröffnet eine oft ganz andere Sichtweise auf das Eingangsthema –

was ist dahinter? Welche Erinnerungen kommen hoch, kannst du es mit einer Person oder Situation in Verbindung bringen? Kennst du das Gefühl von früher? Oftmals wirft allein nur ein Wort oder Satz, ein Gesichtsausdruck, eine Situation eine unverdaute oder schmerzvolle Begebenheit aus der Vergangenheit auf, die noch tief drinsteckt und dein Verhalten steuert, obwohl es längst „vorbei" ist.

Geprägte Verhaltensweisen und Muster lassen sich erkennen, und vielleicht zum ersten Mal an die Oberfläche gebracht von der Körpererinnerung, können sie leicht aufgelöst werden.

Du bekommst einen wundervollen Zugang zu deinen Symptomen, aber noch viel besser: zu deiner inneren Stimme, denn dein Körper spricht mit dir und liebt dich.

Spazieren zu gehen und unentwegt mit der Freundin zu sprechen und durchwegs unaufmerksam dabei zu sein hat nicht die Qualität, von der ich hier spreche. Es geht nicht darum, den Mist zu analysieren, zu besprechen, zu rechtfertigen und zum 99zigsten Mal zu wiederholen – da passiert einfach nix, gar nix. Im Gegenteil, es zieht dich runter, macht leer und kaputt. Entleeren ist das Zauberwort! Mach endlich sauber in dir und gib den Mist dahin, wo er eigentlich hingehört …

Du kannst dir ein neues Verhalten antrainieren, indem du dich deines geistigen Potenzials erinnerst.

Also, wo geht die Bewegung hin?

Bewusstheit über das Gesprochene und Gedachte, dies zu fühlen: Was möchte dein Körper machen, ausdrücken, kommen Schreie aus Wut oder Verzweiflung, lang unterdrückte, nicht ausgesprochene Worte, Tränen etc.? Befreiung, Stampfen, Ausschütteln, Ausagieren – atmen, bis das Gefühl sich Luft verschafft hat. Wie fühlst du dich jetzt? Was kommt daher an Gefühlen, Bildern, Worten? So wird Schicht für Schicht aufgedeckt, durchgefühlt und durchgelebt, immer sensibler werdend den eigenen Körperempfindungen und Signalen gegenüber – die innere Weisheit kommt zu Wort und Tat!

Feinfühliges Herantasten im geschützten Rahmen, wo alles erlaubt ist, alles gesagt und getan werden darf … Mit den neuen Erkenntnissen gehen, spüren, was sich verändert hat, über das Körperbewusstsein Neues sickern und speichern lassen.

Der dynamische Prozess als Entdeckungsreise zum Selbst, konzentriere dich auf das, was du gerade wahrnimmst. Gedanken – lass sie doch denken, unterbinde den Kreislauf, unterbinde die Maschinerie deines Gehirnes.

Am leichtesten gelingt es in der Natur. In der Stille tauchst du in die höhere Intelligenz ein, wenn du zuhörst und zulässt, kriegst du die Botschaften.

Höre in dich als Seelenwesen hinein: Was will mein Herz mir mitteilen?

Wir können durch unsere Bewegung dieses elektromagnetische Feld vervielfachen. Mit dieser neu ausgerichteten Absicht bilden wir dieses globale neuronale Netzwerk, von Menschen erzeugt. Bewusstsein in Bewegung in der Natur. Wir senden der Mutter Erde diese elektromagnetischen Impulse. Eine globale Bewegung, im wahrsten Sinne des Wortes. Statt in Kirchen zu sitzen und um Erlösung zu bitten, die Erlösung selbst zu sein. In der Natur draußen zu beten und mit dem Netzwerk aller Bäume zu kommunizieren, denn auch die Bäume haben ein Kommunikations- und Heil-Feld, und durch die Gemeinschaft heilen wir alle zu bewussten Erwachsenen. Vor vielen Jahren habe ich schon diese Technik kreiert, 2009 ist schon die Information gekommen, dass wir die Möglichkeit besitzen, auf dieses unglaubliche Informationsfeld zuzugreifen, und diese Technik heißt Wahrheit in Bewegung. Wir erschaffen eine neue Realität, und mit den neuesten wissenschaftlichen Erkenntnissen von Gregg Braden, Bruce Lipton usw. kommt eine wunderbare Kraft: Wissenschaft und Spiritualität werden eins.

Der Körper bringt dich auf den schnellsten Weg ins JETZT

Jeder Mensch hat Ressourcen, und da ja alles auch körperlich gespeichert ist, wohnen die Ressourcen sozusagen in uns. Durch dein bisher gelebtes Leben hast du eine Menge davon gesammelt. Es kann etwas, aber auch jemand sein, womit du körperlich, emotional, mental und auch spirituell genährt wirst. Wir können dadurch vieles erreichen, doch wenn sie verkümmert sind oder eine Ressource dir noch gänzlich unbekannt ist, weil du sie noch nie erlebt hast, kannst du sie entwickeln.

In der körperlichen Supervision ist diese Form ein tägliches Brot, und es macht nebenbei auch Spaß.

Aber was sind äußere Ressourcen? Natur, Freunde, Familie, Tiere, Sport, Tanz, Musik und auch spirituelle Praxis.

Innere Ressourcen wären dann somit Intelligenz, angeborene Gaben, Lebendigkeit, ein guter siebter Sinn oder Weisheit.

Ja, und die arbeiten sozusagen zusammen. Zum Beispiel ein Liebespaar hat einen Lieblingssong, ihr Lied der Liebe und Verbundenheit, und jedes Mal, wenn der eine oder der andere dieses Lied hört, fühlt derjenige seine gespeicherten Erinnerungen an die guten Zeiten.

Wenn du dich in eine neue Richtung bewegst, bewegt sich alles mit. Dein Körper lernt und integriert dies in dein Zellsystem!

In der morphischen Feldarbeit nimmst du vielfältige Bilder, Informationen und Gefühle aus dem Feld wahr (Familie, Kultur, Arbeitsfamilie, Freundesfamilie). Du lernst diese Bilder und Gefühle zu verstehen.

Ressourcenfindungs-Technik: Du gehst mit einer konkreten Fragestellung in das Feld und vertraust auf deine Wahrnehmung. So wichtig es ist, deinem Kopf und Verstand den Raum zu geben, der ihm zusteht, so wichtig ist es auch, deiner Intuition ebenso Vertrauen zu schenken.

Es liegt alles in dir und wartet auf dich!

Gedanken, die ich nach einer Mediation aufschrieb: Wo ich mein Heilsein tief in mir wende, um das zu werden und zu sein, was ich schon immer war, nicht Opfer, nicht Täter, sondern beseelt, speziell und einzigartig. Einzigartig in einer Welt voller Schönheit und Chaos, geborgen in der großen Seele Mutter, beatmet vom Sternengarten, ausgestattet mit Fähigkeiten, vergessenen Erfahrungen, bin ich hier zu erwachen, um mich zu erinnern, eine Entdeckungsreise. Lasse fallen meine Hüllen, richte mich auf, hab mich verbogen und belagern lassen ... Beseele meinen Körper wieder und lebe im Chaos der Gefühle, lebendig, intensiv, voller Wunder und offen, jetzt werde ich weit, groß, heile endlich und habe Vertrauen – ich TRAU mich ...

Ich war-ich bin werd immer sein!

Ich atme – atme in den leeren Raum, der mich bedingungslos liebt.

JA, JA und nochmals JA?

Leidenschaft hat immer etwas mit Tiefe zu tun: Wofür bin ich da? Wie gehe ich um mit meinen Energien, wo lenke ich sie hin? Bejahend, zuwendend, hingebend, nicht nur ein bisschen, sondern ganz da sein, absolute Verkörperung, in sich wohnend, ich nehme Platz in mir, berühren, Impulse setzen, herzerfüllt, beseelt.

Ja-ja-ja zum Leben! Ja für diese kurze Zeit, die mir gegeben.

Das ist Glück!

Alles was je erschaffen wurde, kommt von der einen Kraft, und wir gehen alle dahin zurück.

Geboren in einem weiblichen Körper dazustehen und sagen zu können „Ich bin eine Tochter der großen Mutter", genau so, wie ich bin. Verbunden mit der Urkraft und eingebettet im kosmischen Zyklus.

All-Eins mit dem großen Ganzen, in dem ich werde und vergehe. Aus dieser einen Kraft schöpfst du Vertrauen, ja, dein Urvertrauen, mit dieser Erkenntnis findest du zurück zur Einheit.

Lebe im Hier und jetzt, einen Schritt um den anderen, immer nur den einen – jetzt. Werde langsam und atme – zentriert und fokussiert, dann fühlst du die Kraft, die dich bewohnt. Kraft, so richtig viel Kraft von innen – ich bin.

Das ist Mana für mein ganzheitliches Dasein.

Alle Menschen sind aus dieser Sicht auch immer die Experten und Expertinnen für das eigene Leben. Denn jeder Mensch hat in jedem Augenblick alles zur Verfügung, was er braucht. Wir haben nach der Denkweise der ältesten Kulturen immer alles Wissen, alle Kraft und alle Möglichkeiten, um unser Leben zu bewältigen. Um unsere Abenteuer fröhlich und sicher zu bestehen. Es ist immer alles in uns selbst da. Auch wenn wir uns entscheiden, einen Teil unserer Macht nach außen auszulagern, bleibt die eigentliche Macht und die Verantwortung in uns.

Viele Menschen fühlen sich mehr oder weniger als hilflose Opfer äußerer Mächte. Sie geben Eltern, ihrer Kindheit, den Umständen, der Gesellschaft etc. die Schuld dafür, wie sich ihr Leben entwickelte. Wir können zwar das Verhalten anderer oder Ereignisse nicht kontrollieren, aber wir können als Erwachsene stets kontrollieren, was wir als Reaktion darauf tun oder denken. Alle Macht, die unser Erleben erschafft, kommt aus unserem Körper, Verstand und Geist. Niemals stößt uns etwas zu, ohne dass wir selbst daran beteiligt sind. Jedes Geschehen ziehen wir schöpferisch durch das an, was wir glauben, vorhersehen, befürchten, erwarten. Wir sind für unsere Gedanken, Gefühle und Handlungen verantwortlich. Niemand kann uns etwas fühlen, denken oder tun machen. Wenn es in unserer Macht liegt, das Geschehen zu erschaffen, dann liegt es auch in unserer Macht, es zu verändern bzw. etwas anderes zu erschaffen.

Manche Menschen springen von dem Extrem, völlig machtlos zu sein, in das gegenteilige Extrem, alle Macht zu besitzen. Jedermann hat jedoch die Macht, sein eigenes (Er-)Leben zu erschaffen. Jeder hat also die gleiche Macht. Und alles andere hat die gleiche Macht. Mithilfe der Vorstellung, dass in der Natur alles seine eigene Macht besitzt, lernen wir, respektvoll mit diesen Mächten zusammenzuarbeiten.

Das geht nun mal nur Schritt für Schritt. Viele habe ich scheitern sehen, wenn sie einen Schnellkurs in irgendwas machen. Da ist zum einen die Gruppendynamik, die dich vorantreibt, und zum anderen das Wissen mit den Tools. Doch es liegt noch weitaus mehr dahinter. Die verborgenen Dynamiken, das Feld der Weisheit und systemische Verstrickungen. Der Weg in eigene Kraft und Macht dauert, da kommen dann die Disziplin und unendliche Wiederholungen zum Vorschein. Allein ist es schon schwieriger, die Motivation zu aktivieren und in Verbundenheit mit sich selbst zu bleiben. Ganz schnell geht der Fokus durch Ablenkung verloren …

Eine der Grundbedeutungen des Wortes Mana ist „Autorität". Zugleich beruht das Wort Autorität auf einem Begriff, der „erschaffen" bedeutet. Mit Autorität zu sprechen bedeutet, mit Zuversicht zu sprechen, dass die Worte Wirkung zeigen werden. Hierin liegt das Geheimnis der Macht von Gebeten, Segensworten, Affirmationen etc. Zuversichtliche Autorität ist der Schlüssel zu bewusstem Schaffen, sei es durch Worte oder Visualisierungen.

Wahrheit heilt

Wenn jemand ein Problem konstruiert, fühlt sich sie oder er in unzureichenden Möglichkeiten gefangen, mit diesem Problem umzugehen. Gemeinsam können wir versuchen, leichtere Wege aufzuzeigen. Um schließlich immer den Menschen selbst entscheiden zu lassen, welcher Weg gewählt wird. Denn die Wirklichkeit als solche existiert nicht. Ebenso nicht die Wahrheit. Was für mich wirksam ist, ist für mich wahr. Was in meiner Arbeit wirksam ist, ist sinnvoll. Ob es nun wissenschaftlich beweisbar ist oder nicht. Realitätsnähe durch Sichtbarmachen!

Jetzt gut aufpassen: der Flipchart heilt. Du hast viele Gedanken, Ideen und Konflikte, und dann beginne ich mit den Menschen, dies auseinander zu filtern, gemeinsam machen wir die Gedanken sichtbar, und die Übung und Methode heißt: **Erklär mir deine Welt.**

Erklär mir deine Welt und betrachte sie, es ist so heilend, einfach mal aus der Vogelperspektive hinzuschauen. Dies ist ein bekanntes Tool, sie ist äußerst effektiv, und durch das Betrachten dessen kommt zugleich eine Handlungsmöglichkeit zum Vorschein.

„Die Kraft deines Handelns, zeigt wie du aus deiner inneren Wahrheit lebst." Damit ist gemeint, dass die Sichtweise und Methoden, mit denen man gut zurechtkommt, dazu dienen, dass man sich sicher fühlt und die Abenteuer des täglichen Lebens gut besteht. Jeder muss für sich das Denkmodell finden, mit dem er sich wohl und geliebt fühlt, gesund bleibt, seine Ziele erreicht und sein Leben sinnvoll gestaltet. Ob irgendjemand sonst seine Ansichten versteht und teilt, ist nicht das Entscheidende. Niemand verwaltet die einzige und ganze Wahrheit, es gibt für jede Aufgabenstellung eine ganze Menge Lösungen. Die Tatsache, dass jemand ein Problem bisher noch nicht in den Griff bekommen hat, heißt nicht, dass es grundsätzlich nicht möglich ist. Vor nicht allzu langer Zeit hat es beispielsweise noch niemand für möglich gehalten, dass der Mensch von einem Ort zum anderen fliegen kann. Heute fliegt man sogar ins All. Wenn ein Ziel wichtig genug ist, lohnt es sich, es im Auge zu behalten und neue Wege und Methoden zu suchen, um es umzusetzen. Es gibt viele Möglichkeiten, etwas zu tun. Jede Methode ist richtig, wenn sie förderlich ist und zum Ziel führt.

Folge deiner inneren Wahrheit, also sei gut in dem, was du tust. Tu, was du für gut hältst. Letztlich zählt bei allem Denken und Tun nur das Ergebnis. Eine gewisse Realitätsnähe in der Zielsetzung ist deshalb immer sehr wichtig.

Grundsätzlich ist im Kosmos alles möglich. Zusätzlich zu Gedanken- und Gefühlsmustern oder negativen Glaubenssätzen gibt es aber die Verhaftung mit Familie, Ahnen, religiösen oder ethnischen Gruppen, Tradition, Brauchtum und Kultur.

Auch das kollektive Unbewusste in archetypischen Symbolen neben dem allgemeinen Gruppenbewusstsein, welche Einschränkungen bedeuten. Hier werden Grenzen gesetzt, oft auch im Interesse und gemäß der Bestimmung des eigenen kosmischen Planes. Es zeigt sich die Notwendigkeit, für eigene Wunschvorstellungen eine Form zu finden, die als materielle und sachliche Realisation auch im Bereich des überhaupt Erfüllbaren liegt. Ziele können und sollen hochgesteckt sein, aber sie müssen sich auch verwirklichen lassen.

Wunschvorstellungen sind klar, einfach, präzise, knapp, eindeutig, positiv und in der Gegenwartsform abgefasst vorzubringen. Es ist empfehlenswert, so wenige Einschränkungen und Details wie möglich einzubauen. Im Übrigen ist es sinnvoll, für jeden Moment (Zeitaspekt) und für jede Hinsicht (Raumkomponente) die für einen selbst beste Lösung zu denken. Diese ergibt sich bei optimaler Erfüllung des persönlichen kosmischen Plans, unter Berücksichtigung der geistigen Gesetze, zum idealen Zeitpunkt im bestmöglichen (materiell ausgerichteten) Rahmen.

LASS DIR ZEIT und denke daran, du bist aus allen schwierigen Phasen deines Lebens herausgekommen und hast sie gemeistert, durch deine inneren Ressourcen, deine Willenskraft oder deinen Glauben.

Was auch so viel heißt, dass die Vergangenheit genauso wichtig ist und dementsprechend gewürdigt werden sollte.

Dein Leben hat oberste Priorität, und keiner hat das Recht, dich zu entmutigen.

Du bist dein eigener Experte für dich selbst. Insgeheim weißt du ganz genau, was dir hilft und was nicht.

Der erste Weg ist immer die Anerkennung dessen, in welcher Situation du dich gerade befindest, und von da ausgehend einen Weg zu finden, der in eine für dich stimmige Richtung lenkt. Was für einen Sinn siehst du darin, Schmerzen und Leiden ertragen zu müssen? Welche Möglichkeiten stehen jetzt offen?

Wohin will das Leben dich lenken? Oder was will gesehen und anerkannt werden?

Allein dadurch bist du in der Lage, nicht in der Problemsicht zu verweilen, sondern es eröffnet deinen Horizont an Möglichkeiten, neuen Erkenntnissen, um an deine eigenen Ressourcen wieder anzuknüpfen oder neue zu entdecken. Was zu guter Letzt in ein neues Handeln führt.

Ideen werden nicht im Wissen geboren!

Was willst du kreieren in deinem Leben, was soll Wirklichkeit werden?

Vorwiegend geht es darum, dein inneres, wirkendes Feld nach außen sichtbar zu machen. Jeder Mensch ist neben seiner körperlich-lebendigen Präsenz auch ein seelisches und geistiges Wesen. Diese Erkenntnis, die auf Rudolf Steiner zurückgeht, ist die Grundlage dieser Form. Daraus resultiert ein erweitertes Verständnis von Gesundheit und Krankheit, das in seinen Therapieansätzen dem ganzen Menschen in seiner Einzigartigkeit gerecht werden kann. Krankheiten werden hier als Helfer betrachtet. Oft kommt eine Genesung zustande, wenn man etwas grundsätzlich Neues gelernt hat, was mit der Krankheit vielleicht gar nicht zusammenzuhängen scheint, eine neue Einstellung, ein Loslassen. Je nach Indikation kann eine kognitive Aufarbeitung und Reflexion des erlebten Prozesses stattfinden und zur Integration und Bewusstwerdung beitragen. Die multimediale Kunsttherapie eignet sich für Kreativitätstraining, Selbsterfahrung, Persönlichkeitsentwicklung sowie als Methode im Rahmen einer Krankenbehandlung. Auch bei verbalen Defiziten im weitesten Sinn und mangelnder Ausdrucksfähigkeit von Befindlichkeiten und Bedürfnissen ist sie gut einsetzbar.

Die Magie und Kunst des Heilens

„Sobald ein stiller Augenblick eintritt, in dem sich kein Gedanke in deinem Wesen regt und der Bildschirm deines Bewusstseins absolut wolkenlos ist, bist du plötzlich in der Gegenwart. Das ist der Augenblick, auf den es ankommt – der Augenblick der Wirklichkeit, der Augenblick der Wahrheit."
(OSHO)

Einstein verdankte es seiner Kreativität, dass er die Relativitätstheorie fand: Er ging seine Fragen sehr unkonventionell an, setzte eine beinahe kindliche Fantasie ein und näherte sich so Schritt für Schritt der Lösung des Problems. Bei Kreativität geht es also keineswegs nur um Künstlerisches, sondern vielmehr handelt es sich hier um eine neue Art, Dinge anzupacken oder Ideen zu entwickeln – in jedem Bereich des Lebens. Wichtig ist, dass man lernt, sich bewusst zu entspannen und loszulassen, um somit den Geist für neue Einfälle zu öffnen. Denn für die Entfaltung der Kreativität ist das Zusammenspiel von Denken, Fühlen, Logik und Intuition entscheidend.

Alles ist nichts und das Nichts ist alles

Du hast bereits alles und denkst, nichts zu haben. Und das Nichts beinhaltet alles. Nämlich die Essenz Leben. Die Tatsache allein, dass du atmest, ist des Lebens Sinn und dein Ticket zur Selbstveranstaltung auf dem Planeten und Paradies Erde, es ist deine Fahrkarte durch das Wunder Leben. Mit einem Körper, mit deinen Sinnen und mit deinem Herzen. So war der Plan, als du zur Welt kamst. Du hast alles zur Verfügung, und dieses alles ist nichts, echt jetzt – nichts?

Dieses Nichts ist alles, was du hast. Du kommst mit allem und gehst mit nichts, und bis dahin kannst du alles erleben, was du möchtest. Wirklich alles!

Im Atem des allumfassenden Bewusstseins!

Während einer Meditation, hatte ich diese Erkenntnis, die ich niederschrieb.

Allein die Tatsache, dass du es so gewöhnt bist, zu atmen, ohne dir dessen bewusst zu sein, ist interessant, wenn man bedenkt, dass dein Verstand nicht imstande ist, dies zu tun. Dies geschieht einfach so, darüber musst du nicht nachdenken, stimmt's? Fortwährend fließt dein Atem selbstverständlich. Doch dein Atem obliegt etwas Größerem, dem du nicht mächtig bist und niemals sein wirst. So groß und voller Liebe, dass es alle atmen lässt. Dies ist das Geschenk des Lebens. Und zusammen mit Mutter Erde erschaffen wir deine Möglichkeit, mit Liebe zu kreieren. Zu tanzen, zu singen und des Lebens froh zu sein.

Was dir hier gegeben wurde, bewahre es als deinen Schatz, deine Erde, doch hüte sie für deine Kinder. Und wenn es nicht ausreicht und wenn dieser Schatz bedroht wird durch Habgier, Profit und Lust am Töten, dann versammelt euch und gemeinsam erhebt eure Hände und erhebt eure Stimme dem Gebenden entgegenstreckend …

Wahre Schönheit

Eines Tages stand ein junger Mann mitten in der Stadt und erklärte, dass er das schönste Herz im ganzen Tal habe. Eine große Menschenmenge versammelte sich, und sie alle bewunderten sein Herz, denn es war perfekt. Es gab keinen Fleck oder Fehler in ihm. Ja, sie alle gaben ihm recht, es war wirklich das schönste Herz, das sie je gesehen hatten. Der junge Mann war sehr stolz und prahlte noch lauter über sein schönes Herz. Plötzlich tauchte ein alter Mann vor der Menge auf und sagte: „Nun, dein Herz ist nicht mal annähernd so schön wie meines."

Die Menschenmenge und der junge Mann schauten das Herz des alten Mannes an. Es schlug kräftig, aber es war voller Narben, es hatte Stellen, wo Stücke entfernt und durch andere ersetzt worden waren. Aber sie passten nicht richtig, und es gab einige ausgefranste Ecken … Genau gesagt: An einigen Stellen waren tiefe Furchen, wo ganze Teile fehlten. Die Leute starrten ihn an: Wie kann er behaupten, sein Herz sei schöner, dachten sie?

Der junge Mann schaute auf des alten Mannes Herz, sah dessen Zustand und lachte: „Du musst scherzen, dein Herz mit meinem zu vergleichen. Meines ist perfekt, und deines ist ein Durcheinander aus Narben und Tränen." „Ja", sagte der alte Mann. „Deines sieht perfekt aus, aber ich würde niemals mit dir tauschen. Jede Narbe steht für einen Menschen, dem ich meine Liebe gegeben habe. Ich reiße ein Stück meines Herzens heraus und reiche es ihnen, und oft geben sie mir ein Stück ihres Herzens, das in die leere Stelle meines Herzens passt.

Aber weil die Stücke nicht genau sind, habe ich einige raue Kanten, die ich sehr schätze, denn sie erinnern mich an die Liebe, die wir teilten. Manchmal habe ich auch ein Stück meines Herzens gegeben, ohne dass mir der andere ein Stück seines Herzens zurückgegeben hat. Das sind die leeren Furchen. Liebe geben heißt manchmal auch, ein Risiko einzugehen. Auch wenn diese Furchen schmerzhaft sind, bleiben sie offen, und auch sie erinnern mich an die Liebe, die ich für diese Menschen empfinde … Und ich hoffe, dass sie eines Tages zurückkehren und den Platz ausfüllen werden.

Erkennst du jetzt, was wahre Schönheit ist?" Der junge Mann stand still da, und Tränen rannen über seine Wangen. Er ging auf den alten Mann zu, griff nach seinem perfekten jungen und schönen Herzen und riss ein Stück heraus. Er bot es dem alten Mann mit zitternden Händen an. Der alte Mann nahm das Angebot an, setzte es in sein Herz. Er nahm dann ein Stück seines alten vernarbten Herzens und füllte damit die Wunde des jungen Mannes Herzen. Es passte nicht perfekt, da es einige ausgefranste Ränder hatte. Der junge Mann sah sein Herz an, nicht mehr perfekt, aber schöner als je zuvor, denn er spürte die Liebe des alten Mannes in sein Herz fließen. Sie umarmten sich und gingen weg, Seite an Seite.

Folge deiner inneren Wahrheit

Ein kleiner Ratgeber für innere Balance

Jeden Tag die Null-Frequenz immer wieder einnehmen, und denke daran: Der Dreipunktstand erdet dich und macht dich ruhig.

Sei du selbst: Selbstverleugnung ist Dauerstress, unter dem Geist, Seele, Lebensenergie und Körper leiden. Baue systematisch Selbstachtung und Eigenliebe auf.

Zeige Gefühle: Drücke Wut, Frust und Ärger aus, und transformiere diese negativen Energien positiv durch körperliche Bewegung, Sport, Gespräche usw.

Verbleibe in deiner Mitte: denke positiv. Negative Gedanken führen zu einer negativen Energiespirale nach unten und belasten alle menschlichen Bereiche, auch die Gesundheit.

Halte Maß in allem: finde die Mitte in und bei allem, was du tust, beim Essen, Trinken, Ausgehen, Schlafen, Arbeit und beim Sport.

Lache oft: „Lachen ist die beste Medizin", es stärkt den Geist, die Psyche, die Lebensenergie und löst negative Blockaden. Es löst positive Botenstoffe im Gehirn aus und stärkt das Immunsystem.

Schlafe genug: schlafe möglichst vor Mitternacht in regelmäßigen, festen Zeitabläufen an vor negativen Erdstrahlen, Wasseradern und Elektrosmog (Steckdosen, Lampen, elektrische Geräte etc.) geschützten Plätzen.

Atme richtig: Praktiziere möglichst oft Tiefen-, Entspannungs- und Reinigungsatmung.

Bewege dich: Bewege dich regelmäßig in sinnvollen Bewegungsabläufen (NIA, Yoga, Wu Chi Tao, Tai-Chi, Fünf Tibeter etc.) bzw. 3- bis 4-mal wöchentlich eine halbe bis eine Stunde an der frischen Luft.

Harmonisiere dein Umfeld: Schaffe mentale, emotionale und reale Ausgeglichenheit in der Familie, am Arbeitsplatz, im Beruf, beim Hobby, beim Sport.

Bete und meditiere: Bete und meditiere regelmäßig und möglichst immer am selben Ort und zur gleichen Zeit.

Umgib dich mit Licht und Farben: Schaffe positive Farben in Gedanken, Visualisierungen, aber auch beim Schlafen, im Raumbereich, zu Hause, am Arbeitsplatz und bei der Auswahl der Kleidung.

Finde genug Zeit für dich selbst: Horche nach innen, vergiss die Sorgen, Ängste und Probleme des Alltags und suche deine innere Stimme.

Liebe die Natur: Erkenne die Schönheit und Harmonie der Blumen, Berge, Bäume, Seen, Bäche, Wolken und nimm ihre Farben, Düfte und Formen auf.

Es ist wichtig, ohne Widerstand (Starre, Leid) zu suchen, immer das Ziel vor Augen (Zielvorstellung) zu halten, dem Umfeld optimal angepasst (Flexibilität) zu bleiben, ohne seine Identität zu verlieren („ich bin ich"), den Weg der Mitte zu gehen (positive Finalvorstellung).

Der, der das Gleichgewicht hält, jenseits von
Liebe und Hass, jenseits von Gewinn und Verlust,
von Ehre und Schmach, hält die höchste Stellung der Welt.
(Laotse)

2. KAPITEL: HOLY MOLY

DIE HÖHERE INTELLIGENZ

Die sechste Quintessenz: die höhere Intelligenz

Im Koran heißt es:

*„Schade, dass die Menschen dazu neigen,
nicht aufzuwachen, ehe sie sterben."*

Herzensbildung, Energie, Heilung oder Schwingungen. Wünsche ans Universum? Was für ein Humbug, echt jetzt! Wir haben nur neue wissenschaftliche Wörter gefunden, doch der Sinn hat sich nicht im Geringsten verändert. Was einst esoterischer Quatsch war, ist mittlerweile messbar, wissenschaftlich anerkannt und somit real. Lichtpartikel und Photonen – und wenn du die Verbindung herstellst, bist du im „World White Web": Herzlich willkommen in der höheren Intelligenz!

Wir wissen, dass es mehr gibt!

Was sind die göttlichen Tugenden?
*   Liebe
*   Weisheit
*   Das Erwachen
*   Der Frieden
*   Die Verbundenheit
*   Die Schönheit
*   Eins sein

Und ich frag dich ganz ehrlich – wonach strebst du denn? Liegt es nicht in unserer Natur, danach zu streben? Sind wir nicht alle grundsätzlich lichtvoll orientiert? Sind diese Tugenden es nicht wert, wieder daran zu glauben? Das ist Glauben. Wer will die nicht? Gregg Braden nennt es göttliche Matrix, warum nennen wir es nicht einfach Tugenden? Hat der Mensch es nicht satt, immer zu kämpfen, immer besser und schneller, noch gewiefter zu werden, dauernd im Multitasking … Das ist genau das, wo er sich verliert und seine Seele einen Kollaps kriegt. Was war denn mein ursprünglicher Glaube, weshalb ich auf diese Erde gekommen bin? Sind diese Tugenden nicht genau das? Wenn man das nicht hat und nicht danach strebt, dann macht sich die Leere breit, du bist ausgehöhlt, weil deine inneren Werte verschoben sind – du hast sie selbst verschoben. Und was bringt das der Welt? Einen zusätzlichen unglücklichen Menschen – nein danke.

Weil der Glaube stärkt ! Er heilt dich von innen heraus. Er entledigt dich von dem Ungeziefer der Angst, vom Marionettendasein, von Besserwissern, Phobien, Medienkrankheiten, Manipulation, Süchten … Weil der Glauben dich stark macht, dir Vertrauen schenkt. Er hat nichts mit irgendwelchen Religionsführern zu tun, den musst du in dir selbst finden, er ist das größte Geschenk an dich selbst. Dann bist du angeschlossen an das riesengroße neuronale Netzwerk.

Die Menschen müssen sich mit ihren inneren Tugenden (wieder) verbinden! Weniger „wichtig", mehr selbst. Ich glaube an Wunder, das hat mich am Leben erhalten. Der Grund für meine innere Dynamik ist der Glaube. Der Glaube daran, dass sich die Menschen wieder zurückbesinnen.

Vielleicht ist beten nur was für alte Menschen, doch ich glaube, das wird in nächster Zeit wieder wichtiger werden. Süchte, Belastungen, Symptome, psychische Krankheiten werden immer mehr. Was kann da helfen, fragte ich mich – Besinnung auf das Wesentliche, doch es ist schwer, wenn man von Kopf bis Fuß randvoll ist, mit diesem und jenem! So kann man sagen, du hast dich verloren im grenzenlosen Jasagen, im grenzenlosen Funktionieren.

Was ist denn Spiritualität?

Es gibt eine Rückverbindung zur ursprünglichen Quelle, welche aus dem Universellen kommt. Dieses Feld der ungeahnten Möglichkeiten ist hier und da. Was jedoch den Zustand der Gegenwart bzw. das Jetzt voraussetzt. Da ja Vergangenheit, Gegenwart und Zukunft parallel stattfinden, kreiert im Grunde deine Vergangenheit deine Zukunft. Wie schon im ersten Kapitel besprochen, bedienst du dich der Energie, ob bewusst oder unbewusst. So ist es natürlich ganz logisch, dass, wenn du immer im Vergangenen denkst und sprichst, dieses immer wieder erneut hervorgebracht wird. Änderst du dein Verhalten zur Vergangenheit, ändert sich deine Welt.

Wir alle kommen aus diesem göttlichen Ursprung und feinstofflichen Welt und erfahren uns als Menschen in der feststofflichen, materiellen Welt. Auf der Suche nach Glück und Liebe machen wir uns auf den Weg. Religion wäre somit der Weg zurück in die Vereinigung mit der Quelle. Die Kernaussage, was generell Religion übersetzt heißt, ist die Rückverbindung an die in uns lebende Kraft. Nicht nur Propheten wie Jesus oder Buddha, ob Osho, Khalil Gibran oder Luise Hay, sondern auch Genies wie Einstein, Newton usw. überlieferten uns den Glauben an diese Essenz und nicht an ein personifiziertes Gottesbild. Immer wenn ich jemanden frage, an was sie glauben, ist es total witzig, denn das Erste, was ich wahrnehme, ist ein großes Fragezeichen. Du kannst nicht sagen, ich bin katholisch oder evangelisch, aber ich glaube nicht daran. Aber viele sagen zum Beispiel, ich bin zwar nicht katholisch, aber ich bin gläubig. Echt jetzt?

Und doch ist es der Glaube, der dich im Leben voranbringt, der dir tiefstes Vertrauen schenkt und dich immer wieder daran erinnert, wer du wirklich bist.

OSHO sagte:
Sich selbst zu erkennen, ist etwas ganz Elementares.

„Der antrainierte Glaube ist der Feind des Vertrauens. Vertraue dem Leben! Glaube keinem Glauben – geh ihm aus dem Weg! Vermeide Glaubenssysteme, die dogmatisch sind, egal ob Hinduismus, Islam, Buddhismus oder Christentum. Suche auf eigenes Verlangen und geh tiefer. Vielleicht findest du am Ende dieselbe Wahrheit. Du wirst dieselbe Wahrheit finden, denn es gibt nur eine Wahrheit.

Sobald du sie gefunden hast, kannst du sagen, ja, die Bibel ist wahr – aber nicht vorher. Wenn du sie gefunden hast, kannst du sagen, ja, die Veden sind wahr – aber nicht vorher. Solange du es nicht selbst erfahren hast, solange du es nicht persönlich bezeugen kannst, sind alle Veden und alle Bibeln nutzlos. Sie werden dir eine Last sein, sie werden dich nicht frei machen …

Die Suche ist schwierig, weil die Wahrheit unbekannt ist. Die Suche ist schwierig, denn die Wahrheit ist nicht nur unbekannt, es ist auch gar nicht möglich, sie zu kennen. Die Suche ist schwierig, weil der Suchende dafür seine Komfortzone aufs Spiel setzen muss.

Wenn du den Schriften folgst, dann folgst du Flüssen, die schon einen Namen haben. Wenn du einer bestimmten Religion folgst, einer Sekte, einer Kirche, dann hast du eine Landkarte – und für die Wahrheit kann es keine Landkarte geben. Es kann keine Landkarte geben, weil die Wahrheit etwas Privates ist, nichts Öffentliches. Landkarten werden zu etwas Öffentlichem; man braucht sie, damit andere ihnen auch folgen können. Auf der Landkarte sind die Autobahnen verzeichnet, nicht die kleinen Fußwege; und Religion ist ein Fußweg, keine Autobahn. Du kannst zu Gott nicht als Christ oder als Hindu oder als Moslem gelangen. Du erreichst ihn nur als du selbst, als dein authentisches Selbst, und du kannst dabei nicht dem Pfad eines anderen folgen."

**„Keiner ist wirklich geheilt,
der seine religiöse Einstellung nicht erreicht."
(C. G. Jung)**

Zu allen Zeiten gab es Menschen, die nicht den Lebensentwürfen der Masse folgten. Die nicht die Erwartungen von Familie, Angehörigen und Gesellschaft erfüllten, sondern aus einer Kraft lebten, die niemand begreifen kann, solange derjenige sie nicht selbst erfahren hat. Meist liegt ein weiter Entwicklungsweg hinter denen, die letztlich sich entschließen, ein Leben aus der Kraft des Glaubens und einer alles übersteigenden Liebe zu leben. Sie haben alles erfahren, was diese Welt bietet: Liebe in Partnerschaften, beruflicher Erfolg, gesellschaftliche Anerkennung, Ansehen. Wie auch die dazugehörigen Schattenseiten. Und wählten letztlich, wofür ihr Herz noch stärker brennt. Eine Kraft, die alles überstrahlt. Einen Weg, der zurückführt zum Ursprung, zurück in unsere tatsächliche Heimat in den Weiten der „Inneren Welten". Mit dem Ziel, alle irdischen Lernaufgaben endgültig abzuschließen und das Rad der Wiedergeburt zum Stillstand zu bringen, um noch umfassender dienen zu können. Und sie befinden sich damit im Einklang mit dem Geist dieser Welt, denn es steht geschrieben:

„Selig sind die Einzelgänger und die Erwählten. Denn ihr werdet das Königreich finden; da ihr von dort stammt, werdet ihr wieder dorthin zurückkehren." –
Herrenwort (49) Thomasevangelium

Was ist Spiritualität – Religion?

„Spiritualität (von lat.: spiritus, Geist, Hauch, bzw. spiro ‚ich atme‘) bedeutet im weitesten Sinne ‚Geistigkeit‘ und bezeichnet eine auf Geistiges aller Art oder im engeren Sinn auf Geistliches in spezifisch religiösem Sinn ausgerichtete Haltung." Eine Haltung, die sich ums Wesentliche dreht.

Wenn wir die Wörter nun mal genauer betrachten, den Geist und den Hauch in Verbindung mit dem Atem, so kann eigentlich niemand behaupten, er ist nicht spirituell. Denn atmen tut ja jeder ganz von selbst, oder? Aber wie atmest du? Die Energie, die wir in Form des Atems in uns aufnehmen und die uns am Leben erhält, ist die Energie, die alles belebt. Du kannst nicht denken ohne den Atem, du kannst dich nicht bewegen, nicht kreativ sein, du kannst eigentlich gar nichts tun hier auf der Erde.

Die Spiritualität im religiösen Sinne steht für die Vorstellung einer geistigen Verbindung zum Transzendenten, dem Jenseits oder der Unendlichkeit, der unendliche Geist, das Universum, Nirvana oder Quelle. Während Religiosität die Ehrfurcht vor der Ordnung und Vielfalt in der Welt und die Empfindung einer transzendenten Wirklichkeit meint, beinhaltet (religiöse) Spiritualität zudem die bewusste Hinwendung und das aktive Praktizieren einer als richtig angesehenen Religion oder Philosophie.

Spirituelle Haltungen haben sich als Teil der intuitiven Einordnung unerklärlicher Phänomene im magisch-mythischen Denken unserer Vorfahren vermutlich schon sehr früh in der Menschheitsgeschichte entwickelt. Wie auch die Forschungsergebnisse von Gregg Braden für viele schriftlose Kulturen gezeigt haben, gab es ursprünglich nur eine unscharfe Trennung zwischen der Welt und dem Geistigen im Leben der Menschen, so wie wir es kennen. Spiritualität war demnach bis zur Entwicklung der klassischen Religionen ein alltägliches Verhaltensmuster.

„Spiritualität ist die Erkundung unseres Seins, unserer Verbindung mit uns selbst, zueinander, und mit der Welt. Und die spirituellen Prinzipien existieren lange, bevor Religionen überhaupt auftauchten. Die Religionen kamen später und haben Regeln und Dogmen um weitaus ältere Erkenntnisse gesponnen. Das ist der Grund, weshalb ich es bevorzugt habe, direkt zu der Quelle der uralten Weisheit zu gehen." (Gregg Braden)

„Religion (von lateinisch religio, gewissenhafte Berücksichtigung‘, ‚Sorgfalt‘, zu lateinisch relegere„bedenken‘, achtgeben‘, ursprünglich gemeint ist,die gewissenhafte Sorgfalt in der Beachtung von Vorzeichen und Vorschriften‘) ist ein Sammelbegriff für eine Vielzahl unterschiedlicher Weltanschauungen, deren Grundlage der jeweilige Glaube an bestimmte transzendente (überirdische, übernatürliche, übersinnliche) Kräfte ist, sowie häufig auch an heilige Objekte. Das Heilige und Transzendente ist nicht beweisbar im Sinne der Wissenschaftstheorie, sondern beruht auf intuitiven und individuellen Erfahrungen bestimmter Vermittler (Religionsstifter, Propheten, Schamanen etc.).

Deren spirituelle Erfahrungen werden in vielen Religionen als Offenbarung bezeichnet. Spiritualität und Religiosität sind geistig-geistliche Anschauungen. Religion kann Wertvorstellungen normativ beeinflussen, menschliches Verhalten, Handeln, Denken und Fühlen prägen und in diesem Zusammenhang eine Reihe von ökonomischen, politischen und psychologischen Funktionen erfüllen. Diese umfassenden Eigenschaften von Religion bergen in sich das Risiko der Bildung religiöser Ideologien.“

Ethik vs. Religion

Ich habe weder Theologie studiert noch bin ich eine Prophetin, nein, ich bin vieles, aber vor allem bin ich eine liebende Mutter, und ich glaube zutiefst an das Gute in uns. Ich liebe und danke, doch vor allem bete ich. Meine Gebete sind kein Herunterleiern vom Vaterunser, sondern mal Dankbarkeit, oder ich segne meine Kinder, ich rede mit allem, was mich umgibt und was ich wahrnehme. Unsere Natur ist es, zu glauben und zu lieben. Es gibt so vieles zu lieben: die Sonne, den Mond und die Sterne, und ich liebe euch, die ich nicht kenne, und doch fühle ich mich verbunden mit diesem großen Geist. Und immer, wenn ich ein neues Projekt habe, dann singe ich, und ich gehe in die Natur, damit ich das Gefühl aufbaue, um es zu leben. In Kommunikation zu sein mit allem, das macht stark. Die Ethik der Zukunft wird das alte Wissen noch mehr hervorbringen.

Der Mensch in der hawaiianischen Philosophie betrachtet

Der Mensch ist und bleibt unantastbar in seiner Essenz, das ist, was woran ich glaube.

Du als Mensch bist ein **freiheitsliebendes Wesen.**

Du als Mensch bist ein **geistiges Wesen,** das menschliche Erfahrungen macht.

Du als Mensch hast einen Körper, du hast Gedanken mit deinen Gefühlen und deinem Ego, aber keines davon ist deine **wahre Natur.**

Du als Mensch besitzt einen **freien Willen**, der unantastbar ist.

Du als Mensch bist ein **Teil der Natur.**

Du als Mensch verkörperst eine **Einheit als Geist und Seele.**

Du als Mensch verfügst immer schon über **Selbstheilungskräfte.**

Du bist als Mensch schon die Bestimmung und deren Sinn.

Du als Mensch bist **der Erschaffende** deines eigenen Glücks.

Du als Mensch bist für deine Gedanken, Gefühle und Taten **selbst verantwortlich. Klar weißt du das, doch s**chau genauer, wie vieles du noch bist und welche Fähigkeiten du hast – sagt man dies unseren Kindern? Nein, und genau dies muss sich ändern. Sie brauchen das Vertrauen in sich selbst, Ethik und Menschlichkeit. Das ist, was wir ihnen näherbringen können. Wir Mütter bringen sie zur Welt, dann geben wir ihnen doch eine lebensbejahende Erziehung mit auf ihren Weg. Und wenn du dich angesprochen fühlst bei diesen Sätzen, dann beginne, zu korrigieren. Erneuere deinen Glauben, und das Universum wird dir antworten, auf dieselbe Weise, wie du es sendest, wie du es fühlst und was deine Sehnsucht hervorbringt.

Dein Herz glaubt ganz unwillkürlich

Die Herzensintelligenz wurde mit deiner Geburt in deinem Körper mitgeliefert, und zwar als dein Herz begann zu schlagen. Sie ist und war schon immer da.

Doch du weißt es nicht, es schlägt von ganz allein, und es ist dir zu etwas Selbstverständlichem geworden. Das ist es bis zu dem Tag, wo es aufhört zu schlagen.

In der Zeit dazwischen liegt es an dir, was du mit deinem Leben machst. Keiner weiß, wie viel Zeit wir haben, und vielleicht gibt es deswegen die Aussage: „Lebe im Jetzt oder im Augenblick."

Als ich noch ein Kind war und in der Kirche zu Jesus aufblickte, fragte ich mich: „Wo ist er denn?" Der Anblick, wie er da auf dem Kreuz hing, machte mich nicht froh und förderte nicht meinen Glauben, sondern machte mich eher traurig. Ich fühlte mich nicht wohl, und irgendwie suchte ich immer. Das Vaterunser, das mir eingeprägt wurde, verstand ich als Kind gar nicht, es hinterließ eher ein unwohles Gefühl, und ganz ehrlich, in meiner Kindheit haben wir durch die Luft geschaut und so getan, als würden wir Buße tun, und innerlich hofften wir, dass wir möglichst bald erlöst werden. Vor einem fremden Mann zu beichten, ist ja auch suspekt für ein Kind, oder?

Wo erlebt der Mensch, das Kind in uns, hier Freude und Liebe? Hmm, ich glaube, es bedarf einer Erneuerung. Was ich besonders schön fand, waren die Gospellieder von unseren schwarzen Mitmenschen. Die singen einfach cool, das nimmt dich mit, die Freude, die sie ausstrahlen. Das allein machte mich glücklich.

Jeder kennt das Lied „Oh happy day". Das ist Freude! Wieso gehen wir nicht in die Firma mit „happy day", begrüßen unsere Familien und wünschen ihnen „a happy time!"

Dein Herz schlägt unentwegt und besorgt dir „happy hours". Und jedes Herz ist zu Grandiosem bestimmt.

Solange du lebst, stehen dir alle Türen offen, nimm dich ins Herz und geh! Sag der Welt: „Ich bin da"!

Wie willst du deiner Seele gerecht werden?

Vertrauen ins Leben

„Und wenn ich meine Hand aufs Herz leg,
so voller Liebe ganz bei mir.
Es nichts gibt worüber ich mich aufreg,
da ich das Schöne seh in mir!
Bin eins mit allem, welch ein Segen.
Und so vertrau ich in das Leben!
Öffne meine Sinne, öffne mein Herz.
Da spür ich's tief drinnen.
Diese Kraft, diesen Frieden … Unsterbliches Lieben.
So bleib ich mir treu, ist meine Bestimmung.
Lieb mich jeden Tag neu.
Ich bin die Seele, sehr weise, sehr alt.
Ich bin das Licht und auch mit Schatten.
Doch erinnere ich mich, von wem ich gesandt.
Da vertrau ich ins Leben, denn es ist brillant."
(Andrea Maria Gschiel ©)

Wir Menschen und unsere Glaubensfähigkeit sind höchstwahrscheinlich der Schlüssel für eine neue Welt, denn wir haben sie erschaffen und auch wir können sie wieder verändern, indem wir als Erstes uns selbst neu erschaffen. Wo der Glaube schwächelt, siegt die Angst!

Dein kultureller Ansatz, deine biologische, religiöse oder philosophische Betrachtung spielt dabei eine wesentliche Rolle. Und ja, du, oder viele sind schon dabei, sich zu verändern, aber in welche Richtung?

Sind wir wirklich gewachsen an Reife, Güte und Menschlichkeit? Haben wir die Liebe in uns entdeckt, oder suchen die meisten noch außerhalb von sich selbst? Die Frage nach dem Sinn des Lebens stellt sich in Wirklichkeit gar nicht, denn du lebst ja, und das ist doch der Sinn.

Dein Glaube ist die Uressenz in dir, dies wirst du nicht finden, indem du zig Ausbildungen machst, du musst nur eines finden: deinen Glauben, und von ganz allein geschieht das Wunder. Ich glaube, dass es Zeit für die Welt ist, wieder zu glauben. Dass wir die Welt verändern können, egal welche Religion, egal welche Rasse, wir können eine bessere Welt erschaffen. Uns zu vereinen und dem Wunder Leben gerecht zu werden. Wir sind Hüter und Bewahrer dieser Erde. Glauben erschafft für unsere Kinder eine Zukunft.

Holistischer Ansatz in den Religionen

Dalai Lama, der prominenteste Sprecher einer der größten Religionen der Welt, denkt öffentlich über das Ende der Religionen nach:

„Alle großen Weltreligionen, mit ihrer Betonung der Liebe, Mitgefühl, Geduld, Toleranz und Vergebung können innere Werte fördern. Die Realität unserer heutigen Welt ist jedoch, dass es nicht mehr zeitgemäß ist, unsere Ethik auf Religionen zu gründen. Aus diesem Grund komme ich zunehmend zu der Überzeugung, dass die Zeit gekommen ist, über eine Spiritualität und Ethik völlig jenseits aller Religionen nachzudenken." (facebook.com/Dalai Lama)

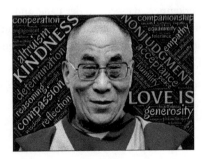

Angelesenes Wissen, Nachdenken und Schlussfolgerungen reichen erfahrungsgemäß nicht aus, um wahrhaftig etwas über die universelle Kraft in Erfahrung zu bringen und zu ihm zu gelangen. Wir bleiben in unserer eigenen Gedanken- und Vorstellungswelt stecken und legen uns ein eigenes Konzept von Gott zurecht. Tatsächlich können wir nur deshalb etwas über Gott wissen, weil das Göttliche sich uns selbst zu erkennen gibt, durch unsere Liebesfähigkeit, Barmherzigkeit den guten Taten. Von Anfang an offenbart sich Gott der Seele der Menschen immer auf die gleiche Art und Weise – und darin liegt der einzige Weg zurück zu ihm. Wenn wir im Inneren göttliche Offenbarungen empfangen, werden wir von innen geführt und erlangen so das rechte Verständnis von Religion.

Es ist so wichtig, unseren Glauben aufs Neue zu betrachten, da wir wirklich systematisch unserer Macht beraubt wurden, indem wir dachten – wer sind wir denn schon als Einzelwesen? Wir sind einfach Individuen und haben keine Kontrolle und keine Macht und sind einfach Opfer des Lebens. Es ist ein Glaube, der programmiert wurde und der gar nicht stimmt. Aber wenn du diesen Glauben glaubst, dann wird er wahr, und deshalb ist dieser Weckruf so wichtig. Jeder von uns ist ein sehr machtvoller Schöpfer. Es geht nicht nur darum, was innerhalb des Körpers passiert. Wir sind nicht Opfer unserer Kräfte, wir sind einfach sehr machtvoll, und wir üben das bloß nicht aus. Wir erschaffen nicht nur das, was innen passiert, sondern wir erschaffen auch das, was außen passiert. Und das finde ich total aufregend, weil die spontane Evolution uns die Möglichkeit dazu gibt, zu erkennen, dass wir in der Lage sind, uns jetzt der Realität zu öffnen. Wir als Kollektiv können mit unserem Bewusstsein eine neue Welt erschaffen, einfach, indem wir unsere Gedanken verändern.

Die Geschichte von armen Menschen

Eines Tages nahm ein Mann seinen Sohn mit in ländliches Gebiet, um ihm zu zeigen, wie arme Leute leben. Vater und Sohn verbrachten einen Tag und eine Nacht auf einer Farm einer sehr armen Familie.

Als sie wieder zurückkehrten, fragte der Vater seinen Sohn: „Wie war dieser Ausflug?"

„Sehr interessant!", antwortete der Sohn.

„Und hast du gesehen, wie arm Menschen sein können?"

„Oh ja, Vater, das habe ich gesehen."

„Was hast du also heute gelernt?", fragte der Vater.

Und der Sohn antwortete: „Ich habe gesehen, dass wir einen Hund haben, und die Leute auf der Farm haben vier. Wir haben einen Swimmingpool, der bis zur Mitte unseres Gartens reicht, und sie haben einen See, der gar nicht mehr aufhört. Wir haben prächtige Lampen in unserem Garten, und sie haben die Sterne. Unsere Terrasse reicht bis zum Vorgarten, und sie haben den ganzen Horizont."

Der Vater war sprachlos.

Und der Sohn fügte noch hinzu: „Danke Vater, dass du mir gezeigt hast, wie arm wir sind."

Geht es jetzt darum, uns allen klarzumachen, dass wir so viel haben und dass wir das einfach nur nicht mehr sehen und wahrnehmen, weil uns Medien weismachen wollen, dass wir immer noch zu wenig haben? Und unseren Anspruch auf „MEHR" triggern und somit immer in Unzufriedenheit leben? Denn – wann ist es genug? Dieser Glaube wurde uns suggeriert, so wie es auch Religionen taten, die alle gefangen halten in dogmatischen Wirtschaftssystemen.

Was sehen wir derzeit in der Welt an Defiziten? Die Disharmonie in der Natur, der Religionen und in unserem Konsumdenken. Fakt ist, es ist nur ein kleiner Prozentsatz an Menschen, die all das kontrollieren … Wenige, im Vergleich zu uns allen. Die

Weltbevölkerung wird ferngesteuert und programmiert. Wir werden abgelenkt vom Wesentlichen und geblendet mit Vergnügen, Rauschmitteln und vieles mehr. Und es geht dabei nur um Profit für die ganz oben, und das zu jedem Preis.

Die große Masse denkt, sie seien nur kleine Menschen, die keine Macht hätten, daran etwas zu ändern. Das stimmt nicht! Wir sind das Volk und eine Familie, wir sind die, die Veränderungen herbeiführen können. Und wenn die Koalition im Namen der Liebe und des Glaubens eine Einheit bildet, dann ist das die machtvollste und stärkste Energie, um etwas zu verändern und unser aller Heimat, die Mutter Erde, zu beschützen und ihr Gutes zu tun, im Sinne des Zurückgebens. Wo weniger einfach heilend wirkt für uns alle. Das Leben kann sich über Nacht verändern, wenn sich das Bewusstsein verändert. Man braucht keine Millionen Jahre, damit Sachen sich verändern. Wir sind gerade an einer Klippe zu einer neuen Welt, die gerade im Begriff ist, sich neu zu bilden.

„Der Planet braucht keine erfolgreichen Menschen mehr.
Der Planet braucht dringend Friedensstifter,
Heiler, Erneuerer, Geschichtenerzähler
und Liebende aller Arten!"
(DalaiLama)

Kommt jetzt eine globale Glaubenserneuerung?

Was es ist

Es ist Unsinn, sagt die Vernunft.
Es ist, was es ist, sagt die Liebe.
Es ist Unglück, sagt die Berechnung.
Es ist nichts als Schmerz, sagt die Angst.
Es ist aussichtslos, sagt die Einsicht.
Es ist, was es ist, sagt die Liebe.
Es ist lächerlich, sagt der Stolz.
Es ist leichtsinnig, sagt die Vorsicht.
Es ist unmöglich, sagt die Erfahrung.
Es ist, was es ist, sagt die Liebe.
(Erich Fromm)

Auf die Dringlichkeit dieses Erinnerungsversuches wird derzeit immer öfter hingewiesen. Doch wie ich feststellen musste, reicht der Versuch allein nicht aus, denn da geht's ums Wesentliche, und dies verändert dein gesamtes Umfeld. Irgendetwas scheint dich daran zu hindern, deine kosmische Dimension in dein Bewusstsein zu integrieren. Wie blinde Flecken werden die wesentlichsten Merkmale unseres Selbst ausgeblendet. Mit Selbst meine ich das andere von uns, etwas, das jenseits unserer konditionierten und aus Dogmen und Glaubenssätzen zusammengesetzten Persönlichkeit existiert. Diese Dimension unseres Seins haben wir alle nicht einfach zufällig vergessen, sondern das Vergessen wurde uns, so scheint es, zu einem bestimmten Zeitpunkt kollektiv aufgezwungen.

Dieser Vorgang war meiner Ansicht nach weder die Absicht des Allschöpfers, Gott Vater oder Jesus, noch ist er als Strafe dafür zu sehen, dass zunächst Eva und dann Adam vom Baum der Erkenntnis aßen und „Gut und Böse erkannten". Die gesamte Schöpfung basiert auf allumfassende Liebe.

Ich glaube, ja, alles ist in Bewegung, da nicht nur Religionen ihren Stellenwert verloren haben, auch spirituelle Richtungen scheinen getrennt zu sein. Das Wesentliche ist direkt erlebbar. Ausnahmslos jeder Mensch ist auf der Suche nach Liebe und Glück in der Hoffnung, seine Träume zu verwirklichen. Das ist unser Urvertrauen, und unser Glaube ist der Motor.

Zurzeit befinden sich die Menschen im Krieg mit ihrem Verstand und ihrem Herzen. Nicht nur, dass unter anderem Kriege in Wirtschaftssystemen stattfinden, Angst machende Politik und lebensverneinende Weltmachtspiele betrieben werden, sondern auch diejenigen Aspekte sind gemeint, die dafür verantwortlich sind, dass die Menschen ihren Glauben verlieren. Den Glauben an das Gute und somit den Glauben an sich selbst. Durch die leistungsorientierte Gesellschaft wird der Mensch an seinen Erfolgen gemessen. Woran wird Erfolg denn gemessen? Dürfen Gläubige überhaupt erfolgreich sein?

Es geht um eine neue Betrachtungsweise des Glaubens und deren Glaubensmuster, die uns seit der Kindheit begleiten. Glaubensmuster zu analysieren, ist mühsam, und wann hört das auf? Und die Frage, die ich mir stellte, war: Wieso sind wir uns größtenteils so ähnlich im Verhalten und im Erfolgsdenken? Das Leben geschenkt zu bekommen, ist ja schon was Besonderes!

Immer wieder überlegte ich, wie kann das sein, wenn man viele Ausbildungen, Kurse etc. besucht und ernsthaft an sich arbeitet, um ein besserer Mensch zu werden oder das Vergangene loszulassen und Frieden zu schließen mit der eigenen Lebensgeschichte, wie kann es dann sein, dass immer wieder dieselben Themen und Muster auf der Lebensbühne auftauchen? Und eines Tages stieß ich auf diese bemerkenswerten sechs Glaubensüberzeugungen.

Woher das kommt und welche Auswirkungen dies auf viele von uns hat, erkläre ich ein bisschen später.

Diese sechs großen Glaubensprojektionen, im Schatten geborgen, sind rund um den Globus im Kollektiv verankert. Und ich glaube, da hat so jede religiöse Gemeinschaft ihr Werk dazu getan.

Kollektive Glaubensüberzeugungen sind in allen Religionen zu finden, nicht nur bei den Römisch-Katholischen, und ich sage bewusst römisch-katholisch.

Und mehr noch, sie wurden durch die verschiedensten Rituale im Fünf-Körpersystem als Tatsache implantiert.

Da wir jedoch größtenteils aus Wasser bestehen und, wie schon bekannt ist, Wasser die Fähigkeit hat, Informationen zu empfangen und zu senden, findet dadurch eine Identifizierung im Unbewussten statt. Da ist es leicht zu sagen: Identifiziere dich nicht und lebe im Augenblick, was ja auch manchmal gelingt, doch die Überzeugungen laufen trotzdem im Hintergrund weiter, und ehe du dich versiehst, bist du im altgewohnten Modus.

Doch wir haben die Wahl, unsere herausfordernden Kern-Überzeugungen zu verwandeln, und so transformieren wir unsere tiefsten Ängste. Dann haben wir als Preis des Daseins am Ende das Gefühl, lebendiger und mehr verbunden mit uns und mit denen um uns herum zu sein. Dies inspiriert uns dann gemeinsam, um effektiver am Aufbau einer besseren Zukunft für uns und alle, die noch kommen, zu gestalten. Genauso wie die Begriffe „Gott", „Glück" oder „Liebe" für den Verstand nicht fassbar sind. Ein enormes Potenzial wird freigesetzt, wenn sich die Menschen dessen bewusst werden, dass sie alles bereits in sich tragen und in Wirklichkeit nur daran erinnert werden müssen, wie sie durch den Glauben an sich selbst und dadurch den Glauben an die Möglichkeit der Veränderung und Heilung in dieser Welt mitgestalten können.

Es geht um die Heilung des kollektiven Unterbewusstseins. Das Kollektiv geht uns alle etwas an, und die Heilung dessen wird uns um ein Vielfaches schneller gelingen, wenn wir den Mut haben, uns damit bewusst und achtsam auseinanderzusetzen. Uns wieder ganz werden zu lassen, bedeutet viel mehr als nur zu heilen. Heilung beseitigt Defizite, während Ganzwerdung unschätzbare psychologische Ressourcen ausbildet. Zuerst müssen wir den Schatz in unserem Inneren geborgen haben, um ihn schließlich im Außen gebären zu können.

Das Grundthema von vielen Menschen ist das Verleugnen der höheren Intelligenz. Besonders die, die glauben, etwas verlieren zu können. Die Frage ist: Was gehört uns denn wirklich?

Vielleicht, weil unsere materiellen, sozialen, körperlichen Wünsche dominieren, aber wenig Sinn dahintersteckt, der uns wirklich erfüllen könnte.

Die Sinnsuche nach Glauben und deiner inneren religiösen Ausrichtung und geistigen, spirituellen Natur ist fast so alt wie die Menschheit selbst. Bist du zufrieden in deinem momentanen Lebensabschnitt, ist dein Lebenskonzept okay! Allein, wenn ich dir diese Frage stelle und du dir einmal Zeit nimmst, darüber zu reflektieren, über deinen Sinn, über dein Tun und Handeln so ganz allgemein, nach dem Glück leben zu dürfen?

Egal, wie nun deine Antwort ausfällt, es wird von deinen Überzeugungen beeinflusst, wie du lebst, handelst und denkst. Ist dein Glaube unter dem Einfluss von Zeitgeist, religiöser Erziehung, Wissenschaft und spirituellen Überzeugungen? Alle zusammen sind einzig und allein für deine Kreationen zuständig. Es ist das, was dein Glaube ist. Ich finde es immer wieder amüsant, wie viel rundum geredet wird. Da geht es um die Erlaubnis, das zu leben, was du möchtest, obwohl es dein Urrecht ist, dann wieder wird man gefragt, was ist deine Überzeugung …

Du musst intensiver mit deinen Glaubensmustern arbeiten, stimmt das? Du hast den freien Willen, ah ja, den hätte ich jetzt fast vergessen, haben wir den?

Also im Grunde reden alle rund um den Glauben, um ja nicht eine Religion zu verletzten, und was machen die Religionen jetzt mit uns?

Kollektive Glaubensimplantate

Zeit meines Lebens beschäftige ich mich damit, und nach über 40 Jahren Forschung bin ich zu folgender Erkenntnis gekommen: Irgendwie sind bei dem Großteil der Menschen immer dieselben sechs Glaubensmuster zu finden. Doch woher kamen sie? Das kann doch nicht wahr sein, dass der Großteil der Menschen mit der Selbstliebe ein Thema hat! Und so befasste ich mich zum erneuten Male mit der Religion.

Die Rituale, die uns allesamt, zumindest im christlichen Glauben, in den Leib geschrieben und besiegelt wurden als heiliges Versprechen, sind auch sechs Wunden:

Ich bin deiner Liebe nicht würdig – Wunde des Verlassenseins

Ich schaffe das allein. Wir glauben oft, dass unsere Probleme für andere nur eine Last sind und kümmern uns lieber selbst darum. Unser aller Lebenssinn ist doch, vorweg die Liebe zu leben, die wir in uns tragen, und es macht keinen Unterschied, wie schwer es auch für dich war, die Liebe ist immer noch da. Doch zu viele Menschen tragen ihre Lasten allein und brechen darunter fast zusammen. Dies führt zu Isolierung und Erschöpfung. Gott selbst fordert uns auf, ihm unsere Lasten abzugeben (Matthäus, Kapitel 11, Vers 28). Und er sagt durch Paulus: „Helft einander, eure Lasten zu tragen!"

Die Mentalität „Ich schaffe das allein" fesselt uns – wir erfahren dagegen Freiheit, wenn wir zulassen, dass andere Christen uns in unserer Schwachheit Halt geben. Mose hatte Aaron, David hatte Jonathan, Elia hatte Elisa, Timotheus hatte Paulus, Jesus hatte seine Jünger – und auch wir brauchen die Ermutigung und das Gebet unserer Freunde.

„Ich bin deiner Liebe nicht würdig, dass du eingehst unter meinem Dache, aber sprich nur ein Wort, dann wird meine Seele gesund." Ja, und wer spricht nun das Wort? Und warum bin ich dieser Liebe nicht würdig, was habe ich denn verbrochen, um auf der Welt zu sein? Natürlich gesehen sind diese Worte nicht gerade ein Freudensgebet. Kein Wunder, dass wir uns mickrig fühlen und die Verantwortung nach oben abgeben.

Ganz ehrlich, hast du diese Worte verstanden, hast du sie schon genauer betrachtet, hast du diese Worte schon gefühlt? Was macht dies mit dir?

Die Erbsünde – Wunde der Verurteilung

Das Konzept aus Religionen, die die Schwäche des Menschen demonstriert. Ein kleines menschliches Wesen erblickt die Welt, und von Geburt an wird es schon durch ein heiliges Sakrament aus der Erbsünde gehoben. Was für ein Schwachsinn, uralte Riten, die künstlich sind. Die Taufe kann überall stattfinden, ohne dass dem Kind bereits etwas auferlegt wird.

In jedem Menschen, ob Christen, Moslem oder Buddhisten, lebt der Heilige Geist – und durch den Heiligen Geist gibt das Göttliche uns die Vollmacht. Wenn diese Vollmacht in Anspruch genommen wird, kann alles einfach besser gelingen.

Die Erbsünde und der Baum der Erkenntnis. Ja, das klingt auch sehr interessant, denn, ganz ehrlich, der arme Adam hätte doch den Apfel nicht essen müssen, und dann wäre die Eva auch nicht schuld gewesen. Denn der Gute hätte das Recht gehabt, nein zu sagen. Es ist mir zu mühsam, vor allem – wen interessiert dies noch? Der Baum der Erkenntnis wird im dritten Kapitel wieder interessant, doch aus einer anderen Perspektive. Ganz ehrlich, das können wir doch den Kindern der heutigen Zeit eher im Geschichtsunterricht erzählen, falls sie da nicht einschlafen.

Auch die Sexualität, nämlich die würdevolle Sexualität, ist die Kunst, als Mensch göttlich zu lieben. Sie ist ein Erleben von Verbundenheit und Vereinigung mit sich selbst, mit einem Geliebten und mit der alles umfassenden Einheit der Liebe. Im „Jetzt" des Liebesaktes offenbart sich das Geheimnis des Seins und der Liebe. Würde entfaltet sich immer dann, wenn Liebe und Seele unser sexuelles Handeln erfüllen. Dann ist es ein Ausdruck von Selbstwert, ein Teilen unseres inneren Reichtums, ein Überfluss von Liebesessenz und Freude am Leben.

Mensch sein – Wunde des Getrenntseins

Jeder wünscht sich, zu etwas zu gehören. Wir wollen in ein Team gewählt werden, wollen geliebt werden, dazugehören. Die Gesellschaft diktiert, dass wir erst einmal beweisen müssen, dass wir an einen Ort gehören. Aber Gott muss man sich durch brav sein erarbeiten, sonst gibst eins aufs Dach.

Und für jede Sünde zahlst du, die sogenannte Kirchensteuer. Das einstige Bußgeld, für was eigentlich?

Aber anscheinend geht das, viele zahlen Strafgelder, denn dies ist leichter, als zu korrigieren. Es wird immenser Schaden an der Natur und somit am Menschen verrichtet, das ist mit Bußgeld nicht wettzumachen. Und natürlich trennt dies uns vom Göttlichen, weil wir Angst vor Strafe haben. Das ist einfach menschlich.

Doch als Gott die Welt schuf, „… betrachtete Gott alles, was er geschaffen hatte, und es war sehr gut" (1. Mose, Kapitel 1, Vers 31). Wir suchen in den falschen Dingen nach Bestätigung – denn Gott hat uns bereits bestätigt. Wir sind akzeptiert von dem, dessen Meinung am wichtigsten ist. Unsere größte Freiheit kommt daraus, uns als eine Einheit zu sehen, wertzuschätzen und eine Nation zu bilden. Wir sind verschmolzen mit dem Kosmos und haben die Macht, wertvolle Entscheidungen für die Rettung der Erde zu treffen. Jeder Mensch hat diese wunderbare Fähigkeit in sich, und jede Schwäche und jede Tatkraft ist willkommen, das macht uns zu etwas Besonderem.

Das Weibliche – Wunde des Patriarchats

Nichts ist so stark wie die SANFTHEIT, und so sanft ist wahre STÄRKE!

Ja, die jahrtausendalte Wunde, die Frauen zugefügt wurde. Dazu zu schreiben, würde ein ganzes Buch befüllen. Diese Wunde ist eine der Verheerendsten. Denn obwohl die Frau das Leben hervorbringt, beschützt und versorgt, wurde ihr Schlimmes angetan. Und wer das Leben nicht ehrt, der liegt echt verkehrt. Doch das Universum hat alles gespeichert, und die Konsequenzen dessen treffen die gesamte Welt. So wie mit den Frauen umgegangen wurde und immer noch wird, so gehen die Menschen mit allem um. Die Verleugnung der weiblichen Kraft und dem mystischen Tanz des Lebens hat uns hierhergebracht. Männliche Religionen, männliche Wirtschaft, und doch sind die Männer ebenfalls schwer verwundet. Sie rackern sich zu Tode, da sie den weiblichen nährenden Teil in sich weder kennen noch schätzen. Doch das Gute daran ist, dass immer mehr Frauen aufstehen, um die ganze Welt und alle Nationen in Heilung bringen, sie heilen ihre Wunden, sie heilen Kriege, sie heilen den Glauben, sich selbst. Denn das Leben als Frau an sich ist eine wunderbare Herausforderung. Also, Kopf hoch, weibliche Geschöpfe dieser Erde.

Frauen besitzen von Natur aus Spiritualität, sie sind von Natur aus heilig, allein deswegen schon, da sie das Leben gebären. Lebensbejahend durch die Welt zu gehen im tiefen Glauben an dich selbst.

Wunde der Ablehnung

Wer sich bei etwas anstrengt, hofft, dafür anerkannt zu werden und befürchtet nur eines: dass er abgelehnt wird. „Ich bin nicht gut genug." Mit dieser Haltung gehen wir oft auch an den Dienst für Gott heran – doch wenn wir nicht aufpassen, sorgen wir uns bald mehr darum, wie viel wir machen, um auch gesehen zu werden, und nicht darum, warum wir es überhaupt tun. Gott kennt dich, seitdem du im Mutterleib entstanden bist. Menschen kommen und gehen, aber er wird dich nie verlassen. Er geht vor dir, seine Güte und Barmherzigkeit folgen dir, seine Engel umgeben dich, sein Heiliger Geist ist in dir. Jeden Schritt, den wir gehen, jeden Atemzug, den wir machen, alles geschieht in seiner Gegenwart. Er ist unser erster, bester und ewiger Begleiter. Unsere größte Kraft ist unsere Stimme. In dem, was wir sagen, liegt die Macht über Leben und Tod. Es ist immer ein JA zum ... Oder ein NEIN zum Leben. Denn vielleicht probierst du mal zur Abwechslung etwas Neues, indem du deinen inneren Widerstand aufgibst.

Die Wunde der Scham

Es gibt mehrere Wunden der Scham. Einige davon sind natürlich angelegt. Wie zum Beispiel ein Teenie es nicht mehr mag, wenn ihn seine Eltern plötzlich im Nacktsein überraschen. Doch die Scham, die Religionen an Frauen verursacht hat, wie zum Beispiel als Frau geboren und damit zweitklassig zu sein oder als Frau Sexualität einfach aus Freude zu leben usw. bedarf Heilung.

Und dies bedeutet für jeden: Komm! Heile deine Urmuster und lass die Vergangenheit hinter dir, um damit die Zukunft neu mitzubestimmen. Natürlich heißt dies, die Glaubensimplantate aufzuspüren, damit dieses elendige Leiden ein Ende hat. Es geht lediglich darum, die mystischen Botschaften von Jesus wirklich zu verstehen. Und dies beinhaltet ja auch, dass du dich als Geschenk empfindest, egal ob Mann oder Frau. Keiner ist zweitklassig, das sind künstlich kreierte Glaubensimplantate.

Das ist eine deiner Aufgaben, wenn du dich mit deinem Glauben auseinandersetzt. Wir alle vergessen bei der Geburt ja alles, wer wir sind, was wir einst wussten, doch durch die Verbindung und den Weg zur eigenen Meisterschaft kommt dein in dir liegendes altes Wissen wieder zurück. Gott wird von unserer Scham nicht beeinflusst. Er hat uns lediglich als Gefäße erschaffen, die dem großen Ganzen zur Verfügung stehen und um all das Gute zu tun, das uns aufgetragen wird (2. Timotheus, Kapitel 2, Vers 21).

Oft jedoch wirken die unverheilten Verwundungen der Kindheit und Pubertät in unsere Sexualität hinein, sodass die Fähigkeit zu lieben und Liebe anzunehmen gestört ist. Wir haben Bindungsbrüche erlebt und liebevolle, fürsorgliche Mütterlichkeit oder Väterlichkeit schmerzlich vermisst, wurden verlassen, überflutet und vereinnahmt. Das Vertrauen, dass wir um unserer selbst willen geliebt werden, wurde meist schon früh enttäuscht. Berührungen und Körperkontakt waren oft nicht achtsam.

An der Wurzel all dieser Kernaussagen ist ein Mangel an Akzeptanz und ein tiefes Gefühl des Getrenntseins. Diese Trennung kann von uns selbst, von anderen, von unserer geistigen Natur oder von irgendeiner Kombination dessen sein. Hier sind zwei ermächtigende Absichten, um diese grundlegendsten Grundüberzeugungen zu verwandeln, denn wir leben in uns und außerhalb von uns im goldenen Schnitt.

Darf ich meine Akzeptanz von mir und um mich herum vertiefen? Darf ich meine Verbindung mit mir wiederherstellen? Ja, unbedingt, gib dir die Erlaubnis, zu deinem Urwesen zurückzukehren.

An was glaubst du? Wer hat dir verboten, an das zu glauben, wer du schon bist?

Probiere es aus: Indem du dich entspannst, achte auf deinem Atem, damit du ganz in deinem Rhythmus bist und sprich laut: „Ich lasse jegliche Gedanken und Glaubensbekenntnisse, die mir als Kind und bei meiner Geburt implantiert wurden, los. Und lasse das, was von der Quelle kommt, zu.

Sobald du deine neuen Absichten entwickelt hast, geht dein wahres Ich oder Bewusstsein in Heilung, und die Glaubensüberlieferungen können aufgelöst werden. Beachte, wenn du dir die gleiche alte Geschichte erzählst. Jedes Mal, wenn dies geschieht, erinnere dich an deine tiefere Absicht und öffne dein altes, entmutigendes Selbstbild für eine neue, vollere Art des Seins. Du kannst selbst wählen, Transformation durch die Erinnerung an Angst oder die Einladung zum Wachstum zu erkennen.

Arbeite daran zu akzeptieren und zu verstehen, dass alle Teile von dir, einschließlich deiner Kern-Herausforderungen, die Türen öffnen für die Transformation, und so ermöglichst du dir, einfacher und natürlich auf deine schöne, tiefere Essenz zu greifen. Dies wiederum kann dir helfen, ein viel volleres und reicheres Leben zu leben. Für Überkompensatoren, die oft eine starke Tendenz haben, ihre Ängste zu vermeiden, ist dies besonders wichtig.

Ich habe mich mit ganz vielen Jugendlichen aus verschiedenen Nationen unterhalten und habe sie gefragt, an was sie glauben, und ihre Antwort war fast immer dieselbe. Sie glauben nicht an die Geschichten der katholischen Kirchen, da sie weder ein Wohlgefühl oder etwas Glaubwürdiges präsentieren noch finden sie einen Halt darin. Die meisten sagten, sie glauben, dass es etwas gibt, das größer ist als sie. Auch die Geschichten von Jesus und Buddha fanden sie faszinierend. Aber die Sache mit den Sünden, leiden und büßen ist ihnen zuwider, und sie empfinden es als Blödsinn.

Bemerkenswert sind die Jugendlichen und ihre Einstellung zum Leben. Wir hatten so wunderbare Gespräche und gingen dabei echt in die Tiefe, und ja, der Glaube sei ihnen schon wichtig.

Aber wer zeigt ihnen den Umgang mit dem Glauben an sich selbst, wer lehrt sie den Umgang mit ihren Ängsten, und was ist wirklich wichtig für ein Leben der Freude?

Wenn die Erziehung von klein auf in eine neue Richtung gelenkt wird, damit das ewig regierende Dogmatische ein Ende findet, kann es nur holistisch sein. Diese holistische Form ist offen und frei und befähigt den Menschen von Grund auf zu mehr.

Die meisten Menschen finden, dass die Umwandlung der Angst durch die Arbeit mit ihren Kern-Überzeugungen wie ein Abziehen von Schichten einer Zwiebel ist. Sie machen einen bedeutenden Durchbruch, nur um schließlich den gleichen alten Kern-Glauben zu finden, der sich in einer anderen, subtileren Form manifestiert. Doch wie jede Schicht weggeschält wird, wirst du sehr wahrscheinlich finden, dass dein Leben reicher, sinnvoller und angenehmer ist, als es vorher war.

Das Bewusstwerden, dass wir aus den Elementen leben, gibt euch auch die Erkenntnis, dass ihr die Elemente seid. Du bist aus dem Stoff, die Erde ist dein Fleisch, das Wasser ist deine Energie, das Feuer ist dein Herz, die Luft ist dein Atem –

Wir leben in einer Art Vakuum, und diese Energie, die rund um uns gebildet ist, ist ein riesiges Informations- und Kommunikationsnetz, Millionen von Jahren alt.

Mutter Erde ist im Grunde genommen ja dieser göttliche Planet, sie füttert uns, sie kommuniziert mit dem gesamten Universum, mit anderen Planeten, und sie kommuniziert mit uns. Wir brauchen nicht immer nur in den Himmel zu schauen, weil wir bereits im Königreich leben, völlige Schönheit umgibt uns.

Auf Medienportale werden unzählige Fotos von diesen faszinierenden Planeten gepostet, aber wann beginnen wir, sie zu hüten und für sie zu sorgen, was ja unsere Aufgabe als Menschen auch ist?

Und wir sind das Leben selbst, wir brauchen Wasser, wir brauchen Luft, wir haben diese unglaubliche Schönheit in uns und rund um uns. Lediglich ist es eine fest- und feinstoffliche Vereinigung. Und das ist die Evolution einer Veränderung. Es gibt so viel Gerede über Liebe, Glück, Sein, Stille … Was hilft uns das wirklich? Aber ganz ehrlich, derjenige, der über dies redet, Ist noch nicht annähernd in der Essenz Leben angekommen.

Kann man diese sechs Wunden heilen?

Ja, kann man. Wenn du dich mit deinem eigenen Glaubens-bekenntnis auseinandersetzt! Das Erlernen der sieben Essenzen ist eine vorzügliche Ausstattung für eine bessere Welt und ein wunderbares Erfolgskonzept. Egal, in welchen Bereichen du dies anwendest, es bringt dich zu dir!

Im Wahnsinn liegt ein gewisses Vergnügen, das nur die Wahnsinnigen kennen

Wieso immer im Konfliktmodus leben, das ist doch Wahn-sinn, oder? Jeden Tag in unserem Leben erleben wir wunder-volle Momente, deren wir uns nicht immer bewusst sind. Ein Tag, den wir als „normal" bezeichnen, ist voll von bedeutungs-vollen Momenten, aus denen manchmal eine sinnlose Routine wird, wenn wir sie nicht mit unseren fünf Sinnen wahrnehmen.

Das Wort „Glück" ist ein so großes Wort, dass es scheint, als könnten wir es nur in großen Ereignissen oder Erfolgen finden. Da solche sich nicht regelmäßig einstellen, nehmen wir an, dass das große Glück nur in großen Abständen zu uns kommt. Aber vielleicht setzen wir unseren Fokus einfach nur falsch – viel-leicht verbirgt sich das Glück nicht hinter dem Außergewöhn-lichen, sondern in den vielen alltäglichen Situationen, die wir oftmals einfach an uns vorbeiziehen lassen.

> *„Die Größe eines Menschen zeigt sich in großen Momenten, aber sie entsteht in den alltäglichen Situationen."*
> *(Phillips Brooks)*

Jeder Tag deines Lebens ist voll von kleinen Wundern. Aber es hat den Anschein, dass sie wegen der alltäglichen Routine oder Vorhersehbarkeit nicht zählen würden. Wenn wir sie allerdings aus einer anderen Perspektive betrachten, besitzen sie die Macht, aus dem Leben eine magische Ereigniskette zu machen. Diese wundervollen Momente, die sich uns jeden Tag bieten, warten nur darauf, von uns wahrgenommen zu werden.

Wisst ihr, viele Menschen, die ich begleite auf einem Stück ihres Weges, wollen sich spirituell weiterentwickeln, ihre Lebensgeschichte hinter sich lassen, um erfolgreich zu werden oder auch um gesund zu werden.

Manche entschließen sich, ein tief gehendes Programm zu machen, um ihre Überzeugungen anzusehen, um ihre Lebendigkeit wieder zu erlangen. Aber auch den Sinn des Lebens zu erkunden, den Sinn ihres Berufes noch einmal zu beleuchten. All das geschieht von Menschen zu Menschen und in der direkten Erfahrung, sich in ein neues Bewusstsein hineinzuentwickeln. Wo sind die greifbaren Lehrer, die authentisch leben, was sie vermitteln?

Jetzt geht es zurück zu unserem natürlichen Glauben

Den natürlichen Glauben wiederzufinden, frei von Dogmen, um frei zu werden für dein eigenes Leben. In Naturreligionen existiert keine klare Trennung von Gott und Welt, es ist ein ganzheitliches System, das sich nicht ablösen lässt. Es ist die Aufgabe der menschlichen Gemeinschaft, in Verbindung mit den göttlichen und natürlichen Kräften, dieses zu bewahren.

Die Menschen haben vielleicht vieles verlernt, was mit Glauben zu tun hat. Wie Dankbarkeit an das Geschenk Leben, die Dankbarkeit an die Existenz der Natur. Die Liebe zu Mitmenschen, die Achtung unterschiedlicher Kulturen und die Liebe zu unseren Kindern, denen wir es zumuten, auf einem Planeten leben zu müssen, den wir derzeit erschöpfen. Kinder wollen keine Kriege, sondern Frieden. In allen früheren Glaubenssystemen ist der Glaube an die höhere Intelligenz verankert.

Die Menschheit ist erschüttert im Glauben, Verwirrung besteht weltweit, wir wissen nicht mehr, wo uns der Kopf steht. Den inneren Frieden zu praktizieren, bringt Heilung und erinnert dich ans Wesentliche!

Und wenn der Mensch den Glauben verliert, dann verliert er den Glauben an die Existenz selbst.

Die Heilung mit Meditation oder die Suche nach dir selbst!

HEILUNG GESCHIEHT DIR

In einem natürlichen Weg, der Weg in die Heilung, der Weg zum „Wer bin ich?"

Meditation bedeutet, die Mitte zu finden und in die Mitte zu gehen, in den Raum, in dem wir ganz im Einklang mit unserer göttlichen Essenz sind. Dort ist es uns möglich, neue Kraft und Frieden zu finden. Meditation ist der Weg zum inneren Frieden und zu geistiger Gesundheit. Die Erfahrung, dass du geliebt wirst und ein Wesen mit ungeahnten Möglichkeiten bist.

Meditation ist das Erkennen oder Entdecken von dem, was wir wirklich sind. Wenn wir meditieren, dringen wir in unser tieferes Wesen ein und bringen den Reichtum, den wir tief in uns besitzen, zum Vorschein. Es ist ein Elixier für die Seele.

Stille zu praktizieren ist der Weg zu deinem wahren Sein.

Meditation und Medizin haben den gleichen Wortstamm – Medizin heilt den Körper und Meditation die Seele. Psyche und Körper können wieder Einklang finden – letztendlich ist Meditation zweckfreies Dasein.

„Wer bin ich, wenn Stille da ist?" „Bin ich es wert, einfach zu sein und mich mit mir wohlzufühlen, so wie ich jetzt bin?"

Nur wenn Meditation zu einem wohlwollenden Gewahrsein unserer selbst wird, entfaltet sie ihre heilende Wirkung. Denn wie kann ich in mir ruhen, wenn ich mich selbst nicht annehme?

Meditation gelingt nur, wenn unsere Einstellung zu uns selbst im Einklang mit unserer Natur ist. So müssen wir loslassen, Schicht um Schicht von dem, was an Erlerntem und Erfahrenem in uns im Weg steht, um in unsere Natur hinein zu entspannen und „nach Hause zu kommen".

Meditation ist das Erkennen oder entdecken von dem, was wir wirklich sind. Wenn wir meditieren, dringen wir in unser tieferes Wesen ein und bringen den Reichtum, den wir tief in uns besitzen, zum Vorschein. An der Oberfläche mag es viele Wellen geben, doch das Meer darunter ist unberührt. Wenn wir wirklichen Frieden, wirkliche Freude, wirkliche Liebe wollen, dann müssen wir meditieren. Wir fallen ständig Gefühlen der Eifersucht, Angst, Zweifel, Sorge, Verzweiflung und Frustration zum Opfer.

Doch wenn wir nur eine Minute Frieden erhalten, dann wird diese eine Minute – wenn es solider Frieden ist – unseren ganzen Tag erfüllen. Wenn wir anfangen zu meditieren, versuchen wir zuerst, unsere eigene innere Existenz zu erreichen – das heißt den Grund des Meeres. Dann, wenn die Wellen von der äußeren Welt kommen, werden wir nicht gestört. Angst, Zweifel, Sorgen und die ganze weltliche Unruhe werden einfach weggewaschen, da in uns solider Frieden ist.

(Sri Chinmoy – indischer Meditationslehrer)

In der Meditation fühlt man sich wie am Grund des Meeres, wo nur noch Stille und Ruhe herrschen. In seinen tiefsten Tiefen ist das Meer voller Stille. Wenn wir zu meditieren beginnen, versuchen wir zuerst, unsere eigene innere Existenz – das heißt, den Grund des Meeres – zu erreichen.

Dann, wenn die Wellen aus der äußeren Welt über uns hereinbrechen wollen, werden wir nicht davon berührt sein. Wir fühlen, dass wir der Himmel sind und dass uns all die Vögel, die vorbeifliegen, nichts ausmachen. Unser Verstand ist der Himmel, und unser Herz ist das unendliche Meer. Das ist Meditation.

Wenn wir das Gefühl haben, dass wir zufrieden sind mit dem, was wir haben und was wir sind, besteht für uns keine Notwendigkeit, uns mit der Kunst des Meditierens zu befassen. Wir beginnen nur deshalb zu meditieren, weil wir einen inneren Hunger verspüren. Wir fühlen, dass es in uns etwas Lichtvolles, etwas unermesslich Weites, etwas Göttliches gibt. Wir fühlen, dass wir genau dies unbedingt brauchen, nur haben wir im Moment keinen Zugang dazu. Unser innerer Hunger wird daher durch ein spirituelles Bedürfnis geweckt.

Meditation heißt nicht, dass man fünf oder zehn Minuten lang einfach still dasitzt. Man muss sich dabei bewusst bemühen. Der Verstand muss in einen ruhigen und stillen Zustand gebracht werden, gleichzeitig muss er wachsam sein, um alle Gedanken und Begierden abwehren zu können. Wenn es uns gelingt, den Verstand ruhig und still zu machen, werden wir fühlen, dass in uns eine neue Schöpfung zu blühen beginnt.

Wenn der Verstand leer und ausgeglichen ist und unser ganzes Dasein zu einem aufnahmebereiten Gefäß wird, kann unser inneres Wesen unendlichen Frieden, unendliches Licht und unendliche Glückseligkeit anrufen, damit diese göttlichen Eigenschaften in unser Gefäß einströmen und es auffüllen.

Wird die Meditation der Ersatz für das Gebet sein?

Konzentration heißt, innerlich wachsam und achtsam zu sein. Um uns herum und sogar in uns halten sich Diebe auf. Furcht, Zweifel, Sorgen und Ängstlichkeit sind die inneren Diebe, die versuchen, unsere Ausgeglichenheit und unseren Frieden zu stehlen. Wenn wir gelernt haben, uns zu konzentrieren, fällt es diesen negativen Kräften sehr schwer, in uns einzudringen. Wenn Zweifel in unseren Verstand eindringen, wird es die Kraft der Konzentration in tausend Stücke reißen. Wenn Angst in unseren Verstand eindringt, wird die Kraft der Konzentration sie verjagen. Im Augenblick fallen wir noch unerleuchteten, dunklen und zerstörerischen Gedanken zum Opfer, aber ein Tag wird kommen, an dem die störenden Gedanken wegen der Stärke unserer Konzentration vor uns Angst haben werden.

Sehr oft klagen Suchende, dass sie sich nicht länger als fünf Minuten konzentrieren können. Nach fünf Minuten bekommen sie Kopfschmerzen oder ihr Kopf wird brennend heiß. Und wieso? Weil der intellektuelle, disziplinierte Verstand dominiert. Der Verstand weiß, dass er nicht umherschweifen darf, so viel Weisheit besitzt der Verstand schon. Aber wenn man den Verstand richtig gebrauchen will, auf erleuchtete Art und Weise, dann muss das Licht der Seele in den Verstand kommen. Wenn das Licht der Seele einmal in den Verstand eingetreten ist, wird es spielend einfach, sich stundenlang auf etwas zu konzentrieren. Während dieser Zeit können weder Gedanken noch Zweifel oder Ängste existieren. Keine negativen Kräfte können in den Verstand eindringen, wenn er erst einmal vom Licht der Seele durchdrungen ist.

Meditation heißt auch, dass wir uns bewusst zum Unendlichen entwickeln. Wenn wir meditieren, tun wir eigentlich nichts anderes, als einen leeren, ruhigen und stillen Verstand zu betreten und uns vom unendlichen Selbst nähren und umsorgen zu lassen.

Der Prophet von Khalil Gibran sagte:
„Ihr betet in eurer Verzweiflung und Not.

Ich wünschte, ihr würdet auch beten, wenn ihr von Freude erfüllt seid und an den Tagen, die reich euch beschenken. Denn was ist das Gebet anderes als die Entfaltung eurer selbst in den lebendigen Äther hinein?

Und wenn es euch tröstet, eure Dunkelheit in den endlosen Raum zu ergießen, dann spendet es auch Freude, das Erwachen eures Herzens strömen zu lassen. Und wenn ihr nicht anders könnt, als zu weinen, wenn eure Seele euch zum Gebet ruft, dann soll sie euch trotz der Tränen wieder und wieder so lange bedrängen, bis ihr lacht.

Wenn ihr betet, dann steigt ihr empor, um in den Lüften denen zu begegnen, die zur selben Stunde ebenfalls beten und denen ihr anders als im Gebet nie begegnen würdet.

Deshalb besucht diesen unsichtbaren Tempel für nichts als Ekstase und süße Zwiesprache. Denn wenn ihr diesen unsichtbaren Tempel mit keinem anderen Ziel betretet, als zu fordern, so werdet ihr nicht empfangen. Wenn ihr nur kommt, um euch zu demütigen, so werdet ihr nicht erhoben. Und wenn ihr nur kommt, um für das Wohl von anderen zu bitten, so werdet ihr nicht erhört.

Kommt ihr aber, um der Zwiesprache willen, um der Nähe zu Gott willen, getrieben von Sehnsucht, euch selbst darbringend und all euer Tun aufopfernd, durch Liebe getragen, wird seine Gnade all eure Schritte begleiten und sein Friede auf und in euch ruhen, und sein Licht wird den Weg vor eurem Fuße erhellen. Alles Gute, worum euer Herz fleht, wird sich auf seine Weise entfalten, wenn die Zeit dafür gekommen ist.

Denn, es ist genug, wenn ihr den unsichtbaren Tempel betretet. Denn wenn ihr lauscht in die Stille der Nacht, dann hört ihr schweigend sagen: „Unser Gott, der du unser geflügeltes Selbst bist, es ist Dein Wille in uns, der will. Es ist Dein Verlangen in uns, das verlangt. Es ist Dein Drang in uns, der unsere Nächte, die Dein sind, in Tage verwandelt, die Dein sind. Wir können Dich um nichts bitten, denn Du kennst unsere Bedürfnisse, bevor sie in uns erwachen: Du bist unser Bedürfnis. Und indem Du uns mehr von dir selbst gibst, gibst Du uns alles."

Immer wenn ich dies lese, macht es mich ruhig, und der Hauch der Demut ist mir nah. Natürlich haben alle Bedürfnisse und hungern nach Liebe von außen. Wie getriebene hasten die Menschen durchs Leben.

Doch da, inmitten allem, ist diese Sehnsucht nach mehr.

Formlos, zeitlos, gedankenlos

Durch innere Sammlung und Achtsamkeit lernen wir, unsere Energie auf einen einzigen Punkt zu sammeln, und durch Meditation dehnen wir unser Bewusstsein in die unermessliche Weite aus und treten in ihr eigenes Bewusstsein ein.

In der Achtsamkeit jedoch werden wir zur Weite selbst, und das Bewusstsein der Weite gehört dann völlig uns. In der Kontemplation befinden wir uns sowohl in unserer tiefsten Konzentration als auch in unserer höchsten Meditation. Zuerst haben wir die Wahrheit in der Meditation gesehen und gefühlt, in der Kontemplation entwickeln wir uns dann zur Wahrheit und werden vollkommen eins mit ihr. Wenn wir uns auf Gott konzentrieren, fühlen wir Ihn vielleicht direkt vor uns oder neben uns. Wenn wir meditieren, werden wir bestimmt Unendlichkeit, Ewigkeit und Unsterblichkeit in uns fühlen. Wenn wir aber kontemplieren, werden wir erkennen, dass wir selbst Gott sind, dass wir selbst Unendlichkeit, Ewigkeit und Unsterblichkeit sind.

Im spirituellen Herzen zu meditieren ist die sicherste und erfüllendste Art der Meditation. Hier richten wir unsere ganze Aufmerksamkeit auf unser Herz, machen den Verstand still und tauchen tief nach innen, um immer tiefere Ebenen von Frieden, Glückseligkeit und Liebe zu erreichen.

Wir können auch unsere Vorstellungskraft zu Hilfe nehmen und uns eine Blütenknospe vorstellen, die in unserem Herzen erblüht. Während sich die Blütenblätter öffnen, werden wir fühlen, dass unsere innere Göttlichkeit unser ganzes Wesen durchstrahlt. Wir werden in den Fluss unseres Herzens eintauchen und ihm erlauben, sich in uns auszudehnen und unser Bewusstsein in die entferntesten Winkel des Jenseits zu tragen.

Wenn wir im Herzen unsere tiefste Meditation erfahren,
befinden wir uns weit jenseits aller Gedanken.
(Sri Chinmoy)

Meditation ist das Auge, das die Wahrheit sieht, das Herz, das die Wahrheit fühlt und die Seele, die die Wahrheit verwirklicht.

Durch Meditation wird sich die Seele ihrer Entwicklung in ihrer ewigen Reise vollkommen bewusst. Durch Meditation erkennen wir, wie sich die Form in das Formlose und das Endliche in das Unendliche entwickelt.

Meditation bedeutet bewusste Selbst-Ausdehnung. Meditation bedeutet, sein wahres Selbst zu erkennen oder zu entdecken. Nur durch Meditation überwinden wir Beschränkungen, Unvollkommenheiten und Gebundenheit. In der Meditation gibt es eine Flamme ständigen Strebens. Unsere Reise ist ewig, unser Fortschritt und unsere Verwirklichung sind ebenfalls kontinuierlich und unendlich, weil wir in der Meditation der Unendlichkeit, Ewigkeit und Unsterblichkeit begegnen.

Meditation teilt dir nur eines mit: Gott ist. Meditation enthüllt dir nur eine Wahrheit: Die Schau Gottes gehört dir.

In sich still zu werden, um zu sein.

Atem bedeutet Leben und ist eine der wichtigsten Methoden bei allen Heiltechniken. Atem bedeutet Energie und Lebenskraft. Atem bedeutet Bewusstheit und Präsenz. Über das Atmen wird negative Energie im Körper freigesetzt und kann umgewandelt werden.

Meditation ist ein Elixier für die Seele

Meditation ist jedoch etwas, das wir nicht erzwingen können. Sie geschieht nur, wenn wir loslassen können von Erwartungen, Leistungsdruck und dem Optimieren von Zielvorgaben. Letztendlich ist Meditation zweckfreies Dasein. Es ist kein nachbeten wie in der Kirche, vielmehr ein Beten aus dem Herzen. Die Motivation zu entstressen und endlich zur Ruhe zu kommen, kann genauso viel Stress erzeugen wie die Deadline beim Redakteur einer Zeitung. Zunächst einmal scheint sich die Katze selbst in den Schwanz zu beißen, denn wir begegnen dem Teil unseres Geistes, der sich über das permanente Schaffen und Tun identifiziert.

Innehalten kann auch mit Angst verbunden sein und Fragen aufwerfen wie: „Wer bin ich, wenn ich nichts schaffe?" „Wer bin ich, wenn Stille da ist?" „Bin ich es wert, einfach zu sein und mich mit mir wohlzufühlen, so wie ich jetzt bin?"

Nur wenn Meditation zu einem wohlwollenden Gewahrsein unseres Selbst wird, entfaltet sie ihre heilende Wirkung. Denn wie kann ich in mir ruhen, wenn ich mich selbst nicht annehme?

Meditation gelingt nur, wenn unsere Einstellung zu uns selbst im Einklang mit unserer Natur ist. So müssen wir loslassen, Schicht um Schicht von dem, was an Erlerntem und Erfahrenem in uns im Weg steht, um in unsere Natur hinein zu entspannen und „nach Hause zu kommen".

Die Meditation im Sinne von der Befreiung der femininen Kraft in uns: Hier geht es nicht um Wissen, es geht um die

Weisheit unseres Herzens. Jeder ist angeschlossen an diese Urkraft, in der Verbindung mit dem großen Ganzen.

Die vielen Techniken, mit denen du hier in Berührung kommen kannst, sind die geführte Meditation, Gehmeditation, Achtsamkeitstraining, passive und aktive Meditation, Körperreisen, die Sufi- Herzöffnungsmeditation, Naturmeditationen, Meditationen mit den Elementen in der Natur, um die Sinne zu schärfen, aber auch Kreativität wie Ausdrucksmalen, schnitzen von Holz usw. wirken meditativ und heilend.

Es wirkt prophylaktisch für das Gesundheitssystem. In dem Moment, wo Meditation eingesetzt wird, macht es uns jünger, gesünder, mental klarer, gelassener.

Menschen, die einen Herzkollaps hatten, gesunden durch Meditation.

Die Wissenschaft ist ein paar hundert Jahre alt, die Meditation ist Tausende von Jahren alt, es ist im Grunde genommen ein Erbgut. Die Rückverbindung zu den uralten Weisheiten.

Ein Auszug aus der Zeitschrift „Abenteuer Philosophie" von Dalai Lama: „Viele Menschen glauben, Meditation bedeute einfach nur, mit geschlossenen Augen dazusitzen. Diese Art von Meditation kann sogar meine Katze, sie sitzt ruhig da und schnurrt. Die Tibeter rezitieren oft so viele Mantras wie das ‚Om mani padme hum', dass sie vergessen, den Ursachen des Leidens wirklich auf den Grund zu gehen. Vielleicht rezitiert meine Katze in Wirklichkeit ‚Om mani padme hum', wenn sie schnurrt?" Mit diesen Worten zeigt der Dalai Lama wie so oft seinen Sinn für Humor, der nicht einmal vor seiner eigenen Religion zurückschreckt. Doch wie funktioniert sinnvolle Meditation?

Einige Formen der Meditation sollen einfach nur einen Zustand des Nichtdenkens herbeiführen. Sie funktionieren wie ein Schmerzmittel: Angst und Wut verschwinden für eine Weile, aber sie kommen wieder, wenn die Meditation zu Ende ist.
(Dalai Lama)

Die analytische Meditation

Die analytische Meditation kann verschiedene Themen behandeln und ist eine Möglichkeit, die Ursache von negativen Emotionen zu analysieren:

Setze dich aufrecht hin und achte auf eine ruhige und tiefe Bauchatmung. Du kannst die Augen offen oder geschlossen halten. Lenke nun deine Aufmerksamkeit auf Themen, die mit Emotionen wie Angst, Wut, Trauer oder Verzweiflung verbunden sind. Versuche nun, deine Sicht auf diese Probleme zu erweitern: Woher kommen diese Emotionen? Was davon ist begründet, was unbegründet? Wo hast du ähnliche Situationen in deinem Leben schon einmal bewältigt? Was bedeuten die eigenen Probleme in Relation mit den Problemen der Welt? Werden die Themen am Ende deines Lebens immer noch gleich belastend sein? Welche Tugenden oder inneren Stärken kannst du dadurch nun entwickeln?

Diese Reflexion wird dein Bewusstsein erheben, wird Distanz zu manchen Problemen generieren und deine geistige Immunität fördern. Im Buddhismus wird von drei Wurzeln des Heilsamen gesprochen:
1. Nicht-Anhaften
2. Weisheit
3. Mitgefühl

Durch die analytische Meditation wird die Unterscheidungskraft des Menschen, oder mit anderen Worten: die Weisheit gestärkt: Was ist wichtig? Was ist dauerhaft? Was ist die Ursache der Dinge? Dadurch entsteht auch ein gewisser Abstand zu den belastenden Themen des Lebens.

Den fortgeschrittenen meditativen Geist kann man sich wie ein leeres Gebäude vorstellen, welches durch Meditation mit Inhalten gefüllt wird, die aus dem Ursprung des Seins-an-sich kommen. Durch die treibende Kraft der immer wiederholten spirituellen Übungen erlöschen dann aber auch diese Bilder und Inhalte, zerfließen diese in ihren Ursprung. Dies ermöglicht reine, klare Erkenntnis.

Die Poesie des väterlichen Prinzips oder Gott

Das Göttliche spricht immer zu uns: Nach einer Meditation schrieb ich folgendes nieder:

„Du denkst viele Gedanken, ohne es zu bemerken? Deine Gedanken wandern hin und her. Ich bin da, und du siehst mich nicht, so beschäftigt bist du. Ich umhülle dich, kannst du mich fühlen? Dein Herz schlägt durch meine Kraft, bedingungslos erfülle ich all dein Denken aus Liebe zu dir. Ich bin's, ich atme dich immer. Meine Zeit ist grenzenlos, deine nicht. Meine Liebe bedingungslos, und deine?

Du siehst mich nicht, und doch bin da, es lebt in dir. Du speist meine Quelle und wirst satt mit jedem Atemzug. Atme und werde satt an mir. Der Atem ist Balsam für dein Dasein, deine Seele und deinen Weg.

In Verbindung mit dem Großen atmest du als Wanderer auf dieser Erde immer nur im jetzigen Augenblick. Wie du immer den einsameren Weg suchst, beginnst keinen Tag, wo du den anderen beendet hast. Ruhig und gelassen atmest du die Perle deines Lebens. Sogar wenn die Erde schläft, bin ich mit dir unterwegs. Im Traum verträumt und verliebt in das Leben selbst. Du bist wie der Samen der emporstrebenden Pflanze, und erst wenn du reifst und dein Herz übervoll ist, gibt dich das Große frei und verstreut dich im Wind. Deine Tage sind kurz, ganz gleich wie viele es werden und kürzer noch die Worte, die ich spreche. Doch danke nicht mir, sondern dem ES, das durch mich spricht.

Es spricht die allumfassende Weisheit und wird durch dich sichtbar, fühlbar und mit jedem Atemzug bin ich noch da, da auf Erden, um zu dienen.

Bin ich nicht ebenfalls nur ein Zuhörer? Ich höre dich und dein Wunsch ist mir derselbe.

Was du Intuition nennst, ist die Quelle der Mutter Erde und sie spricht durch das Element des väterlichen Himmelsprinzips mit dir als Menschen und Bewusstsein.

Und wenn meine Stimme in deinen Ohren verhallt und meine Liebe in deiner Erinnerung vergeht, dann komme ich zu dir. Und mit einem reicheren Herzen und Lippen, dem Geist noch strenger unterworfen, werde ich sprechen.

Deine Gedanken und meine Worte sind Wellen eines versiegelten Gedächtnisses, das die Erinnerung an unsere Vergangenheit bewahrt.

Du empfängst lediglich das, was alles schon da war, denn ich speichere alles, jeden Gedanken, jede Tat, all euer Handeln."

Der heilige Geist

wählt nicht aus nach vorwiegend intellektuellen Gesichtspunkten und Studienabschlüssen, wenngleich Wissen die Grundsubstanz von Weisheit ist, er wählt aus nach der Reinheit des Herzens, der Tiefe der Liebe und wahren Absicht. Dieser Humbug, der uns vermittelt wurde, dass Frauen unrein sind, kommt nicht vom heiligen Geist, sondern eher von Hochwürden. Wie man bei uns zu sagen pflegt: Der Apfel fällt nicht weit vom Stamm – dann würde ich sagen, er ist der Sohn einer Frau, die ihn großgezogen hat, gelehrt und geliebt hat. Diese Dogmen haben hoffentlich bald ein Ende.

Doch so, wie die Welt, in der wir leben, großen Umbrüchen unterworfen ist, wird auch der heilige Geist Türen öffnen und die Mauern in den Köpfen niederreißen. Und was verborgen wurde, wird ins Licht gestellt. Habt Mut und folgt eurem Herzen und eurer inneren Führung, eurer Intuition. Denn dies ist eure Zeit. Vertraut auf das Große.

Der Weg zur goldenen Mitte

funktioniert mit all seinen angewandten Lebenserfahrungen nach dem Optimierungsprinzip. Optimierung bedeutet, das Bestmögliche mit dem geringsten Aufwand zu erreichen. In der anders agierenden Maximierung wird demgegenüber immer das Höchstmögliche angestrebt. Die Optimierung ist das eigentliche Prinzip des Lebens. Sie schließt die Maximierung als Endprodukt ein, fixiert sich jedoch nicht darauf. Somit ist sie flexibel. Maximierung heißt nämlich manchmal, gegen den Widerstand zu arbeiten, sie beinhaltet die Definition von Bewertungsparametern und ist somit ein leistungsbezogener Zustand. Optimierung beinhaltet jedoch den für alle Beteiligten besten Faktor und Weg.

Emotionen wie Zorn, Hass, Wut, Nervosität führen immer in extreme Bereiche und damit aus der Mitte heraus, wo man das Ziel aus den Augen verliert. Es verhält sich ähnlich wie bei einem Blatt, welches auf einem Fluss schwimmt. Der „Weg der Mitte" bedeutet für das Blatt, mit der größten Strömung zu treiben und sich den einfachsten und schnellsten Weg zu suchen. Sobald das Blatt aus der Strömung gerät, wird es mit extremen Situationen konfrontiert. Es bleibt an Steinen hängen, wird unter Wasser gezogen oder ans Ufer geschwemmt. Am Ufer bleibt es irgendwo hängen und kann sein Ziel (z. B. das Meer) nur schwer erreichen. Der „Weg der Mitte" bedeutet also, im Fluss des Lebens zu schwimmen!

Den Weg der Mitte zu beschreiten heißt, Problemsituationen oder Herausforderungen erst anzuschauen und zu akzeptieren, anstatt sie vom ersten Moment an zu bekämpfen, sich den Problemen zu stellen, ohne dabei den Emotionen wie Angst, Wut oder Zorn nachzugeben. Dies würde entweder zu Kampf und Widerstand führen oder zu Starre und Resignation bis hin zur Selbstaufgabe. Besser ist in dieser Situation, sich dem Problem zu stellen, um göttliche Heilung und Hilfe zu bitten und sich zurück in den Fluss des Lebens zu begeben. Nicht zu kämpfen bedeutet dabei nicht, dass man nicht mit Liebe an dem Problem arbeiten darf. Ein Beispiel: Bei Konflikten sind Gespräche hilfreich. Aber Gespräche unter dem Einfluss extremer Emotionen vorzunehmen, wird meistens geradewegs an einem Kompromiss, an einer akzeptablen Lösung für beide Seiten vorbeiführen.

„Leistet dem, der euch etwas Böses antut, keinen Widerstand, sondern wenn dich einer auf die rechte Wange schlägt, dann halt ihm auch die andere hin" (Mt 5,39). Mit dieser biblischen Phrase ist doch nichts anderes gemeint als „Bleibe in deiner Mitte". Lass dich nicht durch andere, die „falsch" handeln, zu „falschen" Handlungen verführen. Vertraue darauf, dass die Aktion des anderen mit Sicherheit eine gerechte Reaktion haben wird. Dabei hilft vielleicht auch die Überlegung, dass fast alle alten östlichen Kampfsportarten Selbstverteidigungstechniken, aber keine Angriffstechniken lehren. Weil Selbstverteidigung lediglich dem Selbsterhaltungstrieb dient, wird die Reaktion auf eine derartige Aktion nie so drastisch sein wie auf einen böswilligen Angriff.

Vertraue der göttlichen Liebe und der göttlichen Führung. Höre auf die innere Stimme und achte auf die Zeichen, die dein höheres Selbst gibt. Den Weg der Mitte findet man im Ausgleich der Polaritäten. Lass dafür die eigene Weiblichkeit und die eigene Männlichkeit wie das Licht und die Dunkelheit gleichermaßen in dir zu. Offenheit bedeutet, sich keiner Seite komplett zu verschließen. Alles bietet Erfahrungen, aus denen man lernen kann. Nur wer auch die Dunkelheit kennt, erkennt den Wert des Lichtes. Doch je näher sich Gedanken, Taten und Gefühle an der Mitte bewegen, desto geringer ist die Gefahr von Widerständen und enttäuschten Hoffnungen. Die Leichtigkeit des Seins führt auf die Mitte zu. Sieht man sich selbst als das kleine Korn im Universum, als die reine Illusion, dann erkennt man, dass diese nur ein Schatten der Realität ist. Mit dieser Erkenntnis nimmt man die Extremsituationen des Lebens nicht mehr so ernst und kann vieles lockerer nehmen. Die „Leichtigkeit des Seins" kann sich einstellen, d. h. man schwimmt bzw. lässt sich im Fluss des Lebens treiben. Somit hat man den leichtesten, schnellsten und unkompliziertesten Weg für sich gewählt, nämlich das Leben in seiner ursprünglichen Form zu erfahren.

Jederzeit von Bert Hellinger

Wir sagen manchmal: Jederzeit kann etwas Unvorhergesehenes passieren. Von daher sind wir jederzeit auf der Hut und treffen entsprechende Vorsichtsmaßnahmen. Doch jederzeit wartet auf uns auch das Glück, ein uns überraschendes Glück. Seltsamerweise geht es oft an uns vorbei, weil wir uns eher mit einem Unglück befassen als mit dem allgegenwärtigen Glück unmittelbar vor unseren Augen und unseren Händen greifbar nah. Wir brauchen nur die Augen aufzumachen und vor allem unser Herz. Jederzeit (plötzlich, immer wieder mal) holt uns etwas Vergangenes ein, etwas Unerledigtes, das auf uns wartet, damit wir es zu Ende bringen.

Am Liebsten möchten wir vor ihm die Augen schließen, zu weh tut uns seine fortwährende Gegenwart. Aber das Unerledigte bleibt da, jederzeit da, weil es einen Auftrag hat, sogar eine Sendung, der wir bisher ausweichen wollten.

Die rechte Zeit holt uns nach einer Weile ein, oft unverhofft. Sie hat auf ihre Stunde gewartet. Sollen wir uns um diese Zeit Sorgen machen? Können wir sie hinausschieben? Plötzlich ist sie da, wirklich da, endlich da. Können wir uns gegen die Zeit sträuben, als läge sie in unserer Hand? Wir liegen umgekehrt in ihrer Hand, in einer schöpferischen Hand. Wie gehen wir mit dieser Zeit um, sobald sie uns einholt? Wir gehen mit ihr freundlich um. Wir gehen mit ihr offen um und für etwas Entscheidendes bereit, vor allem für einen schon längst fälligen Abschied. Jederzeit läuft unser Leben ab. Es läuft nach vorne ab, oft unverhofft anders. Es läuft anders ab, wenn wir uns besinnen auf das Wesentliche, das ansteht, das jederzeit ansteht. In der Regel ist das Wesentliche etwas Einfaches. Zum Beispiel ein offener Blick, eine Handreichung, ein offenes Ohr. Werden wir dann von etwas Unverhofftem überrascht? Es kündigt sich in unserem Inneren an. Auf einmal sinken unsere Hände. Wir setzen uns hin und warten.

Klopft jemand an? Will jemand eintreten und uns an die Hand nehmen? Ohne die Augen zu öffnen, lassen wir los. Wir spüren den leichten Händedruck, der sagt: komm.

Auf einmal fühlen wir einen tiefen Frieden. Etwas Schweres fällt von uns ab. Wir werden leicht, leicht wie ein Hauch, der mitgenommen wird in eine andere Weite: Wind mit Wind, der über weite Länder weht und nach einer Weile mit Regen zur Erde zurückkehrt. Er kehrt fruchtbar zurück, im Einklang mit der Erde, mit etwas Lebendigem, das neu ans Licht kommt. Wie?

Jederzeit.

In der Praxis ist der Weg der Mitte:

Ein bewusstes Entscheiden, d. h. Wertungsfreiheit im Denken, Fühlen und Handeln zu erreichen.

Das Heraustreten aus subjektiven Werten, Mustern, Programmen und Ritualen. Diese werden ersetzt durch die objektive Erkenntnis, um letztlich holistisch sehen und handeln zu können.

Ein aus Erfahrungen der Illusion geborener Weg, umgewandelt zum Weg des wahren Seins in dieser Inkarnation.

Der Weg des Wissenden, welcher seine Erkenntnis anwendet zum Wohle aller und damit auch seiner selbst.

Ein gesegneter Weg, da er das Umgesetzte im Verständnis der Situation erkennen lässt.

Ein gehaltvoller, tief erfahrbarer und harmonischer Lernprozess, immer spannend wie ein Kriminalroman.

Der Name/Begriff Gott/Göttin

Jemand fragte einmal Gott:
„Was verwundert dich am Menschen am meisten?" Und Gott
antwortete: „Dass er seine Gesundheit verliert, um Geld zu
verdienen, und dann sein Geld verliert, um seine Gesundheit
wiederzuerlangen. Dass er, indem er ängstlich an die Zukunft
denkt, vergisst, in der Gegenwart zu leben, so dass er weder in
der Gegenwart noch für die Zukunft lebt. Dass er lebt, als müsse
er nie sterben, und dass er stirbt, als hätte er nie gelebt."
(Autor mir unbekannt)

Gott und Göttin bilden eine Einheit und ermöglichen uns zu leben, als Menschen

„Noch heute geschehen Zeichen und Wunder – man muss nur gewillt sein, sie zu sehen und als solche anzuerkennen." Gott ist uns also wichtig, wenn man sieht, wie viele Streitigkeiten es um Gott auch gibt.

Unsere allergrößte Sehnsucht ist die Sehnsucht nach Liebe. Und wer sie in sich gefunden hat, der wird zur Quelle – und bleibt auf ewig reich. Auf ewig reich durch das Gefundene in dir – in uns. Der Glaube in dir an die Kraft des Großen? Warum denn beteten die großen Meister zu dieser Kraft der Einheit?

Wer von euch fühlt nicht, dass diese Kraft zu lieben grenzenlos ist?

Hallo oder Grüß Gott

Wir sagen bei uns „Grüß Gott", und das sagen wir oft, doch es ist uns nicht bewusst, was dies eigentlich bedeutet, wir schätzen es nicht, es wurde uns nur antrainiert. In der buddhistischen und auch hawaiianischen Kultur heißt der Willkommensgruß Aloha und Namaste. Es setzt sich zusammen aus alo (spirituelle Essenz, zusammen sein mit, ein Erlebnis teilen mit) und ha (Atem) bzw. oha (Freude, Zuneigung). Aloha im hawaiianischen Sinn meint das Teilen der inneren spirituellen Essenz mit anderen (Der Gott in mir grüßt den Gott in dir.). Es ist ein Akt des Gebens ohne Erwartung einer Gegenleistung. Namaste birgt dieselbe Bedeutung.

Also, allein, wenn du „Grüß Gott" sagst, bist du irgendwie spirituell – oder hast du nur gute Manieren? „Nice to see you" finde ich so schön aus der amerikanischen Kultur, das hört man in Österreich leider weniger.

Wieso begegnen wir uns nicht mehr so?

Wir könnten danach trachten, mit uns selbst glücklich zu sein und im Geiste des Großen zu verschmelzen – zu leben, denn dies ist unsere stärkste Kraft. Tief zu lieben bedeutet, zutiefst verbunden zu sein.

Tiefe und Klarheit der Verbindung wachsen in dem Maße, in dem Angst, Wut, Zweifel und Schuld ausgeräumt werden. Angst, Wut und Zweifel lassen negatives Kritisieren und Urteilen aufkommen. Daraus entsteht Trennung, welche die Liebe vermindert. Kritiksucht tötet Beziehungen. Mit der eigenen Anerkennung wird die Verbindung gestärkt. Der beste Weg, mit etwas glücklich zu sein ist, Anerkennung zu stärken.

Der Guru

Der Guru

Da gibt es eine Geschichte von einer Frau und deren Freundin, die gerade von einem Besuch von einem Guru aus dem Fernen Osten zurückkehrte. Wieder zu Hause, schwärmte sie unentwegt von ihm. Schließlich fragte die Frau: „Sag mir, wie viele Kinder hat dieser Mann?" Kinder! Die Frau traute ihren Ohren nicht. „Wieso, er hat keine Kinder. Er ist ein Guru. Er ist sehr weise und hoch entwickelt." „Aha, ich verstehe", erwiderte die Frau. „Na gut, und wie lange ist er schon verheiratet?" „Verheiratet?" Die Freundin schluckte. „Du verstehst überhaupt nichts. Er ist ein Guru. Gurus heiraten nicht. Sie stehen weit darüber. Sie haben kein Bedürfnis nach Sex oder romantischer Liebe oder dergleichen. Er ist sehr weise und hoch entwickelt." „Hmm." Die Frau nickte und begriff nun. „Wenn er mal heiratet und Kinder hat, dann sag ihm, dass er mich anrufen soll", sagte sie. „Und bis dahin weiß er überhaupt nichts!"

Ach, diese Geschichte ist meine Lieblingsgeschichte, denn sie brachte mich zum Lachen, und ich dachte, wie wahr, wie wahr.

Und dennoch:

Wer fühlt nicht, dass eben diese Liebe, wenn auch grenzenlos, verschlossen liegt im innersten Kern des eigenen Seins und weder von Liebesgedanke zu Liebesgedanke noch von Liebestat zu Liebestat fortschreitet?

Es gibt jene, die haben wenig und geben alles. Sie glauben an das Leben und an die Fülle des Lebens, und ihre Truhe ist niemals leer. Es gibt solche, die mit Freude geben, und diese Freude ist ihr Lohn. Und es gibt solche, die unter Schmerzen geben, und dieser Schmerz ist ihre Taufe. Und es gibt solche, die geben und den Schmerz beim Geben nicht kennen. Sie streben weder nach Freude noch geben sie Bedacht auf ihre Tugend. Sie geben, wie in jenem Tal dort, wo die Myrrhe ihren Duft dem Kosmos entgegenhaucht.

Durch die Hände dieser Menschen spricht Liebe, und aus ihren Augen lächelt die Seele.

Es ist gut, zu geben, wenn man gefragt wird, doch besser noch ist es, ungefragt zu geben, aus Verstehen. Und für den, der mit offenen Händen gibt, ist die Suche nach einem, der empfängt, eine größere Freude als das Geben selbst. Erst im Teilen der Gaben der Erde jedoch werdet ihr Fülle und Zufriedenheit finden. Doch nur wenn das Teilen mit Liebe geschieht und mit gütiger Gerechtigkeit, wird es die einen nicht zur Gier und die anderen nicht zum Hunger führen. Denn der große Geist der Erde wird nicht eher friedlich ruhen im Wind, bis die Bedürfnisse auch des Geringsten von euch gestillt sind.

Wer kann seinen Glauben von seinen Handlungen trennen, wer seine Überzeugung von dem, was ihn beschäftigt? Wer kann seine Stunden vor sich ausbreiten und sagen: „Dies ist für Gott und dies für mich selbst, dies für meine Seele und dies für meinen Körper?"

Unser tägliches Leben ist unser Tempel und unsere Religion. Wann immer wir über seine Schwelle treten, nehmen wir alles mit, was wir haben.

Der, der sich gut nennt, lernt auch das Böse kennen, die voller Liebe sind, lernen den Schmerz kennen, diejenigen, die voller Zweifel sind, kommen mit dem Glauben in Berührung.

Denn im Traum können wir uns weder über unsere Erfolge erheben noch tiefer fallen als unsere Fehler. Und wir nehmen die anderen mit uns. Denn in der Verehrung können wir nicht höher fliegen als ihre Hoffnungen und uns nicht weiter erniedrigen als ihre Verzweiflung.

Und sollten wir Gott erkennen, meinen wir deshalb nicht, die Rätsel zu lösen. Eher schauen wir uns um und werden sehen, wie Es in der Wolke geht, wie Es in Blitzen seine Arme ausstreckt und im Regen herabsteigt. Wir werden sehen, wie Es aus den Blumen hervorlächelt, aufsteigt und aus den Bäumen uns zuwinkt. Nur wenn ihr vom Fluss der Stille trinkt, werdet ihr tatsächlich singen. Und wenn ihr die Spitze des Berges erreicht habt, dann erst werdet ihr anfangen zu klettern.

Die größte Heilung liegt darin, zu definieren, an was ich glaube: Was glaube ich? Die herkömmlichen Religionen haben an Lebendigkeit verloren. So kannst du eine einfache Übung gleich jetzt machen, indem du die Augen schließt und Gott selbst fragst, ob er das so wollte.

Unsere innere Stimme ist es, die voller Liebe und voller Glauben zu uns spricht, und es ist Zeit, dass der Mensch sich auf die Suche begibt, seinen eigenen Glauben zu finden, zu hören, zu sehen, um zur Bewusstwerdung zu gelangen. Die Sache mit Gott und mir. Mache dich auf den Weg, es zahlt sich aus, weil du im Glauben deinen Sinn des Daseins findest, es dich glücklicher und vor allen zufriedener machen wird. Irgendwann kommt der Punkt, an dem du dich fragst: Ist das alles, wofür ich lebe? Genau dann kommt Gott in dein Leben, und genau jetzt kannst du die Gelegenheit nutzen, dich mit dir und deinem Leben auszusöhnen. Nicht Gott hat die Welt zu dem gemacht, was sie jetzt ist, es ist der Mensch, weil er glaubt, sie muss so sein. Es wurden viele gute Dinge erschaffen, und andere wieder sind überhaupt nicht notwendig für unser Glück.

Letztendlich werden wir krank durch verlorenen Glauben und werden heil, indem wir wieder glauben.

Darin liegt die größte Heilkraft. Wenn du glaubst, Gott hat einen weißen Bart und lange Kleider usw. an und wandelt umher, so ist diese Auffassung eine kleine Anschauung dessen, was wirklich dahintersteckt. Der Mensch trägt einen göttlichen Teil in sich, der nur Liebe ist, die pure Essenz von Liebe. Liebe heißt Gott, Leben heißt Gott, Gott ist in allem, was man sieht, man spürt, er ist da und auch nicht da. Gott ist in jeden Atemzug, der dich belebt.

Die Rück-Verbindung

Viele Denkweisen werden sowohl von Christen, Moslems, Buddhisten als auch Atheisten angewandt. Nicht die Erfüllung eines Glaubensprinzips ist das Wichtigste, sondern die Lebbarkeit bzw. die Verbesserung des eigenen Lebens sind die entscheidenden Faktoren.

Die Ansätze entsprechen in wesentlichen Teilen auch einer modernen systemischen Weltsicht, in der jeder Mensch aktiver Gestalter seiner Existenz ist. Dazu gehört auch die Gestaltung eines eigenen Weltbildes, das Finden einer persönlichen Sinngebung und die Anbindung an ein spirituelles Ganzes. Wie auch immer diese Gestaltung ausfällt, es ist eine individuelle Wahl.

Der Blick im Kinde
Zeig mir die Augen, zeig mir dein Herz.
So ist der Blick ins tiefste Innere.
Du wunderschönes Seelenlicht,
so tief, so rein, so voller Liebe!
Verletzlich wie ein junges Reh,
das ist die Kinderseele.
So stärke dich durch gute Taten,
so glaube stets an Wunder.
Habe Mut und lebe dich,
du wunderschönes Seelenlicht.
Bist du traurig und verzweifelt,
so gibt es Hoffnung alleweil.
Sei nicht so streng mit dir, sei milde.
Du bist ein Mensch und kein Gebilde.
(Andrea Maria Gschiel ©)

Vertraue dem Lauf der Natur, dein Glaube stärkt dein Vertrauen. Um Vertrauen zu stärken, öffne dich dem Lauf der Dinge und der unermesslichen Intelligenz der Natur. Das Universum weiß eben manchmal besser als wir selbst, was gut und richtig ist, vor allem, wenn es um unsere höchsten Ziele geht.

Wenn wir diesen Glauben wiederfinden, können wir auch jeglichen Kontrollwahn loswerden, wir überprüfen nicht ständig den Fortgang unserer Wünsche und lassen das „Wir-gegen-sie-Denken" hinter uns. Der einfachste Weg, diese mentalen Bürden zu überwinden, besteht darin, unser Bewusstsein so zu erweitern, dass wir unsere innere Ruhe förmlich spüren können. Dafür müssen wir uns auf die höchsten, die universellsten Ebenen unseres Bewusstseins begeben. Dies ist der Ort, an dem unsere Sehnsucht wohnt. Wenn wir gleich meditieren, werden wir unsere Wünsche der Führung durch unser universelles Selbst anvertrauen, das uns mit den Seelen aller Individuen verschmelzen lässt. Gleichzeitig übergeben wir auf dieser Bewusstseinsstufe alle Detailfragen bezüglich unserer Wünsche vertrauensvoll dem Universum. Dem können wir ruhig vertrauen, da wir unserem wahren, unserem kosmischen Selbst vertrauen können und da es die Intelligenz des Universums ist, die den Schöpfungsprozess seit jeher in seiner ganzen Vielfalt regelt und dirigiert.

Die Wahrheit ist nicht irgendwo im Kosmos zu finden, sie liegt direkt vor deiner Nase, schau dich um, das ist wahre Spiritualität. Wenn ich daran glaube, dass das Universelle immer das Beste für mich will und ich für die Gelegenheiten, die es für mich bereithält, offen bin, lass ich mich führen im Vertrauen, dass das Beste für meine Entwicklung in dem Augenblick geschieht.

Die große Frage im Zentrum deines Lebens

Eine alte buddhistische Formel lautet:

> „Glaube nichts auf bloßes Hörensagen hin.
> Glaube nichts auf Grund von Gerüchten oder weil
> die Leute viel davon reden.
> Glaube nichts auf Grund der bloßen Autorität
> deiner Lehrer und Geistlichen.

Was nach eigener Erfahrung und Untersuchung mit deiner Vernunft übereinstimmt, und deinem Wohl und Heil, wie dem aller anderen Wesen dient, das nimm als Wahrheit an und lebe danach."

Ich kann nicht wissen, wie du dich fühlst, was du alles schon erlebt hast. Deshalb mache dich auf den Weg, deine eigenen Wahrheiten zu finden. Es gibt, wie gesagt, Milliarden von Wahrheiten, und ich kann nur aus meinen Erfahrungen und Erkenntnissen sprechen. Wenn es für dich stimmig klingt, dann nimm es. Und wenn nicht, dann lass es. Denn dein Wohl ist das Wichtigste.

Dein Glaube erschafft Wirklichkeiten

und verbindet dich mit der einen Wahrheit.

Glaubenssätze sind auch nur Gedanken, und Gedanken lassen sich verändern. Also, das ist so eine Sache mit der Wahrheit, da sie sich stets verändert. Heute so und morgen so. Gibt es die Wahrheit? Jeder Glaubenssatz, der dann noch mit dem Gefühl der Liebe und der Freude gefüllt wird, bekommt Macht.

Gedanken sind machtvolle Energien, die gestalten. Durch Denkprozesse erschaffen wir bewusst und unbewusst unsere Innen- und Außenwelt. Um diese Energie zu lenken, ist es wichtig, unsere unbewussten Gedanken, Gedankenmuster und Lebensprogrammierungen zu erkennen. Das eigene Erleben wird vom persönlichen Denken bestimmt, also von dem, was man glaubt. Die Geschichte ist voller Beispiele für die Macht des Denkens in Form von Gebet, Glauben und Überzeugung, was physische Gegebenheiten, Ereignisse und Umstände verwandeln kann.

Wir reagieren als Erstes über unsere somatischen Marker. Die Frau ist ohnehin ein absolutes Sinneswesen, sofern sie sich von ihren Gefühlen nicht abgetrennt hat. Du musst von Herzen aus verändern. Verändere das Gefühl zum Gedanken, dann erhält das Gehirn andere Signale und kann transformieren. Da jeder Gedanke mit Gefühlen und Emotionen behaftet ist und nicht umgekehrt das Gehirn die Gefühle und Emotionen auslöst. Dies ist der so heiß beworbene Pfad „Geh deinen Herzensweg". Und durch die ausgesendeten, gefühlsgeladenen Gedanken erzeugst du deine Realität.

Als Buddha kurz nach seiner Erleuchtung durch Indien zog, begegnete er einigen Männern, denen etwas Ungewöhnliches an dem Mann im Mönchsgewand auffiel. So fragten sie ihn: „Seid ihr ein Gott?" „Nein", antwortete der Buddha. „Dann seid ihr wohl ein Zauberer oder ein Magier?" Wieder verneinte er. Die Männer waren sprachlos. „Was seid ihr dann?", fragten sie wieder. Und Buddha antwortete: „Ich bin wach."

Unsere Buddha-, Christus- oder Allah-Natur bedeutet Aufwachen.

Wie man aufwacht, war alles, was er lehrte. Man kann Meditation auch definieren als eine Art AUFWACHEN. Wenn du diese Kunst erlernt hast, wirst du neue Wege entdecken, um an Schwierigkeiten heranzugehen. Es wird sich in dir eine neue Klarheit und Freude einstellen. Der Schlüssel zu dieser Kunst ist die Stabilität deiner Aufmerksamkeit.

Aber zuvor muss die Heilung in dir stattfinden – die deines Geistes und deines Körpers. Je mehr Aufmerksamkeit und Konzentration du erlernst, umso besser wird deine Wahrnehmung und umso selbstzentrierter und mitfühlender kannst du dich entwickeln und auf natürliche Weise dem spirituellen Weg folgen.

Mit einer Glaubenserneuerung kommt nicht nur ein neues Beziehungsmodell, es kommt zu einer Umkehr und zu einem neuen Bewusstsein.

Alle Dinge entspringen aus Gedanken.

Leben ist Gedankenkraft in Tätigkeit.

Der Urgedanke ist Einheit

Die Einheit besteht aus Weisheit und Macht bzw. Wille. Hieraus entsteht als lebende Verbindung die Schöpfung in Liebe. Diese heilige Dreieinigkeit von Weisheit – Wille – Liebe ist eins.

Acht Schöpfungsgeister erschufen alles Sein und haben den Menschen gekleidet in die Substanz der Seelenwelt.

Ein Samen kann im Licht nicht keimen, deshalb braucht er dunkles Erdreich, um sich vor dem Licht zu schützen und wachsen zu können. Gleich dem Samen wurde der Mensch für die Unsterblichkeit geschaffen, Reinheit wurde die Eigenschaft der Seele, die es dem Menschen möglich macht, in Gottes Sphären aufzusteigen.

Die Menschenseele wird zum Licht emporgezogen durch Willen, Hilfsbereitschaft, Liebe und dem Glauben.

Wer etwas wirklich will, hat auch die Kraft, es durchzuführen, denn hinter dieser Kraft steht der Glaube. Die reine, selbstlose, große Liebe entstammt der Weisheit und dem Ganzen.

Es ist der gottähnliche Mensch, welcher als Bewusstsein und Energie den Menschen zu Wissen und Erfahrung (Weisheit) führt. Ein Mensch in der Vollkommenheit ist die Schöpfung der Krone. Die Vereinigung von Bewusstsein und Mensch ist die höchste Offenbarung der Mysterien des Lebens.

Wenn man diesen Urgedanken näher betrachtet, dann ist wohl unsere Auffassung von Glauben etwas vom Weg abgekommen. Denn unser Glaube und unsere Religion bestehen aus Glaubensbekenntnissen, die von den Religionen geprägt wurden und nicht der Wahrheit entsprechen und wohl oder übel auch verantwortlich für das Desaster der Kriege, der unterschiedlichen Behandlung von Frau und Mann, Machtmissbrauch unter dem Namen Gottes und die Ausbeutung von unser aller Mutter Natur sind. Sie sind auf alle Fälle der Ursprung von Störungen in unserem Gedankengut und unserem Verhalten.

Wenn ich den Urgedanken betrachte, dann ist es doch sinnvoll, als Mensch und Wesen, mit der Fähigkeit, eigenständig zu denken, zu kreieren und nach meinen eigenen Vorstellungen zu leben.

So ist es vielleicht Zeit, ein neues und eigenes Glaubensbekenntnis zu kreieren.

An was glaubst du? Wer hat dir verboten, an das zu glauben, was du schon bist?

Möchtest du, dass man dich sieht, hört, fühlt? Hörst du dich, siehst du dich?

Seit Anbeginn unserer Geburt ist es das größte Bedürfnis von uns, vielleicht das Allergrößte – nur weil du nicht gesehen wurdest, hast du begonnen, dich zu verstecken. Nur weil du nicht gehört wurdest, hast du aufgehört zu sprechen. Und nur weil du dich selbst nicht mehr fühlst und spürst, bist du tot. Ein wandelndes, unlebendiges Individuum, eine Maschine mehr, die hier auf Erden funktioniert. Brauchen wir das? Braucht das die Erde oder braucht das die Gesellschaft?

Jeder Mensch ist der eigene Urheber seiner „Krankheit", was auf alle Fälle auch mit dem Glauben zu tun hat. Sich dessen bewusst zu werden und die Wahrheit anzuerkennen, bedarf Mut und schickt voraus, dass jeder die Verantwortung für seinen Glauben auch übernimmt.

Anderen etwas bewusst zu machen, beginnt immer durch die eigene Bewusstwerdung. Sei Meister über deinen Körper: leicht dahergeredet, heile dich selbst.

Verbunden für immer!

Baue an der intensiven Liebe zu dir, von innen nach außen, und mache dir Gedanken über deine religiöse, spirituelle Ausrichtung! Dann beginne wirklich, an dich selbst zu glauben und sei offen für die wahren Ursachen deiner Themen, Krankheiten, was auch immer. Sei geduldig mit dir selbst, mache unterdessen Schritt für Schritt und führe die notwendigen Veränderungen in dir selbst herbei. Das Leben wird dir sowieso beistehen!

Bewusstheit ist eine simultane, multidimensionale Erfahrung der Wahrnehmung, in jedem Augenblick, auf allen Ebenen. Der Körper ist unser größtes Sinnesorgan und hat einen enormen Einfluss auf unseren Geist. Der Zustand unseres Körpers teilt uns viel mehr über unseren momentanen Zustand mit als unsere Gedanken.

Du kannst dir deiner Empfindungen immer nur im gegenwärtigen Moment bewusst sein, und sie stehen in direktem Zusammenhang mit deinem Gefühlszustand. Damit ist die direkte Verbindung zu deinem momentanen Zustand hergestellt. Wenn du dich ganz bewusst mit deinem Körper verbindest, bist du auch mit dem gegenwärtigen Moment verbunden. Bewusstheit macht aus deinem Körperdasein ein echtes, ehrliches Erlebnis. Sie schafft Sicherheit und Effizienz, von innen nach außen dringend. Wenn du bewusst aufmerksam bist, hast du Zugang zu Informationen, die du für deine Selbstheilung brauchst. Heilung im Sinne einer ganzheitlichen Sichtweise. Denn alles Innenwohnende geht in Resonanz mit deiner Umwelt, und es geht alles daraus hervor. Gutes und auch weniger Gutes. Ein Gleichgewicht und eine bewusste Körperausrichtung allein führen zu mehr Verbundenheit zu sich selbst. Man ist geerdet und zentriert in sich selbst verankert, was zu mehr Zufriedenheit führt.

Du kannst bewusst und sicher durchs Leben steuern, eine gesunde Auswahl treffen und Entscheidungen fällen, die angenehme Ergebnisse hervorbringen. Deine sensorische Bewusstheit zeigt dir an, was momentan effektiv los ist. Wähle ganz bewusst, so zu leben, dass Heilung erzeugt und stimuliert wird. Stimulation ist Bewegung, es ist die Kunst, die richtige Bewegung zu wählen, um Selbstheilung zu bewirken. Dies ist der Weg, wie wir uns auf unseren Körper einstimmen und wie wir Bewegung als Medizin einsetzen können. Wenn wir das wählen, was unserem Körper Freude und Wohlbefinden beschert, dann zeigt uns dies, dass wir bewusster und aufmerksamer werden.

Der erste Friede

Der erste Friede, der wichtigste, ist der, welcher in die Seele des Menschen einzieht, wenn die Menschen ihre Verwandtschaft, ihre Harmonie mit dem Universum erkennen und wissen, dass im Mittelpunkt der Welt das große Geheimnis wohnt.

Und dass diese Mitte tatsächlich überall ist, sie ist in jeder und jedem von uns. Dies ist der wirkliche Friede. Alle anderen sind lediglich Spiegelungen davon.

Der zweite Friede ist der, welcher zwischen Einzelnen geschlossen wird.

Und der Dritte ist der zwischen Völkern. Doch vor allem sollt ihr sehen, dass es nie Frieden zwischen Völkern geben kann, wenn nicht der erste Frieden vorhanden ist, welcher innerhalb der Seele wohnt.

Navajo

3. KAPITEL: HOLY NATURAL MEDICINE

Weisheit ist die Tochter der Erfahrung
(Leonardo Da Vinci)

Die siebte Quintessenz: Mutter Natur

Der Erlebensraum „Natur" hat sich seit jeher als besonders geeignet für therapeutische Zwecke erwiesen. Nicht nur, dass die Natur gegenüber uns völlig neutral ist. Sie ist auch ein Feld im natürlichen Bewusstsein. Ein Feld, aus dem man lernen kann, um wieder zur eigenen Natürlichkeit zu finden.

Du wirst in der Natur automatisch holistisch synchronisiert!

Für den „überzivilisierten" Menschen unserer Zeit ist die Natur geradezu prädestiniert, um Erfahrungen zu ermöglichen, die seiner Entfremdung entgegenwirken und ihn wieder rückverbinden in der Schicht des Lebens, dem ersten, sinnstiftenden Grund unseres Existierens. Dabei kommen wir wieder in Kontakt mit unserer eigenen Instinktnatur, mit archetypischen Erfahrungsstrukturen, primitiven (lat. primitivus, der Erste seiner Art) und animalischen Impulsen (lat. Anima, Seele) aus den Tiefenschichten unseres Selbst.

Die Natur ist ganz eingelassen in ihr Sein. Deshalb spricht sie auch uns Menschen an in unserem Sein (nicht in unserem Funktionieren), weckt unser Empfinden dafür, wer wir ursprünglich *sind*. Menschen sind seit jeher in die freie Natur gegangen, um für sich selbst einen solchen Freiraum unmittelbaren, nicht konzeptionellen Erlebens und Schauens zu finden. In diesem Modus einfachen, ursprünglichen Daseins kommen wir wieder in Berührung mit unserer eigenen Natur. Hier erden wir uns als einfache Menschen, erholen uns und schöpfen neue Kraft.

Der Erlebensraum Natur kann uns in ganz besonderer Weise auch dabei unterstützen, Unmittelbarkeit und Offenheit wiederzugewinnen. Im Staunen über all das, was uns draußen in der natürlichen Welt umgibt, kann die gewohnte Selbstentfremdung durch unentwegtes nachdenken in den Hintergrund treten, und unmittelbares und gegenwärtiges Dasein kann sich wieder ereignen.

Das Lebendige tritt uns in der Natur ganz direkt und unverhüllt gegenüber – das Lebendige um uns herum und das Lebendige, das wir selber sind. Innere, seelische Erlebensräume öffnen sich dabei oft auf ungeahnte Weise – die Natur berührt uns auch von innen her. Das kann einen tiefen Prozess der Öffnung für uns selbst und für das Leben einleiten, der in der Lage ist, auch unser alltägliches (Er)Leben grundlegend zu verändern. Wir bringen das Selbsterleben in der Natur in den Kontext einer dialogischen therapeutischen Beziehung bzw. in die Gemeinschaft einer naturtherapeutischen Gruppe. Genauer: Wir führen es dort fort. Hier wird die Grundlage dafür gelegt, dass es verändernde und heilsame Wirkungen entfalten kann.

Der Ansatz der Naturtherapie ist beziehungsorientiert. Die grundlegende Sichtweise ist: (Psycho)Therapie ist ihrem Wesen nach ein sozialer, ein zwischenmenschlicher Prozess, eine „einbindende Kultur", in der Menschen sich entwickeln und verändern können. Neue Erfahrungen des Selbst in der Natur draußen bewirken nur dann eine Veränderung im therapeutischen Sinn, wenn sie in ein entwicklungsförderndes Feld zwischenmenschlicher Beziehungen gelangen und sich mit emotional bedeutsamen Beziehungserfahrungen verbinden.

Kann die Natur unser Glaubenssystem erneuern?

Natürlich, denn wenn man die Verbindung der Herzintelligenz in uns einbindet, dann kann es gelingen, im Einklang mit Allem zu leben. Denn wir sind den elementaren Gesetzen angeschlossen.

Das höchste Gut, das in dir wohnt, ist deine Flamme, deine Seele, und die will raus. Das geht nur, wenn dein Körper deine seelische Konstellation aushält. Verwundet hat deine Seele vielleicht wenig Raum, aber der Funke ist noch da, diese Essenz kann dir keiner nehmen, außer du selbst ... Behutsam bringen wir diese Uressenz langsam und vorsichtig im Feld der Geborgenheit wieder zum Leuchten, indem du lernst, präsent zu sein.

Sich nicht mehr mit der Geschichte, die war, zu identifizieren, um immer wieder im Einklang mit dem Jetzt zu sein. In dieser Präsenz erschaffen wir das Morgen.

Indigene Völker

Eine interessante Lebensphilosophie von den Ältesten Hawaiis über das Zusammenleben von Menschen, mit anderen Lebewesen und der Natur. Die einzelnen Überlieferungen wurden nicht schriftlich, sondern nur mündlich formuliert und weitergegeben.

So beginnt die Selbstliebe.

Himmel – mein Vater – und ich sind eins. Gaia – meine Mutter – und ich sind eins. Alles Sein im Universum ist ein Teil von mir, und ich bin ein Aspekt von ihm. Alles Sein ist ein Ausdruck Gottes und deshalb heilig. Es ist ein Spiegelbild von mir. Wie ich mit anderen Menschen und allem anderen Sein umgehe, so gehe ich mit mir selbst um.

Die Muttergöttin Erde gehört sich selbst. Die Natur gehört allen. Persönliches Eigentum einzelner Menschen an Bereichen der Natur ist nicht im Einklang mit den kosmischen Prinzipien und den geistigen Gesetzen.

Übe keine Gewalt gegen andere und anderes aus, seien es Menschen, Tiere, Pflanzen, Mineralien oder die Natur selbst. Du schadest damit nur dir selbst. Die Integrität und Freiheit des Ausdrucks von Geist, Seele, Körper, Wollen, Sagen und Tun sowie die Würde jedes einzelnen Lebewesens sind unantastbar.

Jeder Einzelne hat dieselben Rechte und Pflichten: zu lernen, zu lehren, zu helfen und zu heilen sowie sich körperlich, energetisch, emotional, mental und spirituell zu entwickeln.

Versuche niemals, einen Gewinn auf Kosten anderer zu erzielen. Geben und Nehmen müssen auf jeder Ebene im Einklang sein.

Niemand hat das Recht, über andere in ihrer Abwesenheit (schlecht) zu sprechen und sich in die Angelegenheiten anderer einzumischen, es sei denn, er wird von diesen ausdrücklich darum gebeten. Dann hat er jedoch die Plicht, zu helfen.

Der persönliche Besitz, den sich jeder Einzelne selbst erarbeitet hat, ohne dies auf Kosten anderer getan zu haben, ist unantastbar.

Niemand darf in einen Beruf, eine Abhängigkeit, Verbindung, Partnerschaft oder Ehe gezwungen werden. Der Einzelne hat immer und jederzeit das Recht, selbst zu bestimmen, wann er etwas beginnen und auch beenden will.

Ämter, Würden und Positionen in der Gemeinschaft werden ausschließlich aufgrund von Wissen, Reife, Können, Weisheit, Wollen, natürlicher Autorität und Überzeugung erlangt.

Die Mehrheit in der bestehenden Gemeinschaft entscheidet. Sollte dies notwendig werden, geben bei Nichteinigung die Wissenden, Ältesten und Weisen den Vorschlag.

(Stelzl Huna Kompendium)

Wir sind elementar!

Vielleicht ist es mal Zeit, den Blick auf das Große zu richten, vielleicht ist es Zeit, ein neues Glaubensbekenntnis zu kreieren. Selbst in traditionellen chinesischen Therapieformen spricht man vom Feuer in der Leber, dem Wasserfluss der Blase etc.

Diese Sprache der Elemente ist wichtig auf allen Ebenen des Lebens. Auf der geistigen Ebene steht das Feuer für Inspiration, neue kreative Ideen, die Erde ist die Umsetzung, wie wir es hierher manifestieren können. Das Wasserelement steuert und zeigt dir genau an, ob du im Fluss bist, ob es für dich stimmig ist oder nicht. Das Lichtelement/Gedankengut im spirituellen Sinne steht für das Bewusstsein, im Jetzt sein, da sein, erwachsen sein.

Frei, liebevoll, dynamisch und authentisch, das ist unsere Erde, ungeschminkt und wunderschön.

Ich atme die Luft, also bin ich auch Luft, ich bestehe zu ca. 70 % Prozent aus Wasser, also bin ich auch Wasser, ich lebe auf der Erde und bin der Körper, also bin ich auch Erde, ich habe Gefühle, also bin ich auch Feuer. Ich bin alles – ich bin der Baum, ich bin aus Fleisch, so wie die Erde ist, feststofflich, ich bin Luft, vergleichbar mit der feinstofflichen Energie. Es gilt zu begreifen, dass du nicht allein bist, dass du eine großartige Möglichkeit oder Basis hast, mit unglaublichen Elementen, die dir zur Verfügung stehen, um deinen kreativen Teil hier auf Erden umzusetzen – und da sag ich bewusst kreativ, denn du hast bisher nichts anderes gemacht.

Der Glaube als Uressenz ist in uns verankert, wir werden damit geboren. Der Glaube an die Quelle, immer damit verbunden zu sein, macht das Unmögliche möglich. Es ist in der Luft, die wir atmen. Ohne Wasser, ohne Feuer kann der Mensch nicht leben. Ohne Nahrung schon, aber nicht ohne Wasser.

Alle Energien, die um uns schwirren, können wir in der systemischen Embodimentarbeit fühlbar machen, weil wir alle daran angeschlossen sind. Selbst das Glaubensmuster kann im Energiefeld des Menschen geortet werden. Durch Körpersprache, Verhaltensweisen usw...

Wie oft sagen wir: „Keine Ahnung warum, ich weiß es einfach"? Spiritualität kann wahre seelische Befreiung und Selbsterkenntnis sein. Es bedeutet, die „Quelle" in sich erkannt und wahrgenommen zu haben und den Kontakt dazu konstant beibehalten zu können. Es ist nichts weniger als das wahrhafte Entdecken der Tatsache, dass man selbst ein Teil von Gott, von der göttlichen Energie und Kraft ist und dass Gott als Ganzes sich ausdrückt in jeder Blume, jedem Stein, jedem Tier und auch in jedem Menschen.

Wir alle sind wie Mosaikteilchen in einem Pool von Energien, und wir alle leben in Ursachen und Wirkungen.

Wenn man dessen gewahr geworden ist, wie könnte man dann noch auf ein anderes Mosaikteilchen losgehen – es wäre, als würde man auf sich selbst losgehen. Was wir oft genug und auf unzählige Arten (durch Politik, Waffen, Krieg, Mord, Gewalt, Religionen usw.) leider immer noch tun.

Es gibt Menschen, die an der Existenz oder den Namen Gott im männlichen Sinne zweifeln. Sie sagen: „Wenn es Gott wirklich gibt, wie kann er dann so viel Leid und Ungerechtigkeit zulassen?" Tut er nicht, das sind wir!

Das ist die Abwälzung von Verantwortung! Weil der personifizierte Gott das ja auch nicht tut, wir erschaffen diese Welt, und wir leben mit den Konsequenzen.

Ganz logisch also

Ebenso gut könnte man fragen: „Wie kann der Mensch so viel Ungerechtigkeit zulassen? Und wieso tut sich ein Mensch selbst und anderen so viel Leid an?" Wieso stehen wir Menschen gegen das Leid und all die Ungerechtigkeit nicht endlich auf? Wieso fühlt sich kaum einer für sich selbst und seinen Nächsten verantwortlich?

Wer begriffen hat, dass er selbst ein Teil der Schöpfung ist, der stellt diese naive Frage nicht mehr, der badet nicht länger als nötig im Selbstmitleid, sondern packt selbst an und fühlt sich für die Gestaltung des Lebens selbst verantwortlich. Niemand von uns kann die eigene göttliche Verantwortung an ein abstraktes, weit entferntes Wesen delegieren, und dennoch versuchen es so viele Menschen Tag für Tag. Sie machen sich damit selbst ein Stück weit zum Opfer des Lebens und übersehen dabei, dass uns das Leben überall dort in den Hintern tritt, wo wir uns selbst verlassen. Das Leben agiert hier wie ein liebendes Elternteil, der das träge und trotzige Kind dorthin bewegen möchte, wo es sich selbst finden kann.

Und wer diese notwendige Entwicklung verweigert, der macht Bekanntschaft mit einem ebenso wahren wie schmerzhaften Prinzip:

„Den Freiwilligen führt das Leben, den Unfreiwilligen schleift es!"
(Autor unbekannt)

In jedem Fall aber drängt das Leben in uns vorwärts.

Im Atem der Natürlichkeit sein!

„Mutter!"

Mutter, Du hast mir das Leben geschenkt,
hast mich geführt,
hast mein Schicksal gelenkt.
Eh ich begriff, was des Weges da kommt,
gabst Du mir Ratschlag, das hat sich gelohnt.
Mutter, Du warst mir von klein auf stets gut und gabst
mir stets neuen Mut.
Glaubt ich oft, alle Welt stürzt auf mich ein,
Du hast gesagt: Kind,
so schlimm wird's nicht sein.
Mutter, wenn ich Dich hab oft auch gekränkt,
Du hast vergessen
mir Gnade geschenkt.
Heut bin ich da, Dir zu danken dafür und
Dich zu bitten, bleib immer bei mir.
Mutter, wer hat dieses Wort nur erdacht,
um Dich zu ehren bei Tag und bei Nacht.
Zwei kurze Silben so Großes liegt drin,

„Mutter – das Wort hat besonderen Sinn"

Ich liebe dieses Gedicht, denn so viel Wahres steckt drin.

Der Hauch des Atems (Gedanken von Hellinger)

Wer oder was hauchte mir das Leben ein?

Im Schöpfungsbericht der Bibel heißt es: Gott hauchte dem Menschen den Lebensodem ein. So wurde er lebendig, als Mann und Frau lebendig. Umgekehrt hauchen wir an unserem Lebensende diesen Atem wieder aus.

Dieser Hauch ist leise, kaum wahrnehmbar. Dennoch bewirkt er in uns das Letzte, auf das es ankommt. Von daher sprechen wir auch vom Hauch des Geistes, vom schöpferischen Hauch des Geistes, mit dem er uns inspiriert. Offensichtlich erreicht uns dieser Lebenshauch von woanders, von einer anderen Weite, von einer schöpferischen Weite.

Wir können uns vorstellen, die Welt mit allen ihren Dimensionen ist nur ein Hauch. Was wäre aus dieser Sicht der sogenannte Urknall? Nur ein Hauch, der kommt und geht, der bleibend kommt und geht.

Wie erreicht uns dieser Hauch tief in unserer Seele? Er erreicht uns sachte, oft in tiefem Schlaf. Plötzlich erfahren wir uns anders, von woanders mitgenommen in eine andere Zukunft. Verglichen mit diesem Hauch erscheint ein Sturm, so gewaltig er auch scheint, wie leeres Getöse, das kommt und geht, ohne etwas Bleibendes zu hinterlassen, außer vielleicht Trümmer. Der schöpferische Hauch des Lebens ist ein Hauch der Liebe. Dieser Hauch ist leise, doch er bleibt. Er wirkt in der Tiefe der Seele schöpferisch und bleibend, was immer die Stürme an der Oberfläche zu brechen versuchen. Nach einer Weile kehren sie zum leichten Luftzug zurück, der das Verborgene ans Licht bringt, das uns im Tiefsten trägt und hält. Die ins Ohr geflüsterte Liebe geht zu Herzen, im Gegensatz zum lauten Bekenntnis. Sie geht in die Tiefe und bleibt.

Die Frage ist: Was ist mit dem ausgehauchten Atem des Lebens nach unserem letzten Zug? Kann er sich auflösen? Kann er vergehen? Oder wirkt er anderswo weiter, bleibend weiter? Ist unsere Seele ein solcher Hauch, der kommt für eine Weile und nach unserem Tod woanders einkehrt, auch für eine Weile, und erneut aufersteht in einem anderen Leib? Ist unsere Seele ein solcher Hauch von weit her, reich an Erfahrungen mit Höhen und Tiefen, auf einer langen Wanderschaft?

Wenn wir uns diesen Gedanken öffnen, wie viel reicher erfahren wir uns? Wie viel reicher erfahren wir viele andere, an denen wir vordergründig Anstoß nehmen, obwohl sie alte Seelen sind, unseren vielleicht in vielem voraus? Also öffnen wir uns diesem Lebensodem. Wir lassen uns von ihm mitnehmen an jenen Anfang des Lebens, das unvergänglich mit ihm begann, leise begann, und das in uns und über uns weiterwirkt, noch immer der gleiche Hauch ohne Ende.

Wir atmen mit ihm, ihm hingegeben auf und ab, von ihm allein getragen, bleibend getragen, leicht getragen, leise getragen, mit ihm und allem immer eins.

Es gibt viele Gründe: Da haben wir die für uns so wertvollen Botenstoffe. Die Natur ist nicht bewertend. Alle Elemente sind vorhanden, genauso, wie unser Körper aufgebaut ist. Weil wir über die Natur unseren natürlichen Zugriff kriegen zu dem, wie wir gedacht sind, durch unsere organische Zusammensetzung.

Der Zyklus der Natur, die Jahreszeiten, sind wesentlich für uns Menschen. Es ist der leichteste Weg, in diese Glücksgefühle oder dieses Einssein mit allem einzutauchen. Sie ist für uns der leichteste Lehrer und der größte Heiler. Das Einzige, was wirklich spirituell auf dem Planeten Erde existiert, ist die Tierwelt und die Natur, wenn man schon von Spiritualität spricht. Sie ist verbunden mit der höheren Intelligenz und somit immer für Wachstum bereit, und nur durch das Eingreifen des Menschen in die Natur, durch das Verbiegen, Zerstören, Unterdrücken, und Ausbeuten, ob unbewusst oder bewusst, verschieben sich die Grenzen, und genauso verschieben wir uns.

Zwei Wege oder effektive Werkzeuge zur Transformation: Das Wissen und die Entdeckung von mir, um einerseits die Systeme zu verstehen und andererseits, wie ich bin.

Die Rückverbindung mit der Natur, wiederum einerseits mit deiner wahren Natur und andererseits wortwörtlich mit der Natur.

Die Hochkultur und
ihre Auswirkung auf die Erde

Jede Generation lebte bisher mit der unausgesprochenen Gewissheit, dass andere Generationen folgen würden. Jede/r konnte zweifelsfrei davon ausgehen, dass ihre bzw. seine Kinder, Kindeskinder und die noch Ungeborenen auf der gleichen Erde, unter dem gleichen Himmel weiterleben würden. Notzeiten, Niederlagen und individueller Tod waren eingebettet in die übergeordnete Gewissheit, dass es eine Zukunft gibt. Eben diese Sicherheit haben wir nun verloren, ganz gleich, ob wir dem Militär oder der Friedensbewegung angehören, und dieser Verlust, unmessbar und unermesslich, ist das Kernstück unserer gegenwärtigen psychischen Realität.

Wenn wir uns anschauen, was wir Menschen unserer Welt antun, reagieren wir darauf mit verschiedenartigen Gefühlen: Angst und Schrecken bei dem Gedanken an das Leiden, das auf uns und auf die, die wir lieben, und auf andere zukommen wird. Wut, ja, rasender Zorn, darüber, dass uns ein so sinnloses und vermeidbares Ende der menschlichen Existenz droht, Schuldgefühle, denn als Mitglieder dieser Gesellschaft sind wir an der Katastrophe beteiligt und von dem Gedanken verfolgt, wir müssten doch in der Lage sein, sie abzuwenden. Mehr als alles andere fühlen wir Trauer. Mit einem so weitreichenden und endgültigen Verlust konfrontiert zu sein, verursacht eine kaum in Worte zu fassende Trauer.

Jahresrückblick 2019

Brennende Wälder auf allen Kontinenten, rasante Erwärmung in der Arktis und das Scheitern der Klimadiplomatie.

Ich wünschte, die Bilanz über die Klimaentwicklung und -politik dieses Jahres würde hoffnungsvoller ausfallen. Aber die Klimakrise entlässt niemanden in eine friedliche Zukunft. Für die Menschen in manchen Regionen ist sie sogar in diesem Moment existenziell.

Wir blicken zurück auf ein Jahr großflächiger Brände und einer rasant auftauenden Arktis, und zwar in einem Tempo, das bislang niemand vorausgesehen hat. Gleichzeitig blicken wir zurück auf das Nichthandeln einer Weltgemeinschaft, die sich eben klimapolitisch kaum noch als Gemeinschaft verhalten will. Nationale und Kapitalinteressen werden ganz offensichtlich über die kleinsten Bemühungen um Klimaschutz gestellt. Wissenschaftlerinnen und Wissenschaftler, die immer deutlichere Botschaften aussprechen, was dem Planeten Erde, aber vor allem den ihn bewohnenden Menschen droht, werden nicht gehört. Aber wir können den Kopf nicht in den Sand stecken, denn auch der Sand wird eines Tages zu heiß dafür sein.

Damit Kriege in Zukunft der Vergangenheit angehören, muss der Mensch zuerst sich selbst wandeln. Außerdem hängt alles vom einzigen Vorteil ab, den Friedenskämpfer den Kriegstreibern voraushaben – und das sind reine Zahlen. Wenn weltweit genug Menschen für Frieden eintreten, können Kriege aufhören. Dafür muss so etwas wie eine kritische Masse entstehen. Eine solche war in der Vergangenheit nötig, um Elektrizität oder fossile Brennstoffe zum Siegeszug zu führen. Auch Ideen wie die Evolution oder Religionen brauchen eine kritische Masse von Anhängern, um sich durchzusetzen. Wenn die Zeit reif ist und die kritische Masse groß genug ist, kann die Welt verändert werden. Kann eine kritische Masse von Menschen auch Kriege beenden und Frieden schaffen?

Es gibt sogar Beispiele aus der Geschichte, die uns dies glauben lassen. Mahatma Gandhi berief sich auf das indische Ideal der Gewaltlosigkeit. Aber eigentlich besagt jede Religion oder spirituelle Tradition, dass Frieden erst in die Herzen der einzelnen Menschen Einzug halten muss, bevor er die Welt ergreifen kann. Die Idee des persönlichen, des inneren Wandels als Weg zu Frieden verdient also durchaus eine Chance.

Inmitten dieser großen Herausforderungen sind wir aufgerufen, in die nächste Phase der evolutionären Geschichte einzutreten. Diese neue Ära benötigt einen Bewusstseins- und Wertewandel – eine Erweiterung unserer Weltsichten und Ethiken. Der evolutionäre Lebensimpuls bringt uns weiter, von der Sichtweise unserer selbst als isolierte Individuen und konkurrierende Nationen hin zur Wahrnehmung unseren kollektiven Präsenz als Spezies, die über eine gemeinsame Ursprungsgeschichte und ein gemeinsames Schicksal verfügt. Die menschliche Gemeinschaft hat jetzt die Fähigkeit, inmitten der enormen Vielfalt die uns innewohnende Einheit wahrzunehmen. Und vor allem haben wir die Möglichkeit, diese Einheit als Ergebnis der Dynamik des evolutionären Prozesses selbst zu sehen.

Wir leben auf einer wunderbaren Erde, und doch scheint es mir, dass die Menschen unglücklicher werden. Medikamentenmissbrauch etc., wo ist unser natürlicher Glaube?

Wir sind Geschöpfe der Erde und unser Energiepotenzial haben wir mitgebracht, um den Planeten zu unterstützen, dass die Botschaft, die du hast, zum Ausdruck kommt. Dass du Gefühle leben kannst, lieben, tanzen, sprechen, singen.

Wandlungsraum Natur

Es geht uns alle etwas an

Eine Erkenntnis des Berichts der IPBES war, dass die Natur, welche von indigenen Menschen und lokalen Kommunen verwaltet wird, üblicherweise in besserer Gesundheit ist als jene Natur, welche von Nationen oder Konzernen verwaltet wird. Sagte: Joji Cariño, eine leitende Politikberaterin beim „Forest Peoples Programme", eine Menschenrechtsorganisation.

Mindestens ein Viertel der globalen Landfläche wird genutzt, besetzt oder gehört traditionell indigenen Völkern. Doch ihr Landbesitz und andere Rechte werden nicht von allen Ländern verteidigt, noch werden ihr tiefes Verständnis des Landes und ihre Werte in Gesetzen und Entscheidungen von Regierungen miteinbezogen. „Das muss sich ändern" – so wurde es in der Gesamtbeurteilung vermerkt.

„Indigene Völker sind Schlüsselpartner in der globalen Transformation!"(Joji Cariño)

Was kreieren wir? Wir machen es gemeinsam unmöglich, dass nur mehr zwei Generationen leben können. Doch unsere Vorfahren schauten immer, dass mindestens sieben Generationen überleben. Das heißt, deine und meine Enkel haben schlechte Chancen, dieses Chaos zu überleben – und wenn doch, wie?

> *„Erst wenn der letzte Baum gerodet,*
> *der letzte Fluss vergiftet*
> *und der letzte Fisch gefangen ist,*
> *werdet ihr merken,*
> *dass man Geld nicht essen kann."*
> *(Weissagung der nordamerikanischen Cree)*

Es ist unsere Natur, mit der innewohnenden Natürlichkeit zu schwingen. Wir müssen lernen, sie zu schätzen, zu behüten, und vor allem, sie zu lieben. Warum sind alle großen Propheten gereist und hielten ihre Reden auch viel im natürlichen Raum ab? Nicht in der sogenannten Sonntagsschule, in Schulen und Unis, nein, der natürliche Fluss beginnt im Wandlungsraum Natur.

Rupert Sheldrake sagt in seinem Buch „Spiritualität": Der Mensch hat eine in sich tief sitzende Beziehung zur Natur. Diese Beziehung prägt die Bewegung, die Wahrnehmung, die Begegnung und letztlich die Erfahrung und die Wirklichkeit in der Natur. Denn im Raum des Natürlichen findet alles systemisch statt, von ganz allein in ihrer Wildheit und Schönheit. Dies ist lebensbejahend und somit heilend zugleich.

In der Natur ist es uns möglich, der Freiheit Ausdruck zu verschaffen, im Lauf des Seins zu verweilen, zu atmen, immer in Bewegung als Beobachter der Symphonie der Elemente.

Systemisches, naturtherapeutisches Arbeiten ist allerdings nur aus einer bestimmten Haltung heraus wirksam. Die Sehnsucht, die im Prozess des Selbstbewusstwerdens sichtbar wird, ist die nach Natur, Naturmystik, der Weltseele, nach holistischem Denken.

Die Natur ist eine Co-Therapeutin für dich

Ich bin keine Lehrerin im schulischen Sinne, und doch scheint es mir, als brauchen die Menschen wieder Naturkundeunterricht im wesentlichen Sinne. Wir sagen, wir lieben die Natur – warum handeln wir dann so?

Die äußere Natur bringt dich zu deiner inneren Natur, sie wirkt als Co-Therapeutin, bietet dir einen geschützten Rahmen, in dem deine Sinne geweckt werden, deine Wahrnehmung sensibilisiert wird und alles sein darf, was ist. Die Objekte, die du findest, versinnbildlichen symbolhaft, was dein Innerstes ausdrücken will. Sie sprechen eine Sprache, die Worte manchmal nicht ausdrücken können.

Die Balance zum Glück

Die Erde ist der Ort, auf dem sich unser physisches Leben abspielt. Die Erde ist Materie, verdichtete Energie. Auf uns Menschen bezogen entspricht das Erdelement dem Körper. Ohne den Körper wären wir Geistwesen, die ohne Zeit und Raum, ohne Materialisierung leben könnten.

Jede Materie, sei es dein Körper, ein Baum, ein Stein oder ein Tier, ist eine Ansammlung von wirbelnden Atomen, die Moleküle bilden. Moleküle und Atome sind ständig in Bewegung. Diese Bewegung erzeugt Schwingungen. Da jeder Körper eine unterschiedliche Molekülstruktur aufweist, schwingt jeder anders. „Der ist nicht auf meiner Wellenlänge", sagen wir zu jemandem, der zu verschieden von uns ist.

Da wir jetzt wissen, dass alles um uns schwingt, gibt es nichts Naheliegenderes, als dass wir im Besonderen auf unsere Umgebung, auf unsere Umwelt achten müssen. Nicht, dass wir sie nur beschützen. Wir müssen darauf achten, ob diese Schwingungen unsere Eigenvibration unterstützt und heilt oder behindert, hemmt und krankmacht.

Unser Erdelement ist gestört, wenn wir uns ungesund ernähren, uns zu wenig erholen, zu wenig schlafen, zu wenig Feuerenergie ins uns aufnehmen.

Unser Erdelement wird gestärkt, wenn wir unseren Körper ausreichend bewegen, ruhen lassen und mit ausgewogener Ernährung versorgen. Dazu gehören auch noch die richtige Wahl des Wohnortes, des Wohnumfeldes und die Bewahrung einer gesunden Umwelt.

Achtest du auf deine Ernährung, Bewegung, Ruhe, Wohnort und Umwelt, kannst du die Schwingungen dieser fünf Ebenen harmonisieren. So erreichst du Glück und Gesundheit.

Das Besondere aber an der Erde ist, dass sie sich immer selbst erhalten, regenerieren, reinigen und stärken kann. Dies natürlich nur im Einklang mit allen anderen Elementen. Darin liegt die reinigende Wirkung der Erde. Sie baut verwesende Schadstoffe ab und bildet daraus fruchtbaren Mutterboden, den Humus, auf dem eine Vielfalt von Pflanzen und Lebewesen gedeihen kann.

Was sagt uns diese Urkraft der Erde?

Wenn wir auf uns achten, werden auch wir aus unserem Inneren wachsen. Das Element Erde steht im Irdischen für Materie, Geld, Besitz, Körper, Nahrung und im Geistigen für Festigkeit, Schwere, schützende Dunkelheit, Geborgenheit, Mütterlichkeit, für das Dauerhafte, das Bodenständige, das Wachsen und Gedeihen. Erde bezieht sich also auf die Materie, auf den festen Stoff, auf die niedrig schwingenden Substanzen: z. B. Mineralien, Steine, Kristalle u. a., aber auch auf Holz, Metall, Erdboden, Staub, Fleisch, Blut, pflanzliche Substanzen u. v. m.

Wollen wir das Element einem Menschentypus zuordnen, so ist dies der Melancholiker. Typisch für diesen Wesenszug ist das Verhalten-Sein, die Fixiertheit, das Nicht-lösen-Können, nicht loslassen können. Und dies haben wir doch alle in uns.

Die Urqualitäten der Erde sind trocken und kalt. Die oben genannte Ausprägung ist einem Zuviel an Trocken zuzuordnen. Doch wohnt einem Menschen auch das Kalte des Wassers inne. Die Stille und Ruhe des Wassers ist nicht die gleiche Unbeweglichkeit wie die starre Haltung der trockenen Erdhaftigkeit.

Das Warme der Luft wohnt einem Erdenmenschen ebenso inne. Luft steht für Bewegung, die Kraft des Feuers für Veränderung. Hier wird die Harmonisierung aller Elemente ganz deutlich.

Konzentriere dich wieder einmal auf die Erde und fühle die Struktur. Ist sie erdig, sandig, saftig, kalt, warm, fruchtbar? Sind deine Wurzeln gesund, fest und tief?

Jeder Mensch braucht einen Baum der Erkenntnis, zu dem er immer wieder geht. Er befindet sich in jedem Wald, oder wo du dich magisch hingezogen fühlst. Dort ist dein ganz spezieller Baum der Erkenntnis zu Hause.

Ich habe einen ganz speziellen Platz gehabt für die Heilung der in mir wohnenden Traumata. Dieser Platz war sehr versteckt im Wald. Immer wenn mein inneres Kind auf der Bühne des Lebens auftauchte oder es mir bewusstwurde, dass es sich hier um eine Verwundung aus meiner Kindheit handelte, ging ich zu diesem ganz speziellen Platz.

Der Platz hatte eine Formation von jüngeren Baumwesen, er war ein kleinerer Kreis (gar kein Vergleich zu meinem Baum der Erkenntnis oder meinem Meditationsbaum, der eher sehr groß war und wo die Bäume in einem Kreis hoch emporragten, mit einer Futterkrippe dazwischen), eher unspektakulär, unsichtbar, für vorbeikommende Menschen nichts Auffälliges oder Besonderes. Vielleicht aus diesem Grund, weil ich mich als Kind genauso gefühlt habe. Er war in einem Bereich vom Waldgebiet, der zwar auf meiner Route lag, aber eben versteckt. Ich habe dann aus dem Wald lauter Steine zusammengetragen, mit denen ich einen Kreis zog, und machte somit einen Schutzkreis. Er war mit Moos bedeckt, und dieses Moos hatte auf mich eine besondere Wirkung. Dieses völlig zarte, zerbrechliche Kindliche in uns. Die Betrachtung dieses Mooses war faszinierend, wie unglaublich schön diese verschiedenen Moosarten wirkten, so ganz zarte perfekte Pflanzenwesen.

Und manchmal glitt ich einfach nur mit meiner Hand ganz, ganz vorsichtig darüber, als wenn ich es beschützen müsse und ich mich beschützen müsse, diesen feinen und immer noch unberührten, göttlichen Teil in mir. Allein die Berührung löste oftmals Tränen aus und gleichzeitig die Erinnerung an die eigene Sanftheit und Verletzlichkeit. Und genau auf diesem Platz habe ich die Aussicht gehabt auf kleine verspielte Hügel, was mir oftmals ein Lächeln aufs Gesicht zauberte. Und wieder die Erinnerung, dass der Wald schon immer meine Heimat und mein Spielplatz war.

Ein integratives Verfahren als theoretische Grundlage in der systemischen Naturpädagogik

Die integrative Therapie hat sich diesem Thema in besonderer Weise zugewandt. Der Wald dient ihr dabei neben anderen therapeutischen Wegen und Medien. Er vermittelt Menschen intensive Körpererfahrungen, ein positives „ökopsychosomatisches Erleben". Seine erfrischende Kühle steht gegen Überstressung und Überhitzung, seine Ruhe fördert Seelenruhe, seine Tiefe erschließt die eigene Tiefe, seine Fülle macht reich. Wald ist Gemeinschaft, Verbundenheit und macht deutlich, was uns so oft fehlt.

Hier bist du im Raum von Geborgenheit und Mystik.

Für ein vertieftes Verständnis der naturtherapeutischen Bedeutung des Waldes orientieren wir uns daran, dass er Sinnbild für das Paradies, aber auch für das Wilde, Dunkle, Verbotene ist. Das Paradies meint hier nicht nur die Seite des Schönen, sondern steht auch als Inbegriff für lebendige, gleichgewichtige Fülle, die in einem steten Prozess von Sterben und Neugeburt vielgestaltiges Leben hervorbringt. Es ist ein pulsierender Schöpfungsraum, in dem organische und anorganische sowie feinstoffliche Lebensformen friedvoll miteinander existieren, sich verschlingen und gebären. Wem es gelingt, die paradiesische Dimension des Waldes zu erreichen, der wird eingebunden in einen umfassenden Lebensreichtum. Da der Wald aber auch für das Dunkle, Wilde und Verborgene steht, bewirkt er – ehe er sich von der paradiesischen Seite zeigt – Resonanz mit dem Dunklen, Wilden, Verbotenen. Er ist somit der prädestinierte Raum für die Entdeckung, den Kontakt und die Integration von Schattenaspekten, dem Nicht-Gesehenen, Vergessenen, Ausgeblendeten. Wer über die therapeutische Schwelle in den Wald tritt, dem werden viele Monster über den Weg laufen, die es zu zähmen gilt. Das Hauptmotiv ist hier ohne Zweifel der Prozess der Zusichnahme, der Weitung der eigenen Lebensgeschichte. Weil Integrationsprozesse nahezu in allen therapeutischen Prozessen nötig sind – und sei es nur in Balance zu einem im Mittelpunkt stehenden Abreagieren –, ist der Wald ein überaus hilfreicher Ort.

Dann der Waldrand, auch hier lohnt es sich, ein wenig zu verweilen, weil er im hohen Maß das Prinzip des Zwielichtigen, des Grenzwertigen vertritt, das den Menschen gleichermaßen lockt und abschreckt. Der Waldrand ist ein Raum, der Licht und Dunkel trennt und verbindet, ein Raum des „Verbotenen". Dorthin ziehen sich Liebespaare zurück, dort treffen sich Jugendliche, um ihre Alkohol- und Haschischreife auszutesten, dort werden alte Kühlschränke und sonstiger Müll abgeladen, aber auch Prostitution und Gewalt finden dort statt. Warum gerade dort? Vielleicht in der Hoffnung, dass das Dunkel des Waldes alles verdeckt, verschluckt? Vielleicht in der Annahme, dass der markante natürliche Grenzraum dabei unterstützt, die eigenen Grenzen auszuloten und zu überschreiten?

Wer in den Wald geht, muss auch diesen Raum, den Grenzraum des „guten Geschmacks", durchschreiten. Welche Themen sich da wohl ins Bewusstsein hieven oder geflissentlich übersehen werden können?

Angenommen, man hat all das gut überstanden, die Ambivalenz und das Zwielicht, dann taucht man in den Wald ein, der als das Wilde und Dunkle eine ideale Bühne für biografisches, archetypisches, mythologisches Material darstellt. All das macht sich hemmungslos über den Zuschauer her und verwandelt ihn, ehe er sich versieht, in eine Hauptfigur. Plötzlich nimmt der Schatten Gestalt an, verlangen seltsame Wesen ihren Tribut, müssen Prüfungen bestanden werden. Ganz konkret betrachtet ist der Wald ein Raum, dem es an klaren Horizonten fehlt, der uns durch seine Vielfalt ohne räumliche Begrenzungen in eine Erfahrung der Orientierungslosigkeit wirft. Der Wald ist eine Naturerfahrung, die uns den freien Blick auf den Himmel, den Weitblick im Allgemeinen und Bezugspunkte zur Ausrichtung versagt. Zugleich konfrontiert er uns aber mit einer unsagbaren Vielfalt, mit einem komplexen Zusammenspiel elementarer Kräfte, mit der Fülle des Lebens, in dem alle Schichten des Daseins gleichgewichtig zusammenkommen können, mit seiner paradiesischen Seite, die für Wachstum und Wandlung sorgt.

Der Wald ist also Schreckensort und gleichsam Paradies, er kann uns verschlingen oder uns in uns selbst, in unsere Mitte schleudern, von der aus sich neue Ordnungen auftun. Hin zu dieser heilenden Mitte führt aber oft ein dorniger Weg durch die Projektionswelt für Unverdautes. Und so ist der Wald zwischenzeitlich auch das Reich der Schatten, oder anders formuliert, das Reich, das verdrängtem, nicht gelebtem Leben Ausdruck verleiht. Neben den Integrationsschritten aktiviert die Vielfalt bei gleichzeitiger Horizontlosigkeit nicht selten einen elementaren Instinkt, der Klienten oft zu scheinbar seltsamen und doch höchst sinnvollen Handlungen bewegt. Da kann es vorkommen, dass tiefe Erdgruben, Nester, Hütten gebaut werden, dass manche nicht mehr vom Feuer wegzubringen sind, andere immer wieder und wieder auf der Suche nach Feuerholz ihre Kreise ziehen. Viele Beispiele zeigen, dass solch beinahe zwanghaft erscheinendes Verhalten einen tiefen Zweck erfüllt: Hier holt sich der Organismus, das Wesen, ganz elementar, was ihm zur Ganzheit fehlt.

Die vielen Möglickeiten mit: Walk your Talk

„Der ist ein Arzt, der das Unsichtbare weiß, das keinen Namen hat, keine Materie und doch seine Wirkung."
(Paracelsus)

Der menschliche Körper besitzt ein Energiesystem. Das Energiesystem reagiert auf elektromagnetische Einflüsse.

Es ist bereits bewiesen, dass das Herz eine Intelligenz besitzt und eine fünftausendfach stärkere Wirkung hat, als der mentale Geist (Gregg Braden). Wir reagieren auf unterschiedliche Frequenzmuster. Z. B. auf Personen, Orte, Familien, Nahrung, etc. kann das Energiesystem jeweils unterschiedlich reagieren.

Wir leben aus dem Feld, und somit sind wir das Feld.

Belastungen sind im Energiesystem herauszufinden, die Störungen sind zu korrigieren. Die systemischen Hintergründe, oder auch Ahnenmuster und Glaubensmuster, sind allesamt gespeichert und können erkannt werden aus der „Informationsmedizin" deines Körpers. Daher werden die Begriffe Energiemedizin und Informationsmedizin häufig parallel verwendet.

Demnach sind alle Informationen der Körperhaltungen ein Ausdruck einer Kompensation von Mangel, Unterdrückung oder Frustration. Aber auch die vielen guten Programme laufen im Hintergrund. Die Blockaden oder jegliche körperliche Unbeugsamkeit entsprechen einer psychischen Starre.

Schon eine einzelne Zelle weiß – wenn auch auf unbewusste Weise –, was für sie gut oder schlecht ist, nützlich oder schädlich. Dieses unbewusste Wissen nenne ich Empfindung oder Gefühl, und dieses Gefühl ist Sehnsucht. Es ist Sehnsucht nach Sein, nach mehr Sein, nach Leben wollen, fortexistieren wollen. Und man könnte dieses Gefühl auch als die Seele eines Lebewesens bezeichnen, als sein Inneres. Und dieses Innere, die Seele also, befindet sich nicht eingemauert in einem Gehäuse, das wir Körper nennen, sondern der Körper selbst ist der Ausdruck dieses Inneren. Das Innere ist also nicht etwas Unsichtbares, Spirituelles, etwas abstrakt Abgehobenes, sondern Gefühl, das sichtbar geworden ist im Körper.

Der Ausdruck der gesamten Biosphäre kann zu unserem Gefühlsraum werden. Emotionen artikulieren wir immer noch in elementaren Metaphern: Liebe ist heiß, Wut kocht, Zorn grollt wie der Donner, die Seele dürstet. Und ebenso emotional erleben wir die Elemente: Da ist die milde Frühlingsluft, das zornige Gewitter, die duftende, stechende Rose.

Im Leben des Baumes erfährt der Mensch Kräfte, die er aus sich selbst kennt. In der knorrigen Eiche, im wehenden Gräsermeer stecken ebenso viele Schichten des Erlebens wie in mir selbst, wenn ich etwa meine Ausdauer spüre, meine Wehmut.

Durch das sogenannte „Körperlesen", was lediglich der Beobachtung bedarf, um bewusst durch dieses Wahrnehmen deinerseits die Information zu registrieren, erhältst du vom Körper, vom Geist und von der Seelendynamik deine Informationen. Dies passiert im Stehen, um eine genauere Wahrnehmung zu erfühlen. Genau jetzt werden muskuläre und energetische Blockaden sowie die dadurch zurückgehaltenen Impulse und Gefühle erkannt und durchgefühlt. Sie werden solange bewegt, bis eine Erleichterung stattfindet. Durch die Bewegung kommt der Energiefluss zurück, durch das Wahrnehmen und Erkennen findet Heilung statt, die du selbst in Gang bringst. Ist das nicht wunderbar? Ausatmen-Bewegungen werden analysiert, denn die wichtigste Affektsperre ist die Atemhemmung. Die Qualität des

Bodenkontaktes wird ebenso erfasst. Dabei handelt es sich um ein wichtiges Prinzip der Shep-Technik. Durch das STEHEN („grounding", erden) soll das Erregungsgeschehen im Körper mit der Erde verbunden werden. Denn wer in seiner körperlichen Realität verwurzelt ist, steht mit sich selbst, seinen Mitmenschen und seiner Umwelt in Beziehung und nimmt auch körperlich wahr, was mit ihm und um ihn herum geschieht.

Durch die direkte Arbeit am Körper können Blockaden beseitigt werden. Methoden aus der altindigenen Sichtweise, die wieder aktuell sind, sind schütteln, stampfen, wippen, tanzen, singen, schreien u. v. m. Denn sie sind einfach, effektiv und dienen dazu, den „Körperpanzer" oder Schmerzkörper zu lockern. Dadurch kann der physischen Befreiung eine emotionale Befreiung folgen. Beuge- und Streckübungen, tiefes Atmen, Tret- und Schlagübungen kommen zum Einsatz, um Wut, Zorn, Lust und Freude freizusetzen. Diese Art der Körperarbeit klingt nach Schweiß und Anstrengung, doch nein, es macht Spaß und ist obendrein erlösend. Für dich bedeutet ein heilsamer Umgang mit Widerständen, sich mit diesen zu identifizieren, um die durch die Körperarbeit auftauchende, darin enthaltene Botschaft zu verstehen. Dadurch entwickelt sich so etwas wie Wertschätzung für die eigene Tapferkeit und Kreativität, womit versucht wurde, schwierige Situationen zu meistern. Du lernst anfangs mit Hilfe, aber doch aus eigener Kraft, aus dem herauszufinden. Das benötigt ein bisschen Zeit. Weder kann der Prozess künstlich beschleunigt noch können notwendige einzelne Schritte dabei ausgelassen werden. Deshalb, und da stets in die organismische Selbstregulation von dir vertraut wird, gilt hier das Motto: „Let it flow".

Wenn jemand über Blockierungen oder Schmerzen im Beckenbereich klagt, so biete ich Körperübungen an, um die Anspannung in diesem Bereich ein wenig zu lockern, ein Stück weit zu entkräften, um dann den Körper das tun zu lassen, was er möchte.

Wenn du und dein Körper über die Wahrnehmung in Kontakt

bleiben, mit allem, was gerade vor sich geht, mit dem Schmerz oder mit der Spannung, können dahinterstehende Informationen und Überzeugungen wie auch Konflikte aufgespürt und aktualisiert werden. Diese können dann vielleicht noch mit einer Symbolkraft prozesshaft und unterstützend bearbeitet werden.

Die Seele und dein Herz in den Körper bringen: Die „Körperweisheit" gewinnt mehr den Charakter eines „seelischen Erfassens", denn über die Beobachtung hinaus braucht es eine phänomenologische Sichtweise, um mit dem Offensichtlichen in Kontakt zu bleiben.

„Während ihr die Welt untersucht, achtet darauf, dass der Geist im Körper verankert bleibt. Erforscht seine Natur, die Elemente, aus denen er besteht. Wenn ihr seine wahre Natur deutlich und aus ganzem Herzen erkennt, werden euch die Wunder der Welt klar werden."
(Ajahn Mun)

Die häufigsten Ursachen, die Symptome auslösen:

Die Zeit ist nicht so, wie sie scheint.
Sie bewegt sich nicht nur in eine Richtung, und die Zukunft existiert gleichzeitig mit der Vergangenheit.
(Albert Einstein)

Zum Beispiel Unfälle, Stürze, Geburtstraumata oder das Durchleben von schweren Krankheiten. Verlust eines Elternteils oder nahestehenden Menschen. Missbrauch (sexuell oder emotional), körperliche Misshandlung, körperliche Gewalt, Schläge oder Androhungen, auch das Miterleben von Gewalt. Verlassenheitserlebnisse, Operationen, insbesondere in Verbindung mit Narkose, medizinische Untersuchungen, Spritzen, Eingriffe beim Zahnarzt etc. Sie sind immer noch im gesamten Feld des Betroffenen da, mit allem, was bildlich und gefühlsmäßig ablief. Auch wenn die Bilder dazu verschwunden sind – der Körper in Verbundenheit mit deiner Seele weiß es ganz einfach, denn es ist alles gespeichert.

Dies wird zum Beispiel eingeteilt in:

- Genetische Herkunft wie bei Asthma, Autoimmunerkrankungen, Krebs in den Generationen davor, Schuppenflechte, auch Neurodermitis hat oftmals mit Generationen-Konflikten zu tun.
- Ereignisse aus dem Leben, Missbildungen, eine große Anzahl von Infektionen, permanenter
- Eisenmangel, Anämie usw.
- Impfungen, die allergische Reaktionen hervorrufen, bis zu schwerwiegenden Schäden.
- Physische Traumata wie Brüche, Stürze, Verstauchungen, Unfälle und chirurgische Eingriffe.
- Psycho-emotionale Traumata, ausgelöst durch familiäre Konflikte, durch Erziehung, durch
- nahestehende Freunde oder Lebenspartner, Scheidung, Aggression, Drama, Unterdrückung und
- mentales Psychodrama, Bedrohungen …
- Soziale Traumata wie Arbeitslosigkeit, Mobbing, Burn-out und Bore-out.
- Physische und emotionale Traumata wie Vergewaltigung, Gewalt, Überfall, Adoption.
- Umwelttraumata durch Naturkatastrophen, negative Faktoren wie Erdstrahlungen usw.

Die Palette ist groß und vom Verstand oftmals nicht nachvollziehbar, doch die Auswirkungen sind oft schwerwiegend und langwierig und bleiben leider manchmal jahrelang unerkannt.

Durch gewisse Erlebnisse geht die Ganzheit des Körpers und der Seele verloren.

Die Schamanen und Körperpsychotherapeuten sprechen von der „Wiederbeseelung des Körperteils", welches verloren gegangen ist, von der Wiederbeseelung des abgetrennten und verletzten Körperteils. Und das ist die Aufgabe in der Therapie.

Manche Menschen fühlen sich nach Unfällen oder Operationen irgendwie körperlos, auch nach Schockerlebnissen und Verlassen werden. Eine vergewaltigte Frau sagte mir: „Mir wurde meine Seele gestohlen, und mein Becken fühlt sich wie abgetrennt an!" Dazu kamen Gefühle der Schuld, der Scham, der Entwürdigung. Für viele Menschen, die solche Schicksalbegegnungen und Traumata erlebt haben, bin ich da, und es kann allen geholfen werden, wenn sie es möchten. Ich wollte heil werden, und ich kann der Opferhaltung nichts, aber wirklich gar nichts abgewinnen, denn ich glaube, ich liebe – und ich wollte leben und nicht nur überleben.

Fallbeispiel für ein Schockerlebnis durch den plötzlichen Tod eines nahen Menschen: Nach einigen Monaten kam diese Klientin in die Praxis mit Symptomen wie starke Nackenschmerzen, unangenehmes Kribbeln in Armen und Beinen, Sodbrennen, Magenschmerzen, Schwäche in den Beinen, Taubheitsgefühl im Körper, dumpfes Gefühl im Kopf. Außerdem hat sich daraus noch eine Angst- und Panikstörung entwickelt, sie glaubte immer wieder, eine schlimme Erkrankung zu haben. Sie erzählte, im Moment des Erschreckens fühlte sie einen Messerstich in der Magengegend, und am nächsten Tag tauchten die anderen genannten Symptome auf. Dennoch hat diese Patientin mit diesen doch schon Monate andauernden Symptomen das Ereignis damit nicht in Zusammenhang gebracht. Dies soll ein Beispiel dafür sein, wie stark und vielseitig die Symptome nach einem erlebten Trauma sein können.

80 % der Menschen haben ein Rückenleiden. Viele Menschen lassen sich medizinisch behandeln und betreiben nur Symptombekämpfung, ohne auf die psychosomatischen Signale zu achten. Es ist wahrlich schwer, einen Naturheiltherapeuten oder einen Energetiker zu finden, der über genügend Ressourcen verfügt

und auch dieses gewisse Know-how hat, dass er an die Wurzel dieser gewissen Themen kommt.

Wenn's der Seele nicht gut geht!

Der Verlust von Seelenanteilen ist etwas, was in vielen schamanischen Traditionen als schwere spirituelle Krankheit gilt. Seelenanteile gehen verloren, wenn Menschen eine massive Bedrohung, Krise oder Verletzung erleben.

Die Seele ist in diesem Verständnis der Teil des Menschen, der über das körperliche Erleben hinausgeht. Ein unsterblicher Teil, verbunden mit einem größeren Ganzen. Die Seele selbst können wir nicht verlieren. Ganzheitlich gesehen kann allerdings ein Teil der Seele abgespalten werden, wenn ein überforderndes Erlebnis passiert ist.

Der Verlust von Seelenanteilen kann zum Beispiel bei traumatischen Ereignissen entstehen: Schon bei der Geburt, Unfall, Verlust, Schock, schwierige Lebensereignisse wie der Tod eines nahestehenden Menschen oder schwere Krankheiten. Es können aber auch – von außen betrachtet – harmlose Gelegenheiten sein, zu denen ein Anteil abgespalten wird. Erschrecken, Angst oder einschränkende Situationen können auch zu einem sogenannten „Seelenverlust" führen. Auch Franz Ruppert geht davon aus, dass jeder Mensch zahlreiche Erfahrungen von Seelenverlust hat (Trauma der Identität).

Psychische Traumata erleiden wir oft schon in unserer frühen Kindheit. Sie führen zu psychischen Aufspaltungen, zu Ich-Verlust, Desorientierung und Unklarheiten in den eigenen Lebenszielen. So werden wir zwar älter und reifen körperlich, es können auf dieser Grundlage aber keine konstruktiven Beziehungen auf einer Erwachsenen-Ebene entstehen.

Als Kind gibt es vieles, was uns erschreckt und überwältigt. Nicht alles kann vollständig verarbeitet werden und wird daher im Unbewussten verdrängt. Ein Anteil von dir wird abgespalten und geht verloren. Diese frühen Verluste kommen zu den tagtäglichen Herausforderungen dazu, da wir meistens die Realität unterdrücken oder so tun, als wäre dies alles nicht geschehen.

Ein Beispiel: Realitätscheck: Meine Mutter wollte nicht schwanger sein mit mir, ich war sozusagen ein nicht willkommenes Kind. Ich bin jedoch da und bin von ihr abhängig gewesen. Ich muss sozusagen meinen Willen aufgeben, um meine Existenz zu sichern.

Warum?

Ich sage Ja, ich will leben und bin da, und meine Mutter sagte, nein, du solltest eigentlich nicht da sein! So habe ich bereits im Mutterleib die Erfahrung des Neins gemacht! Was bedeutet diese Erfahrung in der körperlichen Ebene? Na ja, Stress und Ängste, in der Psyche nicht gut genug zu sein, existenzielle Abhängigkeiten, und gefühlsmäßig waren Trauer, Ohnmacht und Ängste im Gedankengut. Im Verhalten auf Abstand bleiben in Bindungen. Unterdrückte Wut, ungesunde Beziehung aus Angst, verlassen zu werden. Verzweiflung, da kein Rückhalt von Seiten meiner Eltern spürbar war.

Meine Beziehung zur Mutter gestaltete sich als schwierig, kein Wunder demnach. Denn dies war eine Entwertung meines Daseins.
Dieser Kampf gegen das „Nein" von außen (Mutter/Vater-Bindung) begleitete mich sehr lange.

Fazit: Meine Mutter war schwer traumatisiert und gab dies an mich weiter.

Die verlorenen Anteile kehren nicht von selbst zurück, weil mit dem abgespaltenen Anteil auch ein Teil des Schmerzes von der Person ferngehalten wird.

Der Schmerz oder der Schock war zum Zeitpunkt des See-lenverlustes vielleicht unerträglich groß. Der Persönlichkeits-anteil und das ICH ist gespalten, denn der fehlende Seelenan-teil spaltet sich mit dem Schmerz ab und macht ein psychisches Überleben des Menschen möglich. Wir kommen über ein Er-eignis hinweg. Doch es ist immer da und wartet darauf, wieder in Verbindung zu gehen.

Denn ansonsten bleibt das Gefühl, etwas verloren zu haben. Etwas fehlt, ohne dass wir es genau benennen können. Wenn es zu einer Schwächung oder Symptomen der vitalen Essenz eines Menschen kommt, ist es ratsam, sich auf die Suche zu begeben, um wieder ganz zu werden.

Es kann sein, dass jemand ständig müde oder erschöpft ist, dass jemand sich unvollständig oder seit einem bestimmten Ereig-nis sich nicht mehr „wie sich selbst" fühlt. Es ist, als wenn ein Teil fehlen würde. Manchmal können Menschen sehr genau benennen, wann ihnen ein wichtiger Teil abhandengekommen ist. Manchmal ist es nur das Gefühl, dass etwas fehlt. Eine ähn-liche Beschreibung für Symptome wie den Seelenverlust findet sich in der Psychotherapie unter dem Begriff der Dissoziation.

Bei traumatischen Erlebnissen, bei Enttäuschungen und Verlet-zungen spaltet sich ein Teil der Persönlichkeit ab. Ein Weiterle-ben wird möglich, auch wenn der Schmerz überwältigend er-scheint. Die Abspaltung schützt vor einem Zerbrechen der Person.

Abgespaltene Seelenanteile kommen meist nicht von selbst zurück. Sie sind wie ein blinder Fleck in der Persönlichkeit. Auch wenn sie für uns selbst vielleicht nicht auffindbar sind, können diese Seelenanteile für einen Außenstehenden relativ leicht identifizierbar sein.

In der schamanischen Begleitung kann geholfen werden, diesen blinden Fleck aufzulösen und wichtige Anteile der Per-sönlichkeit wieder zu integrieren. Der Schmerz, der mit einem Verlust eines Seelenanteils abgespalten wurde, kann sich viel-leicht als Erinnerung noch mal zeigen. Es ist allerdings nicht nö-tig, diesen Schmerz auszuleben oder besonders zu beachten. Es ist nur ein Nachhall, der auch ganz schnell wieder verschwinden wird. Denn jetzt ist das Leben schließlich ein anderes. Jetzt ist ein sicherer Platz für die ganze Seele gegeben.

Einige Hinweise können helfen, um einen Seelenverlust bei sich selbst oder jemand anderem zu erkennen:

- Verzweiflung oder Angst, die scheinbar ohne Grund auftritt. Wenn in einer „normalen" Lebenssituation überwältigende Gefühle auftreten, kann das ein Hinweis auf eine Erinnerung an eine überwältigende Lebenssituation sein. Allein das Gefühl reicht aus, um sich einen jüngeren Anteil vorzustellen, der dieses Gefühl vielleicht schon einmal hatte und zum damaligen Zeitpunkt nicht verarbeiten konnte.
- Ein nicht da sein, nicht im Körper sein wollen, aber auch ein Abdriften in die Metaebene sind Zeichen, das etwas fehlt.
- Es recht machen ist unter anderem ebenfalls eine Überleben-Strategie, die man mitschleppt, sie kommt meist aus der Kindheit, um die eigene Existenz zu sichern.
- Unangemessene, nicht „erwachsene" Reaktionen auf Ereignisse. Der Mensch hat den Eindruck, dass bestimmte wiederkehrende Ereignisse oder Erlebnisse große emotionale Reaktionen auslösen, die mit dem Ereignis selbst nicht unbedingt zu tun haben.
- Das Gefühl, dass etwas fehlt. Wenn Menschen den Eindruck haben, dass ihnen etwas verloren gegangen ist, kann das ein wichtiger Hinweis auf Seelenverlust sein. Es kann z. B. die verlorene „Unschuld" im Sinne des Vertrauens sein, verlorene Fröhlichkeit oder abhandengekommenes Selbstbewusstsein. Durch Gewalt und Übergriffe geht was verloren.
- Schmerz, der sich immer wieder meldet und keine medizinische Diagnose hat. Dieser Schmerz kann ein Hinweis des Körpers sein, dass hier etwas zu bearbeiten ist. Vielleicht kann der Zeitpunkt des Seelenverlustes mit dem Zeitpunkt des ersten Auftretens der Schmerzreaktion in Verbindung gebracht werden.

Beispiele für verlorene Anteile und deren Rückholung

Ein Klient konnte schwer Vertrauen in einen anstehenden beruflichen Wechsel fassen. Im Gespräch stellte sich heraus, dass es vor vielen Jahren einen großen Wunsch nach einem beruflichen Wechsel gab, dieser aber nicht umgesetzt werden konnte, weil damals finanzielle und familiäre Gegebenheiten dagegensprachen. In der Integration dieses Anteiles – der damals sehr verletzt ein großes Bedürfnis aufgeben musste – konnte Vertrauen in eine passende berufliche Zukunft gefasst werden.

Ein Klient stellte bei sich selbst unpassende wütende Reaktionen auf Anweisungen seines Chefs fest. Immer wenn eine Arbeitsanweisung für ihn nicht ganz nachvollziehbar war, war eine innere Blockade spürbar, die ihn – aus eigener Sicht – unangemessen trotzig und wütend reagieren ließ. Durch die Integration eines sehr kleinen Jungen, der Ankerkennung bekommt bzw. sie sich jetzt selbst geben kann, hat sich das Arbeitsverhältnis vollkommen entspannt.

Ob dies Arbeitsstress, eine Beziehungskrise oder eine finanziell schwierige Situation ist – all das kann zum Verlust oder zur Abspaltung von inneren Anteilen führen.

Wenn zu viele oder zu große Seelenanteile verloren gehen, kann das wiederum zu Krankheit und Einschränkungen in der Lebensqualität führen.

Fallbeispiel: Psychosomatische Zusammenhänge zwischen dem Schulter-Nacken-Syndrom und Stress

Mein HWS-Syndrom mit Bandscheibenvorfall C6-C5 aus psychosomatischer Sicht betrachtet: Verspannter Nacken und Schultern und ihre psychosomatische Bedeutung: Der innere Antreiber oder was uns im Nacken sitzt. HWS-Syndrom und starke psychische Spannungen, Einschlafen der linken Hand mit Ziehen im Daumen und Zeigefinger, immer wieder Nervenzucken usw.

Es gibt offensichtliche Wechselwirkungen zwischen somatischen, also organischen Erkrankungen, und bestimmten psychischen Problemfeldern in unserem Leben. Die Weisheit des Körpers kann als Ratgeber für ein gesundes Leben genutzt werden. Ich betrachtete meine Verspannungen in Schultern und Nacken und ihre möglichen psychosomatischen Ursachen.

Ganz klar, der Vater meiner Kinder ist 2017 verstorben im Alter von 47 Jahren. Meine Mutter starb nur einige Jahre zuvor, und mein Vater ebenfalls. Dazu kamen berufliche Schwierigkeiten, dies alles in der kurzen Zeit und mitten unterm Hausbauen, das sprengte einfach den Rahmen meiner Belastbarkeit.

Ich unterrichte dies seit fast 20 Jahren und war doch mit meiner Weisheit am Ende. Natürlich wusste ich, dass das Schulter-Nacken-Syndrom eine Art fehlgeleitete Antwort auf große seelische Spannungen ist. Keine Zeit zum Verarbeiten, einfach nur mehr funktionieren.

Denn wer viel Stress, Sorgen oder innere Spannung hat, ist mit seiner Aufmerksamkeit im Kopf. Insbesondere diejenigen Menschen neigen zum Schulter-Nacken-Syndrom, die viel „tragen" müssen, sei es in einem verantwortungsvollen Job, in der Familie oder jene, die sich selbst viel „aufhalsen", weil sie das Gefühl haben, für alle und alles verantwortlich zu sein. Es hat fast etwas von „Strammstehen", ich schaff das schon. Es ist oft mit großen Schwierigkeiten verbunden, die Spannung oder die „Last" wieder loszulassen.

Wir sind oft ständig angespannt, ohne es zu merken, atmen flach und „vergessen" uns selbst in dem Wunsch danach, zu funktionieren und unsere Probleme zu lösen. Problematisch wurde es vor allem dann, als ich keine Ruhephasen mehr finden konnte. Denn nicht mehr abschalten zu können, unterbricht den natürlichen Fluss, die natürliche Pulsation unseres Körpers. Abschalten ist leicht gesagt, bei all dem Mist, der gefühlsmäßig auf mir lag. Dazu kam, dass meine Kinder ebenfalls mit dem Verlust zu kämpfen hatten. Ich liebe meine Kinder sehr, doch bei diesem Schmerz kann ich wenig tun, nicht viel mehr, als da zu sein und ihnen Gehör zu schenken. Ihre Wut, die sie zwar nicht immer aussprachen, sondern eher unterschwellig an den Tag legten, machte das Ganze noch diffuser. Natürlich merkte ich, meine Kraft verschwindet, am liebsten wäre ich jedoch verschwunden, so einfach unter dem Motto: „Ich bin jetzt mal weg …"

Ich nahm mir dann eine Auszeit und fuhr zur Kur, was ein tolles Erlebnis für mich war. Ich kam voller Dankbarkeit zurück. Nur, was ich da so erlebte und wahrgenommen habe von den Kurgästen, wie fast niemand Verantwortung übernimmt, ließ mich erstaunen. Und ja, wenn alles nur noch konsumiert wird, ohne dahinter zu schauen, geht's eher um Urlaub als um Gesundheit.

Und wenn es dir um Gesundheit geht, dann ist wahrscheinlich ein Wechsel aus der Komfortzone vonnöten. Um dies zu vermeiden, ist es wichtig, zwischendurch abzuschalten und aus dem Problem herauszutreten, um einen neuen Standpunkt einnehmen zu können.

Dauerspannung der Schulter und Nackenmuskulatur:

Eine stressbedingte Dauerspannung der Schulter und Nackenmuskulatur bewirkt im Laufe der Zeit Verhärtungen im Gewebe, Durchblutungsstörungen in der Muskulatur, erzeugt Druck auf die Nerven, Muskeln und Sehnen und blockiert unsere Beweglichkeit. Der Schulter-Nacken-Bereich erstarrt, und unsere Flexibilität wird eingeschränkt. Im schlimmsten Falle können sich daraus entzündliche Prozesse entwickeln.

Nun kann man sich natürlich fragen, was das für einen Sinn haben soll, wenn der Körper uns dermaßen das Leben schwermacht.

Psychosomatik des verspannten Nackens: Die Antwort liegt im Symptom!

Die Erstarrung kann ein ganz direkter Hinweis sein, worum es geht. Folgende Fragen können Hinweise auf die tieferen psychosomatischen Ursachen der Symptome geben: Bin ich erstarrt in meiner Sicht auf das Leben? Überlaste und überfordere ich mich? Meine ich, alles allein „schultern" zu müssen? Habe ich das Gefühl, mir sitzt etwas oder jemand im Nacken, dem ich es nur recht machen muss, und dann hört es auf? Aber wann ist das – und hört es je auf?

Normalerweise nicht, außer wir schauen hin und schütteln unsere inneren und äußeren Verfolger ab!

Vielleicht habe ich auch Angst, die andere Seite eines Problems anzuschauen, weil ich die Antwort längst kenne, aber Angst vor der Botschaft oder den Konsequenzen habe, die sie nach sich ziehen würde: Vielleicht bedeutet sie einen Jobwechsel, meinen Partner zu verlieren oder andere existenzielle Entscheidungen treffen zu müssen.

Vielleicht stütze ich auch immer noch unbewusst eine „schwache Mutter" aus Kindertagen, und das ist so sehr zu einer zweiten Natur geworden, dass ich bis heute nicht aufhören kann, die Probleme anderer über die eigenen Bedürfnisse zu stellen. Vielleicht telefoniere ich zu lange mit Freundinnen, die mir ihre ganzen Probleme „aufhalsen". Oder übernehme die Arbeit von Kollegen, die sich schon beim kleinsten Schnupfen krankmelden.

Was auch immer dir bewusst wird, dies heilt dich wirklich von innen heraus.

Versteckte Weisheit in unserer Sprache

Unsere ganz einfachen Volksweisheiten können tatsächlich hilfreich sein, wenn sie wohlwollend und liebevoll angewandt werden – in einer ganzheitlichen Deutung, die unser inneres Für und Wider mit einbezieht. Wenn du unter dem HWS-Syndrom leidest, solltest du dich einmal ganz klar und unverblümt fragen:

Was bereitet mir Kopfzerbrechen? Wer hat mir den Kopf verdreht? Welche Lasten habe ich mir aufgehalst? Was macht mich so unbeweglich und halsstarrig? Warum glaube ich, das Gewicht der Welt tragen zu müssen? Wer oder was sitzt mir im Nacken? Angst, Vater, Mutter, Oma, Opa, die Schule, meine Ansprüche, mein Chef?

Verstehe deine Antworten als Wegweiser zu dir selbst, du kannst dadurch deine Beziehungen liebevoller gestalten, am Arbeitsplatz oder in der Familie neue Grenzen ziehen. Dann steht einem Richtungswechsel, einer Veränderung nichts mehr im Weg – du musst die neue Richtung nur konsequent einschlagen. Wahrheit in Bewegung auf dem Weg zur Life Balance. Der „Walk", die Bewegung in die Körperwahrheit, ist ein Werkzeug zur Heilung psychosomatischer Marker über die Körpersprache.

Denn man geht mit einer größeren Bewegung und ist mit allem, was ist, verbunden.

Umsetzung

Fall 1 : Kerstin – chronische Rückenschmerzen (in Begleitung eines S.H.E.P)

Einleitung: Wir eröffnen gemeinsam den Raum für die Lösung.

Die Sprache deines Körpers: Durch deinen Körper bringst du Festgefahrenes in Bewegung. Dein Körper spiegelt dir deine Themen. Wo sitzt der Schmerz? Was ist die Botschaft, die dein Körper dir sendet?

Ich stehe mit einer Klientin am Eingang zum Wald. Die Klientin ist aufgeregt, hat Schmerzen. Ich lasse sie atmen, bis sie die Erde unter ihren Füssen spürt. Sie muss sich zwischen zwei Richtungen entscheiden. Ihr Verstand sei zu übermächtig zu Beginn, meint sie. Ich lasse sie wieder atmen, in ihr Herz hineinhören, welcher Weg ist der Richtige, wo tragen mich meine Füße hin?
  Die Sinne sind aktiviert, was erregt deine Aufmerksamkeit im Wald – eine Wurzel, ein Stein, die Blätter in der Sonne, der Geruch des Waldes, der Wind auf der Haut? Ihr Herz sei zerbrochen. Eine blaue Plastikscherbe liegt am Weg. Ich reiche sie ihr als Symbol. Sie geht damit weiter, am kleinen Bach vorbei, ist unruhig. Da macht sie plötzlich kehrt und geht zum Wasser zurück, zu den fließenden Gefühlen. Trauer kommt hoch, doch sie kann nicht weinen, im Hals stecke es fest, das Herz tut weh. Sie lässt das Wasser über ihre Hände gleiten und versinkt in sich. Einen Satz, der richtig klingt im Herzen, kann sie nicht aussprechen. Gehe der Bewegung deines Körpers nach – sie geht weiter, bergauf, und lässt die Worte nachklingen in ihrem Inneren.
  Auf halber Höhe bleibt sie stehen – die Tränen kommen. Zuerst langsam und etwas zurückhaltend, doch sie findet die Worte für ihre Gefühle. Ihr ganzer Körper entspannt sich, während sie von einer Gegebenheit spricht, die das jetzige Gefühl ausgelöst hat, und sie kann es mit der Person und dem jetzigen Thema verbinden. Ihr Atem fließt freier. Sie lässt sich ein auf

ihre Gefühle und erkennt das Kernthema. Da es nun klar ist für sie, folgt auf die Erkenntnis das Gefühl der Freiheit, nachdem sie es benannt und gefühlt hat, kann sie damit umgehen. Sie akzeptiert für sich die Situation, wie sie ist, lässt es einfach zu. Die Schmerzen lassen nach, das „Geschwür" beginnt sich zu lösen. Das nun freigelegte Thema mitsamt den Schmerzen beruhigt sich, und neue Möglichkeiten eröffnen sich ihr. Die Energie wird frei für Neues. Die Blockade hat sich gelöst, und sie fühlt, dass diese neuen Wege möglich sind.

Sie schreitet voran, den Hügel hinauf, ich lasse sie ihren Körper bewegen, wie und wo er sich hinbewegen will. Ihre Bewegungen werden fließend, frei, der Körper kommt in ein anderes Gleichgewicht, sie beginnt zu lächeln, nimmt tiefe Atemzüge, wird freier. Oben angekommen stellt sie sich auf einen großen Baumstumpf – ihre Flügel ausbreiten und einfach losfliegen, über alles drüber, in die Freiheit. Sie breitet ihre Arme aus. Sich auszudrücken, kreativ zu sein, ihr „Ding zu machen" – es scheint alles möglich zu sein im Moment, in diesem Gefühlszustand der Freiheit.

Ein Holzobjekt liegt in Sichtweite und passt genau zu diesem Gefühl. Die Scherbe wurde längst wieder abgelegt. Sie nimmt strahlend das Holzobjekt entgegen, und ihre Kreativität wird in Gang gesetzt, es kommen sogleich erste Ideen, was sie am Wochenende erschaffen möchte.

Auf dem Rückweg geht sie beschwingten Schrittes, lächelnd und aufrecht, ihre Augen strahlen und blitzen. Ein dickes Herz aus Stein liegt auf dem Weg für sie.

In den nächsten Tagen ist sie sensibilisierter für sich und dadurch auch für das Umfeld. Eine Arbeitssituation kann sie anders nehmen als gewohnt, Begegnungen laufen auf einer anderen Ebene ab, sie fühlt und nimmt anders wahr. Symbole im Alltag tauchen auf, und sie kann sie sogleich erkennen und integrieren. Ihre Kommunikation nach innen und außen ist verändert, ihre Bedürfnisse werden klarer, und ihr Unterscheidungsvermögen ist gestärkt.

Fall 2: Bow walk Hélène – Augenentzündungen (Self Embodiment)

Eigenlüge & Eigenliebe – wütend auf mich selbst – aufgelöst – wieder mal an meine Grenzen gekommen – was ist der Ausweg – was mache ich mit meinem Leben – was verursache ich bei anderen – verstecken macht traurig – sich selbst belügen auch – das waren so ungefähr die Gefühle, mit denen ich losgegangen bin. Über mir schwarze Gewitterwolken, wie passend …!

Entscheidungsfindung – Worte wählen, die es wirklich auf den Punkt bringen. Halbwahrheiten, Unsicherheiten, Floskeln zeigen sich sofort, ohne Umschweife schießt der Pfeil drüber oder gräbt sich davor in die Erde. Ich bin mit fünf unterschiedlichen, zerfledderten Pfeilen unterwegs. Demütigend, peinlich, oder – egal, was grad ist, ich mache das Beste draus, wandle die Situation um … Ich kenne mittlerweile jeden Pfeil und weiß, wie unterschiedlich sie sind. Ich schieße sie dementsprechend. Und wenn's wirklich drauf ankommt, weiß ich, welchen Pfeil ich zu nehmen habe. Jeder Pfeil macht seine Aussage, oftmals klarer, als es mir im ersten Moment lieb ist …

Krafttiere – bemühte Interpretationen blättern sich umgehend auf, Pfeile flackern, donnern an einem Baum weg. Zu schnelles Handeln ohne Hintergrund, ohne Basis, weil: Ich „will" geht gar nicht, da schieße ich über das Ziel hinaus oder bin „total daneben" – zwar immer nur ein wenig, denn mittlerweile weiß ich: Wenn ich fokussiert bin, treffe ich mit Sicherheit mühelos. Und diese Sicherheit einfach als gegeben anzunehmen, gar nicht darüber nachzudenken, sondern vielleicht endlich mal dort anzukommen, wo ich das Gefühl habe, es ist alles richtig, so wie es ist. Dieses Selbst- bewusst-Sein. Ich habe mir mein Leben im Moment genauso, wie es ist, hergeholt und bin ganz allein dafür verantwortlich. Punkt.

Das Tier schaut zurück, in die Vergangenheit, ich atme tief ein und aus und schaue auf den Weg zurück, den ich hergegangen bin, und weiß tief im Inneren, es ist vorbei, es ist geschehen, wie es auch immer war, und ich blicke auf den Bären, der zurückschaut, und sage mir: Ich schaue nicht mehr zurück und wühle nicht mehr im Vergangenen, ich bin im Jetzt. Und jetzt ziehe ich in einem Atemzug durch, und jetzt lasse ich den Pfeil gehen – und treffe … Und atme tief ein und bin ganz einfach zufrieden. Und gehe weiter.

Unwahrheiten, Eingeredetes – auf dem Weg heute hat sich eine gewisse Klarheit herauskristallisiert, die mich ruhig macht. Zufrieden mit dem, was ist, mag es auch noch so turbulent sein. Die Gewissheit, dass alles so kommen musste, wie es jetzt ist, damit ich endlich Veränderungen in die Wege leite und ganz alleine dafür verantwortlich bin, befreit mich aus Abhängigkeiten, aus diesem undurchdringlichen Dickicht der emotionalen Verwirrung, die mich völlig handlungsunfähig macht. Ich gehe zum nächsten Tier, nehme es auf, schaue weg, mein inneres Auge weiß genau, wo ich hinziele, drehe mich um, schieße, treffe, lächle, weil ich an absolut nichts gedacht habe, nichts gewollt habe, keine Interpretation des Tieres sofort da war, mein Kopf war völlig frei, mein Atem gleichmäßig – einfach nichts! Was für ein umwerfendes Gefühl! Einfach nur da sein. Absichtslosigkeit im richtigen Moment, im Vertrauen sein.

Lasse ich die Impulse kommen und schieße, ohne darüber nachzudenken, trifft der Pfeil geradlinig und präzise – dem Inneren Raum schaffen, Ungehörtes hören, Ungesagtes sprechen, wieder, und noch mal, bis es der ganze Körper auf allen Ebenen fühlt – und dann weitergehen. Auf zum nächsten, langsamen Schritt, die Bäume, der Himmel, die Wolken, den gelegentlichen Donner aufnehmend.

Loslassen – Raum geben, Neuem sich öffnen – der Pfeil fliegt anmutig und mit dem Atem – geführt vom ES – dem bin ich heute ein Stückchen nähergekommen.

Die Sätze formulieren sich von selbst, das Unterbewusstsein macht auf, und es kommt zum flow. Und annehmen. Und absichtslos bleiben. Einfach im Jetzt. Und atmen. Und gehen.

Hinschauen, ohne zu beschönigen oder zu analysieren, dem Verstand und ununterbrochenem Gedankenfluss und Blabla mal eine Pause gönnen. Wie angenehm. Die Tiere leiten mich. Eine Zeitlang fliegt ein Vogel mit, beim nächsten Tier schimpfen mehrere Vögel, bis ich durchatme, mich nochmals gut hinstelle, durchatme, den Kopf freimache, durchatme, hinschaue und einfach durchziehe und loslasse. Die Vögel zwitschern fröhlich vor sich hin.

Loslassen, was für ein großes Wort, heute war es voller Freude und teilweise Staunen, dass ich es wieder ein Stück weit begriffen habe, es gefühlt und erlebt habe – was für eine Freiheit, was für eine Leichtigkeit! Dieses innere Aufrichten zu spüren, es durch den ganzen Körper fließen zu lassen, was für eine Wohltat! Alles zu übergeben, es ist genau richtig, wie es ist. Vielleicht komm ich doch zu diesem Vertrauen, das Vieles oder alles möglich werden kann.

Am Fluss gesessen zum Schluss, dem Plätschern zugehört, Natur um mich aufnehmend Moos, Käfer, Wasser, Donnern – und es war einfach nur schön. Einfach sein.

Wie oft habe ich jetzt in diesem Text „einfach", „ich weiß" „Stück nähergekommen" geschrieben …! Schritt für Schritt, dieses innere Wissen, das ruhig macht, die Gewissheit, die Einfachheit – meine Wörter, mein Mantra für die nächste Zeit. Der Intuition folgend sich auf den Weg machen. Durchatmen, ankommen, aufnehmen, handeln – und weiter.

Ausgangslage war Verwirrung, Verzweiflung, leere Worte, mich schuldig und unfähig fühlen – zwei Stunden später: was für eine Wandlung! Das machen zwei Stunden Natur und intuitives, therapeutisches Bogenschießen.

Wenn ich mich nicht selbst heilen kann, wie soll ich dann andere Menschen heilen? Mit der Augenentzündung bin ich losgegangen, und „siehe" da: Sie ist fast geheilt. Und in einigen Aspekten habe ich heute Abend mehr „Durchblick" – und Lust auf mein Leben!

Doktor Wald

Doktor Wald

Wenn ich an Kopfweh leide und Neurosen,
mich unverstanden fühle oder alt
und mich die holden Musen nicht liebkosen,
dann konsultiere ich den Doktor Wald.

Er ist mein Augenarzt und Psychiater,
mein Orthopäde und mein Internist.
Er hilft mir sicher über jeden Kater,
ob er von Kummer oder Cognac ist.

Er hält nicht viel von Pülverchen und Pille,
doch umso mehr von Luft und Sonnenschein.
Und kaum umfängt mich angenehme Stille,
raunt er mir zu: „Nun atme mal tief ein!"

Ist seine Praxis oft auch überlaufen,
in seiner Obhut läuft man sich gesund.
Und Kreislaufkranke, die noch heute schnaufen,
sind morgen ohne klinischen Befund.

Er bringt uns immer wieder auf die Beine,
das Seelische ins Gleichgewicht,
verhindert Fettansatz und Gallensteine,
nur – Hausbesuche macht er leider nicht.

Helmut Dagenbach, Förster, 1968

Warum ist mir der Wald so wichtig?

Weil er einfach heilig ist, er ist im wahrsten Sinne des Wortes
unser aller Lebenselixier, wir können hier auf Erden gar nicht

überleben, gäbe es sie nicht. Ich sehe es als meine Pflicht als Mutter und Gast dieser Erde, ihn zu beschützen. Wir können viel mehr tun, als den Wald nur zu konsumieren. Es gibt noch ein paar wenige Urwaldreserven, und der Raubbau muss aufhören. Wir können Patenschaften übernehmen, wir können den Konsum unterbinden, indem wir die Produkte nicht mehr kaufen, die aus Gewalt erzeugt wurden. Wir können und wir müssen etwas tun, um der Wirtschaft zu zeigen, dass sie ohne uns als Konsument nicht mächtig ist. Wir sind es, die es verändern können. In skandinavischen Ländern wächst der Waldbestand, warum? Für jeden fallenden Baum müssen wieder drei weitere gepflanzt werden.

Erinnere dich zurück! Ich hatte das Glück, dass mein Lieblingsspielplatz der Wald war. Wir hatten schon einen anderen auch, doch der war nicht so cool wie die Natur.

Als Kind lebte ich, sooft es mir möglich war, im Wald, wir bauten kleine Strohhütten und spielten in unserer Fantasie, dass wir auf uns allein gestellt waren, ohne Eltern. Wir kreierten, bis es Abend wurde und wir nach Hause gehen mussten, aber was war wirklich unser Zuhause?

Denn im Wald durften wir so sein, wie wir waren. Wild und schön, ohne Zwänge, ohne jeglichen Druck. Wie ich schon so manches erzählt habe aus meinem Leben, kann ich sagen: Für mich war es ein Zufluchtsort. Ich hatte eine Höhle, die einst von einem Fuchs bewohnt war, und immer wenn ich reinkroch und den Duft der Wurzeln atmete, wurde ich ruhiger, und ich fühlte mich geborgen. Ich wusste als Kind schon, was ich brauchte, damit es mir wieder gut geht. Auch meine Kinder liebten es, mit mir in den Wald zu gehen, und sie haben sehr früh gelernt, ihn für sich zu nehmen. Ob sie ein Zwiegespräch brauchten, weil ihnen irgendetwas Kummer machte – und Kinder haben Sorgen und Themen, umso besser, wenn sie früh beginnen, so eine Art Psychohygiene zu betreiben. Auch den eigenen Gefühlen Raum zu geben, zu schreien, umherzuspringen oder etwas zu sammeln. Der Wald heilte schon immer, jetzt wird er populär und als Therapieraum benutzt.

Es ist eine Methode der „Neuen Naturtherapien". Ob dichter Tannenwald, Mischwald, Lichtungen, Waldränder, Quellgründe usw. – mit ihren Bäumen, Pflanzen, Waldfrüchten und Bodenqualitäten setzt sie auf die natürlichen Düfte und Aromen des Waldes, um auf physiologischer Ebene eine Stärkung des Immunsystems und den Abbau von physischem Stress zu erzielen. Auf der psychophysiologischen Ebene wird durch die multisensorische Aktivierung seelische Entspannung, Entstressung und Vitalisierung erreicht.

Auf der psychologischen Ebene wirkt die Waldtherapie beruhigend und Trost spendend. Der Wald vermittelt ein Gefühl der Frische und des Glückes. Mit diesen gesundheitsfördernden Faktoren können beispielsweise Überlastung, Burn-out, Depressionen und Angststörungen positiv beeinflusst werden. Gemeinschaftliches Wald-Erleben fördert soziale Kommunikation, emotionalen Austausch und wechselseitige Empathie.

Die ökologische Psychologie, die Medizin und die Gesundheitswissenschaften haben die therapeutischen Effekte des Waldes für den Menschen seit Langem gut untersucht. In Japan nennt sich eine Variante dieser Therapie „shinrin yoku" oder „forest bathing", zu Deutsch „Waldbaden". Waldtherapie nutzt die aufbauenden, heilenden Kräfte der Natur, aktiviert das Immunsystem und setzt Prozesse seelischer Integration und persönlichen Wachstums in Gang.

Der Raum Wald

Er beherbergt viel mehr an Ressourcen, was in Seminarräumen oder Praxisräumen nicht zur Verfügung steht. Der Wald ist von Urzeiten her ein geheiligter Raum. Jeder Wald hat Wächter und verschiedenste Energien. Es gibt Wälder, die eher spielerisch sind, es gibt Wälder, die düster sind, solche, die unglaublich hoch feinstofflich sind und solche, die zur Abenteuerlust inspirieren. Es gibt Wälder mit integrierten Kraftplätzen, heilige Wälder, und es gibt Wälder, die dich an deine Grenzen bringen. Und es gibt auch tote Waldgebiete. Jeder einzelne Baum hat, wie bekannt ist, eine ganz eigene Energie, die Mulden rundherum sind manchmal in Kreisformation, es gibt sumpfige Gewässer, auch der Waldesrand, der manchmal mit wilden Beeren und Holunder, aber auch oftmals mit vielen Brennnesseln (Kriegerin) umgeben ist und die Plätze, wo das Wild die Nahrungsquelle nutzt, sind ein Teil von uns. Alles ist verbunden im Lebensraum Wald. Das Auskundschaften des Waldes, vielmehr verschiedener Wälder, habe ich jahrelang praktiziert. Und deshalb weiß ich auch ganz genau, mit welchen Klienten ich in welchen Wald gehe.

Wenn Menschen Stille suchen – und diese Stille-Seminare sind ja derzeit im Aufschwung –, gibt es keinen besseren Ort als die Natur. Und wieder greife ich auf Eckhart Tolle zurück: Die Stille ist am leichtesten zu lernen in der Natur: die **Waldphilosophie der Stille**, auf der Suche nach der inneren Stille oder Ruhe. Da ist der Tannenwald oftmals am besten geeignet – oder aber auch der See.

Hüterin des Lebens

Die Eibe – Urbaum, Weltenbaum, Hüterin des Lebens
Die uralte Freundschaft zwischen Baum und Mensch

Die Bäume waren vor dem Menschen da. Erst haben sie den Planeten für tierisches und menschliches Leben vorbereitet (z.B. den Sauerstoffgehalt der Atmosphäre sowie die Wetterbedingungen optimiert, die Spannung der Luftelektrizität ausgeglichen etc.), und dann lernten unsere Vorfahren unter Bäumen, einen kühlen Kopf zu bewahren, über die Dinge des Lebens nachzusinnen und der Natur Dank zu sagen.

Bevor Menschen vorwiegend damit beschäftigt waren, auf Bildschirme zu starren, hatten sie zwei große Lehrer: die Natur und ihre Intuition, die Stimme ihres Herzens. Dass diese beiden nicht immer unterscheidbar sind, macht gar nichts, denn Natur ist ja nicht nur „da draußen", sondern auch in uns. In meiner ersten Ausbildung zur Geistheilung erschien mir ein Baum, ich war völlig überrascht – er war unglaublich groß. Und darin befand sich das gesamte Universum, für mich natürlich. Aus meiner ganzen Lebensgeschichte bisher retteten Bäume mir oftmals das Leben.

Meine ersten Begegnungen mit der Wurzelkraft: Als Kind grub ich mir eine unterirdische Höhle und verbrachte Stunden inmitten von Wurzeln und Erde. Ich liebte den Geruch, und ganz unbewusst legte ich mich zur Heilung hinein und gab meiner Trauer und meinen Schmerzen Raum. Ich richtete es völlig ein mit einer Kerze und alles, was ich brauchte, da ich als Kind ständig damit beschäftigt war, meine Flucht zu planen und ich mir sicher war, dass sie mich unter der Erde niemals finden würden. Meine Kindheit war emotional kalt und geprägt von Schlägen und Negativität. Doch meine geliebten Bäume gaben mir Trost und Heilung, und dass bis zum heutigen Tage.

Ein tiefer Blick in die Natur und auf das, was wir in der Vergangenheit verloren haben, sind Schritte zur Heilung des geistigen Bruches in unserer Gesellschaft und dadurch auch in Richtung der Heilung dieses wundervollen Planeten. Für eine Welt, in der alle Arten – Menschen, Tiere und Pflanzen – gedeihen und erblühen können.

Alles Leben ist Liebe in ihrer Vollkommenheit

Der Weltenbaum oder Baum des Lebens ist zweifellos eines der ältesten Symbole der Einheit von Menschen und Natur. In ihm vereinen sich alle Ströme des Lebens, ja, des Seins überhaupt, zu einem Organismus, der alle Lebensformen – Pflanze, Tier, Mensch – als seine Blätter, Blüten oder Früchte hervorbringt. Der Baum des Lebens ist eine Manifestation der göttlichen Kräfte. Er ist heilig, und weil alles Teil von ihm ist, ist alles Leben heilig. Dies könnte man auch als den Urgedanken der Ökologie bezeichnen, und er ist mindestens so alt wie die Höhlenmalereien der mittleren Steinzeit! Das mythologische Bild spricht das Herz an: Man schützt das Leben aus Liebe und nicht aus eigensüchtiger Vernunft. Dann müssen wir wohl langsam mal die Erde retten, wenn wir überleben wollen!"

In der Jungsteinzeit und Bronzezeit blühte der Baum des Lebens erst richtig auf. In vielen alten Kulturen Eurasiens erscheint er als die äußere Form einer großen Göttin, die immer die jeweilige Göttin der Geburt ist und oft auch diejenige des Todes, denn Geburt und Tod sind die beiden zusammengehörenden Tore zwischen Diesseits und Jenseits. Im Altertum war der Glaube an Wiedergeburt nicht etwa auf Kelten und Inder beschränkt, sondern universal. Wie die Sonne pendelten die Seelen durch Lebensabschnitte in der Oberwelt und in der Unterwelt, immer geleitet und behütet von der Göttin, die den Geist des Lebensbaumes darstellte. Mögen die Zweige des Baumes im Wind der Zeiten rauschen, im Inneren des Stammes herrscht Stille. Die Mitte des Weltenbaumes ist die Weltenachse, um die die Welt sich dreht, die Nabe des Rades der Wiedergeburten, die das Tor zur Ewigkeit ist. Im Film „Avatar" wird sie als Baum der Seelen bezeichnet, „Eiwa".

Kein Wunder also, dass unser Wort „Eibe" vom althochdeutschen iwe, iwa stammt, was eine Umkehrung von ewi, ewa, „Ewigkeit", ist. Und in solch weit voneinander entfernten Regionen wie Japan, Nordindien und Georgien im Kaukasus hieß die Eibe „Baum Gottes". In hohlen Eiben fanden im Altertum auch geistige Wiedergeburten, sprich Initiationen, statt. Das von der „ewigen Mutter" geborene göttliche Kind hieß z.B. im alten Kreta Zeus Epirnytios („der Göttliche, über die Pflanzen gesetzte") und im nördlich an Griechenland angrenzenden Thrakien Dionysos (von dios, „göttlich", und nysos, "Baum").

Bäume sind Hüter, die alles Leben auf der Erde schützen, gerade so, wie ein einzelner Baum uns kühlen Schatten in der Sommersonne schenkt. Aufgrund dieses Bewahrens allen Lebens sowie aufgrund der Führung auf unserer geistigen Reise wurden Bäume überall auf der Erde von Menschen geachtet und geliebt und mit Opfergaben bedacht. Die Belege hierfür reichen 6.000 Jahre und mehr zurück, bis weit in die Steinzeit hinein. Und es änderte sich erst vollständig im 20. Jahrhundert, im Zuge der Industrialisierung und der Raubbau-Mentalität.

Was macht Bäume zu etwas so Besonderem? Wie haben unsere Vorfahren Bäumen Respekt bezeugt, und was können wir heute tun? Urwälder sind die Bewahrer des Gleichgewichts.

Die Neigung zum Miteinander ist überall in der Natur zu beobachten, sogar schon in der Teilchenphysik. Aber nirgends wird sie so vollendet sichtbar wie in der Waldgemeinschaft. In ihrer Vielfalt, ihrem Teamwork, ihrer intelligenten Anpassungsfähigkeit ist sie der innigste Ausdruck des Charakters des Planeten Erde. Und daher ist der Wald seit Hunderten von Millionen Jahren die dominierende Lebensform (außerhalb der Ozeane).

Und er ist in noch viel tieferem Sinne die „grüne Lunge des Planeten", das Austauschorgan zwischen der Erde und dem sie umgebenden Weltraum: In den 1980ern entdeckte der schottische Mathematiker Lawrence Edwards, dass die Winterknospen von Laubbäumen rhythmisch pulsieren, und zwar in Reaktion auf die Planeten unseres Sonnensystems. So reagiert z.B. die Eiche besonders auf den Mars, die Buche auf den Saturn, die Birke auf die Venus, der Ahorn auf den Jupiter, die Ulme auf den Merkur, die Esche auf die Sonne und der Kirschbaum auf den Mond.

Ökosystem und Kultur beruhen auf der Bewusstseinsebene

„Um diesen Irrsinn aufzuhalten, ist nichts weiter notwendig, als ein Gewahrsein dessen zu kultivieren, dass unser Selbst und die Umwelt eine Ganzheit bilden." (Dolores LaChapelle in „Die Weisheit der Erde")

Aber erst durch das Sehen der anderen Wesen in der Umwelt nicht bloß als Dinge, die von der Menschheit nutzbar gemacht werden können, sondern als Wesen mit einem eigenwertigen Lebensrecht wird das Menschenwesen frei.

Kultur beruht halt ganz einfach auf der Bewusstseinsebene und nicht auf umfänglichem Wissen. Bewusstsein ist Gewahrsein von immer mehr Wechselbeziehungen. Es ist möglich, die ganze Welt zu bereisen und auch den Weltraum zu erobern und doch kein Verständnis zu haben, denn Verständnis entsteht nur aus einer gelebten Bezogenheit mit der Erde, und Bezogenheit bedarf der Zeit. Zeit, die man an einem Platz verbringt, ist erforderlich, um die wechselweisen Verbindungen zu begreifen.

Das menschliche Bewusstsein ist auf die Absichten beschränkt, die der Mensch sich vorstellen kann. Die natürliche Welt hat

Bewusstseinsformen mit anderen Absichten als die des Menschen, deswegen brauchen die Menschenwesen die Komplexität der natürlichen Welt. Die Interaktion mit diesen fremden Bewusstseinsformen kann das eigene Bewusstsein des Menschen erweitern.

Die Untersuchung aller Organismen (Wesen) eines bestimmten Platzes, eines Ökosystems, wird Ökologie genannt. So lange, wie das notwendige Gleichgewicht erhalten bleibt, ist das Ökosystem ewig lebensfähig. In Ausgewogenheit mit der Natur zu leben bedeutet, mit der Weise, wie die Muster des Energieverbrauchs sich durch unseren Platz bewegen, im Gleichgewicht zu bleiben. Es geht hier um Mittel und Folgen: Wir können nicht die Mittel, die die Natur zur Verfügung stellt, benutzen und dabei den eigentlichen Zweck der Natur ignorieren. Das Ziel der Natur ist nicht das Überleben der Menschenwesen, es ist das Überleben des Lebens selbst – die wachsende Vielfalt des Lebens. Dies gibt uns einen Maßstab in die Hand. Aufgrund welcher Werte wir uns auch für einen bestimmten Platz entscheiden, sie müssen zu dem übergreifenden Konzept des Gleichgewichts in der Natur passen, was bedeutet, dass jedes Tun der Natur auch wieder Energie zurückgeben muss. Das ist ein Bestandteil in den Ritualen aller alten Kulturen: der Natur Energie zurückgeben (Give-away, Darbietung). Sich dem Naturgesetz anzupassen ist etwas anderes, als sich einem willkürlichen, von Menschen gemachten Gesetz zu unterwerfen, das die Freiheit einschränkt: Handle so, weil es so vorgeschrieben ist."(Spirituelle Ökologie: Der Ruf der Erde)Wenn sich alle der wechselseitigen Interaktion anpassen, gibt es für alle die vollkommene Freiheit. Je größer das Wissen ist, die Gewahrung aller Faktoren, die einbezogen sind, umso größer ist die Freiheit. Wissen wird eine Sache des Herausfindens, wie die verschiedenen Organismen und Naturkräfte aufeinander bezogen sind und wie die Menschenwesen sich in diese Bezogenheit einpassen können, sodass alles Geschehen mit der größtmöglichen Freiheit weiterlaufen kann.

Das höchste Gut ist das optimal ablaufende Ökosystem als Ganzes, nicht die zufälligen Absichten irgendeines Wesens in dem Ökosystem – einschließlich des Menschen. Anstatt im Gleichgewicht mit den anderen Wesen in einem Ökosystem zu leben, damit sich alles Leben entfalten kann, verhalten sich die Menschenwesen wie egozentrische Einzelpersonen. Je mehr plötzliche Veränderungen die Menschen einem Ökosystem aufzwingen, umso mehr Vielfalt wird zerstört, bis nur noch ein paar Pionierpflanzenarten übrig bleiben, die derartige Eingriffe vertragen und die wir gemeinhin als Unkraut bezeichnen.

Der Bedeutung der nicht menschlichen Umwelt auf das Seelenleben des Menschen wird viel zu wenig Aufmerksamkeit geschenkt. Sie ist eine Quelle von ambivalenten Gefühlen des Menschen, wenn „er aber versucht, ihre Bedeutung für sich zu ignorieren, dann geht das zu Lasten seines seelischen Wohlbefindens". Die Beziehung zur nicht menschlichen Umgebung ist im Leben eines Heranwachsenden von besonderer Bedeutung, und Searles fährt fort:

„Es scheint weniger so zu sein, dass sich die vorherrschende emotionale Orientierung von der nicht-menschlichen Umwelt auf die Menschenwesen verlagert, sondern vielmehr so, dass aus der liebenden Bezogenheit zur Natur und den anderen Elementen seiner nicht-menschlichen Umwelt eine liebende Bezogenheit zu anderen Menschenwesen hervorgeht, die jetzt der vorrangige Brennpunkt seines Gefühlslebens sind."

Wie bereits erwähnt, wies der 2009 verstorbene norwegische Philosoph Arne Naess daraufhin, dass wir keine volle Selbstverwirklichung erreichen können, wenn wir nicht auch allen anderen Wesen in der Umwelt die Selbstverwirklichung zubilligen.

Übung:

Beginne deinen Tag, indem du die Sonne begrüßt. Frank Waters berichtet von John Lansa, einem siebzigjährigen Hopi, dessen seelische Energie durch lange Zeiten des Nachsinnens allein unter Sonne und Sternen wieder aufgefüllt wurde. Er stand in der offenen Tür nach Osten gewandt und nackt bis zur Hüfte. Das erste tiefe Gelb, das am Himmel erschien, war der Sonnenpollen. Viermal kratzte er ihn mit seiner gewölbten Hand vom Horizont und tat ihn in seinen Mund. Dies nährte seinen Körper. Als die Sonne zu steigen begann, atmete er viermal tief, um sein Herz und seine Innereien zu reinigen. Dann verteilte er viermal die ersten Strahlen der Sonne von Kopf bis Fuß über seinen Körper, kleidete sich in ihre Macht. Schließlich führte er sich, der nun ganz aufgegangenen Sonne zugewandt, vor Augen, wie er sein Gemüt in Fülle, Güte und Heiterkeit halten würde, so wie das Gesicht der Sonne war.

Götter sind nicht als etwas zu sehen, an das man „glaubt", Götter sind „die transzendentalen Kräfte der Natur", die mit der Antwortbereitschaft und Offenheit des Menschen in Berührung kommen und auf diese Weise in der Welt des Menschen erkennbar werden.

Natürliche traditionelle Heiler und Schamanen

Schamanen begreifen sich als traditionelle Heiler, von daher besteht hier kein Widerspruch. Allerdings gibt es noch andere traditionelle Heilmethoden, von der Pflanzenheilkunde (Phytotherapie) über die Massage bis zum Räuchern. Auch ein Schamane bedient sich gerne und dankbar dieser Methoden, im Zweifelsfall wird er aber auf entsprechende Spezialisten zurückgreifen.

Die wohl berühmteste Methode des Heilens, die „traditionell" im Namen trägt, ist die Traditionelle Chinesische Medizin (TCM) mit ihren überlieferten Arzneien und anderen Methoden, wie Akupunktur und Moxibustion, Diät und Bewegungsübungen. Die TCM ist ein hoch entwickeltes therapeutisches Gedankengebäude, das sich von den einfachen Mitteln des traditionellen Heilens weit entfernt hat. Das sagt nichts über die Wirksamkeit dieser Methoden, nur denke ich, dass TCM genauso wenig traditionell ist wie unsere westliche Heilkunde, denn auch diese hat Wurzeln, die über 2000 Jahre alt sind.

Auch Reiki, das heutige Strömen, Prana, Zwei-Punktmethode und Ayurveda-Praktizierende, Homöopathen usw. sind gut bekannt.

Gestern und heute

Schamanisches Arbeiten ist zwar in unserer Welt wieder modern geworden, aber es ist uralt. Es ist wohl „die älteste Religion der Welt" – auch wenn es keine Religion ist. Der Schamane handelt einfach mit offenem Geist, dazu ist kein theoretischer Überbau, kein Dogma und keine Hierarchie nötig. Es dauert dann wohl sehr viel länger, bis man in den Anderswelten Wissen und Kraft gefunden hat.

In alten Zeiten, als die schamanische Tradition noch ungebrochen war, hatte fast jeder Lehrling einen erfahrenen Lehrer, von dem er dann diese Aufgabe übernommen hat. Er hatte es also einfacher, weil er aus der Anschauung lernen konnte, und er war sicher, eines Tages ein Schamane zu werden, denn der alte Schamane hatte ihn ausgesucht.

Dann kam das Christentum, und die Tradition zerbrach nicht wirklich. Ich war bei vielen Heilern und Schamanen, und jeder hatte zu Christus eine liebende Verbindung, auch Maria wurde gerufen.

Nun stehen wir also vor dem Scherbenhaufen und versuchen zu rekonstruieren, was einmal alltäglich war. Die Versuchung, sich in eine ungebrochene Schamanentradition wie die der südamerikanischen Völker einfach einzuklinken, ist groß. Aber das ist nicht unsere Tradition, wir verstehen sie noch weniger als die noch bei uns vorhandenen Reste.

Jede schamanische Tradition ist in der Landschaft und in dem Volk verwurzelt, wo sie hingehört, meine Meinung ist, dass man sie nicht verpflanzen sollte, sondern lieber die zarten Pflänzchen, die noch vorhanden sind, wieder aufpäppeln. Ein Blick über den Tellerrand auf fremde Traditionen kann allerdings nie schaden.

Seit wann gibt es sie?

Vom schamanischen Arbeiten bleiben naturgemäß wenig Spuren übrig. So ist es schwer, die Geschichte der Schamanen zurückzuverfolgen, denn sie weist weit vor die Zeiten, von denen es schriftliche Zeugnisse gibt. Auch wurden in der Vergangenheit viele Spuren des schamanischen Arbeitens nicht als solche erkannt, weil die Forscher keine Ahnung von diesem Aspekt hatten.

Inzwischen aber ist klar, dass sehr viele der Höhlenbilder in Europa etwas mit Schamanen zu tun haben, und auch die Tierfiguren, die man gefunden hat, sind darauf zurückzuführen. Sicherlich sind auch die Frauenfiguren in die Vorstellung des Jahreskreises einzuordnen.

Vor dieser Zeit war Europa von den Neandertalern besiedelt, und von diesen sind kaum Artefakte, die über den Bedarf des täglichen Lebens hinausgehen, erhalten. Aber es gibt genug Hinweise, dass die Neandertaler keineswegs die dumpfen Totschläger waren, als die sie immer hingestellt wurden. Es gibt auch Forscher, die glauben, Beweise gefunden zu haben, dass sogar der Homo erectus vor mehr als 300.000 Jahren schamanische Gegenstände hinterlassen habe. Laut neuesten Untersuchungen von Gregg Braden waren wir als Mensch auch nicht allein da, wir lebten mit mehreren Lebewesen zusammen, die weitaus größer waren als wir. Und weitaus kleiner waren, da wir ja in vielen Fantasiefilmen immer wieder verschiedene Lebewesen sehen, dürfte dies vielleicht auch ein Aspekt sein des globalen Wissens, besser gesagt, der Weisheit.

Was sagt uns die Natur?

Wie gehen wir um mit dem, was uns nährt und lebt?

Was sagen dir die Elemente wie der Wald, das Meer, die Sonne, die Sterne, der Fluss, die Jahreszeiten, der einzelne Baum und die Tiere, was erregt deine Aufmerksamkeit, wandert dein Blick nach unten, oder nimmt er die Umgebung wahr? Was riechst du, welche Körpererinnerung wird wach? Wie fühlt sich die Erde unter deinen Füßen an, fest, sumpfig, stachelig – ist der Weg leicht oder unwegsam? Wohin lenken dich deine Füße? Lässt du dich führen, wirst du genau den Weg gehen, der dir Heilung bringt, vorausgesetzt, du bist vollkommen präsent und achtsam im Hier und Jetzt. Was will geheilt werden?

Licht und Schatten, es sind immer beide Seiten da. Den Mut haben, zu sich zu stehen: Heute bin ich etwas unlustig … Sich mit beiden Aspekten zu versöhnen, das kann dann passieren. Sich einzugestehen und sich zu gönnen, mal anders drauf zu sein und es auch zu zeigen, wenn es einem mal nicht so gut geht. Der Vergleich zum Laub: Blätter fallen im Herbst herunter, verrotten, und die Nährstoffe für neues Wachstum entstehen, genauso wie unser „Mist" – was lässt sich denn daraus machen?

Wenn Menschen nach unten blicken, dann schauen sie ins Chaos: Betrachtungsweise wahrnehmen, die Einstellung des Menschen – wo geht der Blick hin? Dunkelheit oder Schönheit? Oder: Was hört er jetzt? Beispiel Wald mit durcheinanderliegenden Ästen: Ist das chaotisch? Oder natürlich? Die Schulung der Wahrnehmung ist essenziell. Der Sheper arbeitet mit dem Feld, ES – ES lebt uns … die Natur lehrt dich, präsent zu sein, ist deine Wahrnehmung nicht klar, bist du nicht achtsam und wach, kann es sein, dass du über eine Wurzel stolperst, obwohl du den Weg schon oft gegangen bist.

Der Hausverstand ist äußerst spirituell

Spiritualität hat nichts mit „tudldu" zu tun, es ist eine ernst zu nehmende Sache voller Qualität. Und der Weg dauert, manchmal wird mir erzählt von einer Hellseherin, ich sei schon so weit entwickelt.

Ich frage mich: Woran erkennt man denn das? Meistens an den Taten und den Umgang mit anderen, mit den Liebsten, mit den sogenannten Feindbildern usw.

Viele sind abgehoben, und es ist schwierig, ihnen ein Lächeln zu entlocken. Ach, wenn das Erlernte keine Erleichterung bringt, für was sich dann abmühen?

Der Hausverstand ist pragmatisch angelegt, das ist die einfache Frau von nebenan, die liebevoll ihre Kräuter hütet, der einfache Bauer, der trotz seiner schweren Arbeit lächelt und wo Rituale noch wichtig sind. Unsere Ahnen (die Natur) sind schon ewig da, lange bevor die Menschen kamen. Der nötige Respekt davor macht uns frei. Die Identifikation mit irdischen Menschen, zum Beispiel der Herkunftsfamilie, verringert sich in der Natur, wenn wir uns erinnern und uns wieder bewusst werden, wer unsere eigentlichen Ahnen sind.

Die Sinne werden automatisch schärfer, du kriegst von der Natur die Natürlichkeit, eine ganz andere Ausstrahlung – einfacher gestrickt, weniger verstrickt. Du kriegst in der Natur in absolut liebevoller Weise deinen Raum, sie liebt dich absolut wertfrei. Du nimmst dir so viel Raum, wie du brauchst. Die Urgeräusche im Hintergrund sind wie eine Melodie, Wellen, die dich berühren, setzen Impulse, die Natur spricht mit dir. Es ist ein schöner Weg, über die Natur zu lernen, es macht dich gesund.

Der Weg der Absichtslosigkeit – der Walk. Immer wieder in die Natur rauszugehen und nach innen zu horchen: „Was macht das jetzt mit mir?"

Bei einem Sturm im Wald kannst du deinen Ängsten begegnen oder Zusammenhalt erfahren. Wenn du dich an Bäume lehnst, wird die Thymusdrüse aktiviert, dein ganzer Energiekreislauf, dein ganzes System wird stimuliert, wenn du dich am Baum anlehnst und einfach mal fallen lassen kannst.

Du bist da, um zu wachsen.

Die Natur-Medizin als universelle Perspektive

Sehnsucht nach mehr

Es geht tiefer, und wir sinnen nach mehr, im Dunklen verborgen ist die Kraft in uns allen, geheimnisvoll und furchterregend im Schatten, es ist, was es ist, sagt die Liebe und lächelt. Dem Geheimnis des Lebens so nah, ja, mitten drin, in mir drin – leben wir im Schatten unseres Selbst?

Im Dunklen wächst unser Körper heran, ein perfektes Gefährt, in dem wir Platz nehmen können. Da pocht unser Herz im Schoße der Mutter im Einklang, ein Pochen und Wiegen, die Kraft kommt von unten. Wir verspüren jede Bewegung – mit Leib und Seele!

Wir kommen als Wunder auf diese Welt, entspringen der Quelle, es ist eine Möglichkeit, mein Geistiges zu manifestieren. Die große Mutter atmet mich, die Nabelschnur zum Großen, ich komme aus der Quelle allen Seins, in der Zeit und Raum nicht existieren.

So sind wir Seelenwesen, Sinneswesen, Lichtwesen mit einem Körper, verwurzelt mit Urkräften, Quelle, die große Erdenmutter, Vaterhimmel, Schattenwesen, so hat das große Universum unseren Planeten, die Urmutter Gaia, eine unglaublich große SEELE.

Unbestimmt ist mein Abenteuer hier auf Erden, bin nur ein Vermittler, eine Verweberin auf dem Planeten voller Möglichkeiten, bin Beobachter des Lebens, ich atme, es atmet mich, es lebt mich, es führt mich, es hat mich ganz, schwerelos leicht in meinem Ganzen, schwer, mich auszudehnen in diesem Körper, der so dunkel ist, und klein verstecke ich mein Licht im Dunkeln, gefangen im Dunkeln, unsicher.

Bin ich hier, jetzt und da – NEIN. Vergangenheit und Zukunft – ja. Zukunft nie hier, nie hier – nein. Will weg von hier nach dort – und immerfort.

In meiner perfekten Körperlichkeit trainiert und vorbereitet, angefüllt mit Wissen. Wissen und Verhalten, um zu entsprechen, entsprechend anständig leise. Trainierte Affen sind wir über die Jahre geworden, stellt sich vielleicht ein Unwohlgefühl ein? Doch hören wir die Botschaft, fühlen wir überhaupt noch was? Abgestumpft, ausgebrannt – oder langweilen wir uns zu Tode?
Habe vergessen, wer ich bin oder sein wollte. Zugemüllt …

Unsere Natur – eine Lehrmeisterin

Kennst du die Wohltat eines Spazierganges in der Natur, wo du wieder einmal so richtig durchatmen kannst? Hinterher fühlst du dich fröhlicher, entspannter, gelassener, und manchmal bringst du vielleicht sogar eine neue Idee oder die Lösung eines Problems mit nach Hause. Die Natur hat viel zu geben, ob Kraft, Weisheit,

Erkenntnisse oder einfach nur Wohlgefühl. Die Natur lebt und führt uns vor, wie alles ganz natürlich und folgerichtig abläuft: **Wie alles vollkommen und ganz ist, sich immer etwas verändert, sich gegenseitig hilft und sich auch verwandelt.**

Wir können vom und über das Lebewesen Natur sehr viel lernen, wenn wir es in Stille und Achtung betrachten. Im matriarchalischen Schamanismus gibt es immer einen naturreligiösen Hintergrund: Die Schamanin kommuniziert mit den Kräften der Natur in ihrer spirituellen und materiellen Erscheinungsform und ist hierbei mit der universellen Kraft, mit der Kraft der Schöpfergöttin, der Kraft des Himmels und der Erde verbunden. Diese Verbindung ist keine Einbahnstraße:

Dies ist im Prinzip sowohl Frauen als auch Männern möglich. In den matriarchalischen Gesellschaften der Jungsteinzeit waren es aber so gut wie ausschließlich Frauen, die das Amt der Schamanin als Seherin, Priesterin, Heilerin und Beraterin ausübten. Einer der Gründe war:

Die Frauen brachten als Abbilder der Schöpfergöttin das Leben hervor, hegten und schützten es. Sie hatten sui generis Wissen über den Umgang mit Leben und Tod und begründeten die Naturheilkunde.

Heilig ist der Atemzug

Das Element Luft

Dieses Element ist flüchtig, stets in Bewegung und dennoch immer und ewig anwesend. Es umgibt die Welt wie eine schützende Hand. Ohne Luft existieren auch die anderen Elemente nicht lange. Luft belebt jede Zelle in unserem Körper mit lebenswichtigem Sauerstoff. Durch das Atmen sind wir ständig in Verbindung mit diesem Element.

Luft umgibt uns immer und überall. Es kommuniziert, indem sie uns umfächelt, hin und her schubst, uns mit Gerüchen umspielt, Geräusch und Musik für uns hörbar macht.

Keiner der fünf Sinne ist so eng mit unserem Erinnerungsvermögen verbunden wie der Geruchssinn. Wir verarbeiten Gerüche direkt im „Limbischen System" (es befindet sich in der Mitte des Gehirns. Bei Störung: unfähig, emotionale Situation einzuschätzen, Autismus, Phobien, Depressionen), das für elementare Empfindungen wie Hunger, Gefühle aller Art, Erinnerung und Vorstellungskraft verantwortlich ist. Im Gegensatz zu den anderen Sinneswahrnehmungen wie Sehen, Hören, Tasten und Schmecken verarbeiten wir Geruchseindrücke ohne Umwege in die rechte Gehirnhälfte.

Wir sind darauf programmiert, auf Gerüche gefühlsmäßig zu reagieren, lange bevor wir bewusst über unsere Reaktion nachdenken.

Die Meisterschaft der Luft

Ähnlich wie Wasser ist auch Luft ständig in Bewegung, doch trägt sie ihre Energie höher. Das Wasser geht in die Tiefe der Gefühle, so geht das Element Luft in die Höhe der Gedanken, Kreativität und Einfälle. Die Vögel sind uns als Luftwesen am Nächsten.

Heilig ist der Atemzug

Heilung mit dem Element Luft beginnt auf feinstofflicher Ebene. Hier geht es um Bewegung, Anfang und Verbindung.

Eine einfache Möglichkeit, sich mit der eigenen Lebensenergie zu verbinden, ist der Atem. Durch Übungen und Meditationen lassen sich Energien ausgleichen, stärken oder abwehren.

Indem man täglich ganz bewusst in den Körper atmet, lädt man diese mit Lebensenergie auf. Durch Ausgleichen dieses täglichen Energiehaushaltes haben Viren und Bakterien keine Chance bzw. der Umgang mit Emotionen wird einfach und effektiv gewandelt.

Die Atmung als Mittel zur Heilung

Stehend meditieren – unbequem und ungewohnt

Meine Seminare bestehen aus mehreren geführten Meditationen. Wir ermuntern euch dazu, die Meditationen im Stehen zu absolvieren. Im Stehen zu meditieren ist für die meisten ziemlich ungewohnt und vor allen Dingen unbequem, denn sie ist kein Schlafmittel, sondern höchste Transformation, und das Gute: Du bist live dabei! Es ist spürbar, du bist in einer Frequenz, und das Erlernte ist danach lebbar und einsetzbar im Alltagsleben. Was bringt Meditation, wenn ich sie nicht für meinen Alltag einsetzen kann?

Die Atmung als Mittel zur Heilung. Sie kann Realitäten und Emotionen verändern, dich erden und als Technik eingesetzt werden, um den Körper richtig aus- und aufzurichten. Sie hilft dabei, physiologische Vorgänge im Körper zu verbessern und Entspannung hervorzurufen. Außerdem fördert sie die Zwerchfellatmung, schenkt mentale Klarheit und unterstützt die Wirbelsäule. Atmung löst spirituelles Erwachen aus, setzt Energien frei und bewegt diese im Körper. Sie stimuliert die Bauchmuskeln und fördert den Energieaustausch, um den Körper von seinen Abfallprodukten zu reinigen. Sie erhöht die Energie und das Durchhaltevermögen, steigert die Bewusstheit und verbindet dich tief mit den körperlichen Empfindungen und dem Göttlichen. Die Atmung hat nicht nur Auswirkungen auf deinen physischen Körper, sondern auf tief greifende und subtile Weise auch auf deinen Geist, deine Emotionen und deine Seele.

Der Atem versorgt und ernährt jede Zelle unseres Körpers. Wenn du tanzt und dich bewegst, regst du Chi an. Der Atem ist deine Verbindung zu den Höhen und Tiefen des Lebens.

Der Atem bedient sich der Tatsache, dass **Sauerstoff in all unseren Zellen** ist und unser Leben überhaupt erst möglich macht. Freuen wir uns, dass wir frische Luft zum Atmen haben? Sind wir dankbar dafür?

Zu atmen macht Freude! Es kann uns inspirieren, spielerisch, heiter und beschwingt stimmen. **Ohne Luft können wir nicht atmen, ohne Atem nicht leben**, und der Atem selbst ist konkret als Sauerstoff und auch abstrakt-spirituell als unfassbare Lebenskraft, als Prana bei den Indern, Chi bei den Chinesen benannt. Die Luft als ein Ur-Element des Lebens soll den Menschen daran erinnern, dass er zur Erkenntnis geboren ist.

Berge erzählen von der unendlichen Langsamkeit, die dem Menschen als Stillstand erscheint.

Sie rufen und faszinieren. Kahl, forsch, majestätisch und schön repräsentieren sie das Höchste, was die Erde zu bieten hat. Bei jeder Vegetation bilden sie Leben in minimaler und doch mächtiger Form. Wer in die Berge geht, wendet sich für diese Zeit von der pulsierenden Welt ab und begibt sich in einen Bereich, wo der Tod präsenter ist als das Lebendige. Wer oben auf dem Berg steht, dessen Blick geht in die Ferne, hin zum Meer oder besser gesagt dorthin, wo das Leben herkommt. Wer von den Bergen kommt, kehrt zurück ins Leben.

Die Steinriesen

Der Berg ist mit jedem Schritt eine Grenzerfahrung. Er fordert Konzentration und Willen in solchem Ausmaß, dass unser Bewusstsein in einen außergewöhnlichen Zustand gerät.

Ergriffenheit stellt sich nicht nur oben auf den Bergen ein, sondern oft auch in ihrer Nähe, durch ihre Ausstrahlung oder bei ihrem Anblick. Die Präsenz eines Bergmassivs strahlt Erhabenheit aus, die alles rundum klein und groß erscheinen lässt, die erhöht und erniedrigt zugleich.

Fern der Berge, oder mindestens fern den obersten Regionen, blieben jene Völker, die dort oben den Sitz der Götter wähnten. Für sie waren die Berge heilig und unantastbar. Heilige Berge gibt es heute noch, man denke nur an den Adams Peak auf Sri Lanka, der sowohl für Buddhisten, Hindus, Moslems als auch Christen als heiliger Berg gilt. Oder an den Kailash in Tibet, der jedes Jahr Tausende von Pilgern anlockt – nicht um den Berg zu besteigen, sondern um ihn zu umwandern.

Wie oder wann wirken Berge auf unser Wesen? Weitblick haben, auf einem Grat wandern, den Höhepunkt erreichen, über dem Berg sein, am Abgrund stehen, einen steilen Aufstieg erleben, ein Tal durchschreiten: Unsere Sprache versinnbildlicht Momente unseres Gefühlslebens.

Die verschiedenen Landschaften spiegeln innere Gefühlser-
fahrungen wider: schroffe Wände, bizarre Strukturen, Schluch-
ten und Spalten, Plateaus und Kessel, Weite und Enge, einmal
Bedrohung, dann Freiheit. Ein Gebet in Bewegung: Der Weg
in die Berge gleicht einer Suche nach der Rückverbindung mit
der Essenz des väterlichen Prinzips. Wir spüren unseren Atem,
unseren Herzschlag, während wir uns langsam hinaufbewegen
in Achtsamkeit. Jeder Schritt kann unmittelbare Folgen haben.
Grenzen werden dem Bergsteiger gesetzt, es gilt jedoch auch,
Grenzen zu überschreiten. Dies fordert Klarheit und bewusste
Entscheidungen. Oftmals geht der Weg nach oben mit einem
Gefühl von Macht einher, wir haben den Berg bezwungen –
nicht umsonst heißt es, dass man „am Gipfel seiner Macht steht"
oder „an die Spitze der Macht aufgestiegen ist". So wird auch
die Symbolik der Hierarchie verdeutlicht: Wer oben angekommen ist, hat die Übersicht und herrscht über das Darunterlie-
gende. Genauso jedoch kann das Gefühl der Ohnmacht aufkommen, wenn es der Berg ist, der uns bezwingt, beispielsweise
mit einem unerwarteten Steinschlag, der uns den Weg versperrt
oder einem plötzlich auftauchenden Unwetter. Somit ist Selbstverantwortung und gute Selbsteinschätzung gefragt. Der Horizont, der sich oben am Berg eröffnet, weitet unser Bewusstsein, die Stille und die Ruhe durchströmen uns. Der Blick ins
Tal, die zurückgelegte Reise, lässt tief durchatmen, und der er-
rungene Erfolg erfüllt uns.

Der Berg repräsentiert das väterliche Prinzip. Wer in die
Berge geht, sucht vielleicht auch die Nähe des „großen Vaters"
(und misst dabei laufend die vertikale Entfernung zur „großen
Mutter", dem Meer), seinen Schutz, seinen Segen, aber auch die
Herausforderung, ihm gleich oder gar noch größer zu sein. Für
das Gelingen dieses Aufstiegs braucht es absolute Anpassung.
Die Freiheit kommt – vermeintlich – erst oben, denn in Wirk-
lichkeit ist der Spielraum auf dem Gipfel extrem klein, und die
Welt liegt einem nur für einen begrenzten Zeitraum zu Füßen.

Das Loswerden von Alltagsballast

Menschen gehen oft in die Berge, um den Ballast aus dem Alltag hinter sich zu lassen. Man kann alles, was einen beschwert, zurücklassen, durch das Schwitzen entgiften, alles, was beengend ist und an uns hängt, wegatmen. Wenn man oben angekommen ist, fühlt man sich befreit, erleichtert und beschwingt, den Aufstieg geschafft zu haben. Beim Abstieg jedoch kann es sein, dass man sich wieder auf die alten Wege der Schwere und Aussichtslosigkeit begibt.

So bietet der Berg die Möglichkeit, sich auf dem Weg zur Anbindung an das väterliche Prinzip einem Identifikations- oder Versöhnungsprozess zu unterziehen, der ihn auf sich selbst zurückwirft und aus dem heraus er sich befreien kann, um dies zu heilen, indem er den richtigen Platz zwischen Macht einerseits und andererseits Demut und Annahme finden kann. Der Berg fordert die Übernahme von Verantwortung und die Annahme der Konsequenzen von Entscheidungen in einer würdevollen Art und Weise.

Suche nach Gott

Von der Spitze des Berges als Erleuchteter zurückzukehren, ist ganz wenigen vorbehalten – Moses war einer von ihnen, oder auch Zarathustra. Die anderen müssen immer wieder hinauf, es sei denn, sie erkennen, dass es wenig Sinn macht, ganz auf die Spitze zu gehen und die Herausforderung mit dem „großen Vater" zu suchen. Das war die Weisheit der alten Bergvölker, die die Bergspitzen den Göttern überließen. Die Heiligen und Priester siedelten sich in jenem Zwischenraum an, wo heute noch die Bergklöster, Tempel und Heiligtümer der Welt stehen und der von den Menschen seit Urzeiten auch für die Alpwirtschaft genutzt wird.

Wir wissen, dass die Alpenmenschen den Bergsteiger nie verstanden haben und auch heute noch nicht verstehen. Jahrelang machte ich Seminare in Vorderstoder im Toten Gebirge, und immer, wenn ich mich mit dem alten Bergbauern unterhielt, lachten wir über die verrückten Bergsteiger. Er sagte: „Ich weiß nicht, wem die hinterherrennen." Ich sagte zu ihm: „Weißt, Nikolaus, bei euch ist die Welt in Ordnung." Dabei ist nicht zu übersehen, dass die beiden sich in vielem ähnlich sind: beide sind Sonderlinge und gehen mit sozialen Anlässen eher sparsam um.

Beide führen ein Leben, das vom Berg geprägt ist und wo alles seine Ordnung hat. Für beide ist es völlig indiskutabel, was Recht und Unrecht ist. Und beide gehen einer Tätigkeit nach, die wegen ihrer Ausgesetztheit Sorgfalt und Disziplin verlangt.

Die Alpregion ist ein Zwischenraum, der oberhalb des kultivierbareren Raumes liegt, aber unterhalb der Todeszone. In ihm begegnen sich das Reich der Lebenden und das Reich der Toten, das Materielle und das Feinstoffliche. Wer sich in diesem Raum schutzlos aufhält, dem kann der Alpraum schnell zum Albtraum werden. Wer sich hier als spirituell Suchender ohne Schutz den Elementen hingibt, den kann statt Transzendenz Auslöschung ereilen, statt Erleuchtung Wahn.

Wir sind so 1000 Meter weg von Menschen und Gewohnheit. Telefone funktionieren nicht mehr, weil sie ausgeschaltet werden. Somit verringert sich das Tempo von ganz allein, und man sieht nicht nur Erstaunliches, sondern du bist jetzt mal weg. Weg vom Gebrauchtwerden und dir nah oder dir näherkommend. Eingebettet zwischen den großen Steinriesen, mit dem Blick aufs Tal. Ja, da kann man jetzt mal darüber stehen und die Weitsicht genießen. Die Bergbauern verstehen uns nicht, was wir denn haben, dass wir Geld bezahlen, um mit der Natur in Kontakt zu kommen. Und wenn sie uns so anschauen, merkt man ganz genau, was sie denken. Das ist schon komisch, wenn so verkorkste Menschen mit der Natürlichkeit in Berührung kommen. Ach, das sind Bilder, die sprechen mehr als tausend

Worte, es amüsiert mich größtenteils sehr, doch über die Jahre kam ich drauf: Sie begreifen es auch nicht. Bloß nicht auf den Wiesen gehen oder gar einen Flurschaden verursachen. Hunde gehören an die Leine, am besten gar nicht mitnehmen. Alles ist ebenfalls konsumgesteuert.

Das Wunder geschieht in der therapeutischen Praxis zwar auch, aber nicht einfach so.

Für unsere Arbeit bedeutet die Alp zusammengefasst Folgendes: Sie ist eine Zwischenwelt zwischen oben und unten, ein Raum, in dem sich eine Fülle von Kräften tummelt, welche die Menschen, gleich wo auf der Erde, zu Schutzriten bewegt. Vielleicht, weil in ihr die Beseeltheit der Welt intensiver wahrnehmbar ist als an vielen anderen Orten. Sie steht für ein Sinnbild der bewussten Grenzziehung oder auch Grenzbildung von drinnen und draußen, von Vertrautem und Fremdem. Verstärkt wird diese Grenzbildung dadurch, dass die Kargheit der Alp zu einer sorgfältigen und disziplinierten Reduktion auf das Wesentliche herausfordert.

Unter diesem Blickwinkel ist sie ein unterstützender Raum für die Kristallisierung von Ableitungs- und allenfalls auch Ablösungsinterventionen. Sie führt den Menschen in einen reflexiven Zustand, der mitunter schmerzhaft deutlich macht, dass etwas Fremdes in einem ist und ermöglicht durch die bewusste Auseinandersetzung mit Schutz die Herauslösung dieses Fremden und leitet es an das Draußen weiter. Auf der Alp liegt das Draußen entweder oben, wo hier das Reich der Toten, der Seelen oder anderer feinstofflicher Dimensionen ist, oder es liegt unten, dort, wo das soziale und körperliche Leben mit seinen Bezügen stattfindet. Die Arbeit auf der Alp erleichtert die Wahrnehmung darüber, wohin der fremde Teil geleitet sein will – nach oben oder nach unten.

Die klare natürliche Grenze der Alpen – in den meisten Fällen ist der Alpraum ein klar begrenzter Horizontraum – unterstützt den Menschen in der Wahrnehmung und Pflege der eigenen natürlichen Grenze. Die Erfahrung von Begrenztheit und die innere Zustimmung zu ihr sind wesentliche Grundlage für Schutz. Wer über seinem Maß lebt, gefährdet sich, wer unter seinem Maß lebt, lähmt sich.

Interessant ist in diesem Zusammenhang, dass der Alpraum schon früh als Kurort für Lungenkrankheiten genutzt wurde. Wenn wir den Atem als unmittelbare und fortwährende Kontaktaufnahme mit der Welt draußen verstehen, ist die Lunge mit ihrer Anlage als komplex gestaltete Großfläche das elementarste Kontaktorgan des Menschen.

Sie wirkt, wenn auch subtil, unsichtbar und meist unbewusst, als Grenzwächterin zwischen dem Innen und dem Außen. Die Alp kann uns in Resonanz bringen mit unbewussten Grenzfragen und mahnt uns darin, den Überschwemmungen des Wahnhaften zu widerstehen. Sie fordert den Therapeuten dazu heraus, den Klienten bei der Entwicklung von schützenden, mitunter ritualisierten Handlungen zu begleiten, die ihm und seinen natürlichen Grenzen entsprechen.

Im Unterschied zum Berg, der als naturtherapeutischer Raum sparsam, ja, vielleicht einmalig eingesetzt wird, kann die Alp in regelmäßigen Abständen besucht werden.

Die Rhythmisierung des Hinauf- und Hinabziehens (die sich ja auch im Almauf- und -abtrieb zeigt) kann dazu beitragen, dass immer mehr Autonomie in der eigenen Schutzarbeit entwickelt wird. Schutzarbeit heißt hier nichts anderes als das Aufnehmen und Pflegen von Beziehung zur eigenen natürlichen Grenze.

Unser Lebenselixier – das Wasser als Urelement

schlechthin: Unsere Erde ist, vom Weltall aus gesehen, der „blaue Planet", da mehr als zwei Drittel der Erdoberfläche aus Ozeanen bestehen. Auch unser Körper besteht zu mehr als zwei Drittel aus Wasser, ganz abgesehen davon, dass sich unser Leben sowohl individuell als auch evolutionär-geschichtlich im Wasser entwickelt hat. Das lebende Plankton im Wasser ist für unseren Sauerstoff zuständig, wobei der meiste Plankton in der Arktis vorhanden ist. Wenn die Kapillaren schmelzen und das Plankton immer mehr verschwindet, dann haben wir ein Sauerstoffproblem.

Wasser in der Geschichte

Das Wasser spielt schon seit Urzeiten eine große Rolle für uns Menschen. Es ist unser Lebenselixier.

Was der eine in einem Land durch eine Überschwemmung bedingt zu viel hatte, hatte vielleicht ein anderer in einem ganz anderen Land bedingt durch eine Dürreperiode zu wenig. Gerade in den Gebieten, in denen Wasser knapp war, kam es oft zu Streitereien oder sogar unter verschiedenen Stämmen zu Krieg um das begehrte Element.

Auch in den Hochkulturen wie den Ägyptern, Inkas und Majas gab es wegen Wasser immer wieder Probleme unter der Bevölkerung. Und um diese einzuschränken bzw. zu vermeiden, wurde recht bald schon das Wasserrecht eingeführt. Dies besagt, dass jeder ein Recht auf seinen Anteil an Wasser hat. Es wurde zumeist so gehandhabt, dass in einer Gemeinschaftsarbeit Wasseranlagen entweder zur Verteilung auf Feldern und für die Viehzucht oder zum Schutz vor Hochwasser gebaut wurden. Entsprechend seiner Leistung beim Bauen bzw. Instandhalten solcher Anlagen wurde dem Einzelnen seine Ration an Wasser zugeteilt.

Da das Wasser so lebensnotwendig ist, wurden auf die Verunreinigung eines Brunnens schwere Strafen verhängt, unter anderem auch der Tod. Besonders schlimm war es zu der Zeit, als die Verunreinigung der Städte noch ein großes Thema war und verschiedene Bevölkerungsgruppen wie Juden oder vermeintliche Hexen beschuldigt wurden, die Brunnen vergiftet zu haben. Diese konnten allerdings meist nicht im Geringsten etwas dafür, da das Grundwasser bereits durch die große Verschmutzung gerade in und um Städte im Mittelalter extrem hoch war. Auch heute noch ist das Verunreinigen von Grundwasser ein Strafbestand in unserem Rechtssystem. Leider wurde und wird jedoch die Verunreinigung von Wasser auch als militärische Taktik genutzt, um möglichst viele Gegner zu treffen. Zum Beispiel wurde im Mittelalter bei einer Belagerung der als Hauptspeicher dienende See, Teich oder eine offene Zisterne mit einem Tierkadaver versehen und in der heutigen Zeit absichtlich mit Bakterien vergiftet. In der heutigen Zeit jedoch trifft es meist nur Zivilisten und Tiere, da die militärischen Einrichtungen stets eine Wasseranalyse durchführen, bevor sie das Wasser in der Truppe verteilen – oder sie führen gleich selbst genügend eigene Wasserreserven mit.

Wasser in den Religionen

In der Religion spielt das Wasser eine nicht minder wichtige Rolle:
Im Christentum symbolisiert das Wasser das Urelement des Lebens und steht demnach für Fruchtbarkeit, Mutterschaft, Ursprung und Reinheit. Im Alten Testament wird das Wasser immer wieder in Form von Flüssen und dem Meer erwähnt, die sowohl Fruchtbarkeit als auch den Tod bringen können. Wie zum Beispiel der Nil, Euphrat und Tigris und das Meer, welches Moses geteilt haben soll, um sein Volk in die Freiheit zu führen und das dann kurz darauf die Ägypter in den Tod gerissen hat.
Im Neuen Testament steht das Wasser mit dem Symbol der Taufe für das Sterben (Untertauchen) und Auferstehen (an das

Ufer des Lebens treten). Die Taufe ist somit das Eintreten in die katholische oder orthodoxe Kirche. Auch dem Weihwasser wird Beträchtliches nachgesagt: Es soll das Lebendige und Tote vom Bösen befreien.

Im Islam, dem Judentum und dem Hindu-Glauben dient das Wasser mit seiner reinigenden Kraft für rituelle Bäder und Waschungen.

Das Meer gibt mehr, als du denkst

Aus dem Meer entstammt alles Leben dieser Erde, und so ist es vielleicht das größte Sinnbild für Geburt und Schöpfung.

Das Meer symbolisiert als Urmutter Schöpfung und Wiedergeburt wie auch einerseits das Gebärende, Tragende, Geborgene, Behütende und andererseits das Verschlingende und Zerstörende. Die Wellenbewegungen, das sich Hinauswagen und wieder in den sicheren Hafen zurückkehren birgt das Prinzip des Yin und Yang in sich, die Dualität von männlich und weiblich.

In der Mythologie gibt es viele Initiationsgeschichten, die mit einer Reise über dem Meer verbunden sind, Odysseus ist nur eine davon. Das Eintauchen in das Meer kann dem Männlichen dazu verhelfen, die Anbindung an sein inneres Weibliches zu finden. Der Frau hilft es, sich an ihre weibliche Kraft anzubinden.

Das Wasserelement verbindet uns durch das Schaukeln, Wiegen, getragen werden mit unserem emotionalen Körper. Oftmals werden Gefühle wach, die wir in uns tragen von der Zeit im Mutterbauch oder aus dem nonverbalen Kleinkindalter, Emotionen, die in uns geprägt sind im vor- oder nicht sprachlichen Bewusstsein. Tiefe Prozesse der Transformation und Integration sind möglich, Themen wie Trauer, Angst, Vertrauen, die auf vorgeburtliche Erfahrungen basieren, können beim Meer geheilt werden. Sich neu oder wiedergebären, das Annehmen des Körperlichen, die Anbindung an die Erde, die verloren oder vergessen gegangenen Anteile wieder integrieren, die Zustimmung zu sich selbst in diesem Leben, ein Ja zu sich selbst in Liebe und Fürsorge, in Sicherheit, Schutz und Vertrauen.

Das Mütterliche, das Weibliche in sich zu wecken, die Hinbewegung zum Leben. Dies geht oftmals Hand in Hand mit Ahnenarbeit und die Heilung dessen, mit allen Facetten des Loslassens und Akzeptierens, die oftmals auch zu Versöhnungsprozessen führen können, welche dem weiteren Leben neue Wege und Richtungen ermöglichen. Im Fluss des Lebens, der Spiegel der Seen. Jedes Süßwasser auf unserem Planeten wird als Quelle geboren. Sobald das Wasser aus dem Erdreich hervorkommt, folgt es seiner Sehnsucht: die Hinbewegung zur Urmutter, zum Meer. Das Wasser bewegt sich durch verschiedene Stadien: Als kleines Rinnsal beginnt es kindlich fröhlich plätschernd seine Reise, wächst in seiner Jugend zu stürmischen Bächen heran, bis es später im reiferen Alter gemächlich dahinzieht, um im Meer angekommen sein Lebenswerk zu Ende zu bringen. Von dort steigt es wieder empor und fällt als Regen wieder auf die Erde, um den ewigen Kreislauf des Werdens und Vergehens erneut zu vollbringen, in den wir alle eingebunden sind. Ein Wildbach weckt in uns Vitalität und Kraft, ein kleiner Bach mag uns beruhigen und zum Verweilen einladen. Wasserfälle können mächtig oder märchenhaft auf uns wirken – überall auf der Welt zieht es Menschen zu ihnen. Bergseen und Waldteiche üben wiederum den Zauber der Stille auf uns aus.

Wasser für alle unser Lebenselixier als Urrecht:

6.500 Liter gefiltertes Wasser wurden Bürgern und Urlaubern zum Wiederbefüllen ihrer Flaschen im Zeitraum vom 19. Juli bis Ende August 2019 zur Verfügung gestellt. Auf diese Weise konnte in den ersten sechs Wochen eine Einsparung von ca. 12.000 Kunststoffflaschen bei der Nutzung und Entsorgung von 0,5 Liter oder bis zu 18.000 Flaschen a 333 cl. unter Vermeidung des entsprechenden Kunststoffabfalls erreicht werden.

Die Stadtwerke EMAYA haben die Installation der Gratis-Wasserstation in Auftrag gegeben und sind für die Wartung sowie die Bereitstellung von kostenlosem Wasser verantwortlich.

Die Installation des Springbrunnens war ein Pilotprojekt zur Untersuchung seiner Funktionsweise, Widerstandsfähigkeit, Akzeptanz in der Öffentlichkeit und der Ergebnisse seiner Nutzung. Aufgrund der positiven Resonanz werden in Zukunft weitere Brunnen installiert.

Ein kleiner Einblick der Elemente in dir!

Elemente sind in jedem Menschen in vielfältiger Weise in Eigenschaften erkennbar. Normalerweise gibt es niemanden, bei dem die Elemente ausgeglichen sind. Sie sind auch oft nicht annähernd ausgeglichen. Meist überwiegt ein Element. Dieses Element ist dann so stark vorherrschend, dass ein aufmerksamer Beobachter erkennen kann, um welches Element es sich handelt. Man kann es auch sehr gut erkennen anhand des Berufes oder der Tätigkeit.

Feuer (dein Wille): Bei allen Menschen in Führungspositionen überwiegt das Element Feuer. Es sind die herrschenden Personen oder die dominanten. Wer in seinem Leben seinen Willen zielgerichtet einsetzt, hat meist sehr viel Willen und damit Feuer in sich. Wasser (Gefühle): Alle Menschen mit vielen Wasserelementen hören viel auf ihr Gefühl. Sie sind oft Künstler oder engagieren sich in sozialen Berufen. Sie dienen anderen Menschen und helfen anderen, in Harmonie mit der Umwelt zurechtzukommen. Luft (Gedanken): Wer seinen Gedanken das Haupt-Augenmerk zuwendet, der ist in der Wissenschaft zu Hause. Er unterrichtet oder forscht. Auch Menschen, die sich mit Religion und Philosophie beschäftigen, gehören zu den Menschen, bei denen das Luftelement überwiegt. Erde (Realität, Bewusstsein): Menschen mit hohem Anteil an Erdelementen sind in den bewahrenden Berufen, in Banken, Industrie und Wirtschaftsunternehmen. Sie sind oft selbstständig, und hier finden sich auch die Bauern. Alle Menschen, die für Sicherheit und Ordnung in der Wirtschaft und in den Banken verantwortlich sind, gehören auch dazu. Nicht nur anhand der Berufe kann man erkennen, welche Elemente in den Personen stark vorhanden sind. Auch im ganz alltäglichen Leben sieht man es sofort anhand der Neigungen und dem, was die Leute so machen.

Macht es denn Sinn, wenn Seelenlose die Welt regieren?

Konzerne brauchen beseelte Organisationen, denn die Mitarbeiter brauchen Zuwendung und Verständnis. Die Familien brauchen Zuwendung und Sinnhaftigkeit. Ein Zusammenleben, das glücklich macht. Ein Nach-Hause-kommen, das Freude bereitet, das ist doch das Wesentliche!

Gemeinsam an lichtvolle Zukunftsperspektiven zu denken und miteinander zu kreieren. Gerade deshalb, weil ja alles vorhanden ist, und der Stoff, aus dem wir ursprünglich gemacht sind, heißt Liebe. Liebe ist ein Allheilmittel für jeden, ausnahmslos, und steht zur in Hülle und Fülle zur Verfügung.

Für uns kann sich das gesamte Universum nicht ausschließlich auf das Leben der Menschen ausrichten, weil Leben durch den Einfluss aus der höheren Macht gelenkt wird und als Bewegung verstanden werden kann. Die angebliche Komfortzone, die wir erschaffen haben, bringt uns die Nachteile ebenso zum Vorschein. So handeln wir dementsprechend nicht nach den geistigen Gesetzen, da wir an der natürlichen Ordnung herumpfuschen.

Danke an meine Kinder Cornelia und Christoph und Hélène

Für eure Inspiration und Liebe, die wir teilen, auch alle, die schon bei mir waren und die die noch kommen, um euch ein Stück weit begleiten zu dürfen. Ich glaube an das Gute und an unsere Welt.

„Ich bin eine Tochter, ein Sohn der Mutter Erde, die meinen Körper nährt.

Ich bin im Atem meines Vaters.

Es sind seine Sterne, die über mich wachen.

Es ist auch seine Sonne, die mein Gemüt erhellt. Denn dann kann ich gedeihen und wachsen. Im Wasser – mich fühlen, lebendig, bringt es alles in mir zum Fließen.

Ich achte und ehre alle Bäume dieser Welt, denn diese sind unsere wahren Helden. Ich atme und bleibe in Bewegung. Und jedes Tal und jeder Berg macht es uns möglich, hier zu wandeln. Ich bin ein Gast hier auf Erden.

In deinen Farben lebe ich. Ich bin im Atem des Großen."

Ich wünsche allen das Allerbeste, denn wir sind eine Familie mit Herz und Hirn!

Quellennachweis

Alt, Franz und Dalai-Lama: Der Appell des Dalai-Lama an die Welt: Ethik ist wichtiger als Religion (Auflage: 17.), Benevento, 2019

Arvay, Clemens G.: Der Biophilia-Effekt: Heilung aus dem Wald (Auflage: 5.), Ullstein Taschenbuch, 2016

Beerlandt, Christiane: Der Schlüssel zur Selbstbefreiung: Enzyklopädie der Psychosomatik (Auflage: 9.), Verlag Beerlandt Publications BVBA, 2013

Braden, Gregg: Im Einklang mit der göttlichen Matrix: Wie wir mit Allem verbunden sind (Auflage: 1.), KOHA-Verlag, 2007

Braden, Gregg: Der Realitäts-Code: Wie Sie Ihre Wirklichkeit verändern können, KOHA-Verlag, 2008

Dalai-Lama: Das Buch der Menschlichkeit: Eine neue Ethik für unsere Zeit, (Auflage: 16.), Lübbe, 2002

Estes, Clarissa Pinkola: Die Wolfsfrau – Die Kraft der weiblichen Urinstinkte (Auflage: 8.), Heyne Verlag, 1997

Estes, Clarissa Pinkola: Der Tanz der Großen Mutter: Von der Jugend des Alters und der Reife der Jugend, Heyne Verlag, 2012

Hellinger, Bert, Kaden, Michaela: Die größere Kraft, Carl-Auer-Systeme Verlag, 2001

Hellinger, Bert: Die Quelle braucht nicht nach dem Weg zu fragen (Auflage: 7.), Carl-Auer Verlag GmbH, 2018

Kornfield, Jack, Liebl, Elisabeth: Das weise Herz: Die universellen Prinzipien buddhistischer Psychologie (Auflage: Deutsche Erstausgabe), Arkana, 2014

Kreszmeier, Astrid Habiba: Systemische Naturtherapie (Auflage: 3.), Carl-Auer Verlag GmbH, 2018

Levine, Peter A., Petersen, Karin: Sprache ohne Worte: Wie unser Körper Trauma verarbeitet und uns in die innere Balance zurückführt (Auflage: 9.), Kösel-Verlag, 2011

Levine, Peter A., Jahn, Judith: Vom Trauma befreien – Wie Sie seelische und körperliche Blockaden lösen (Auflage: 5.), Kösel, 2011

Lipton, Bruce: Intelligente Zellen – Wie Erfahrungen unsere Gene steuern, KOHA Verlag, 2016

Lipton, Bruce: Der Honeymoon-Effekt: Liebe geht durch die Zellen, KOHA, 2013

Lipton, Bruce, Bhaerman, Steve: Spontane Evolution – Unsere positive Zukunft und wie wir sie erreichen, KOHA Verlag, 2014

Osho, Cardenas, Anette Marin: Emotionen: Frei von Angst, Eifersucht, Wut (Auflage: Originalausgabe), Goldmann Verlag, 2000

Piontek, Maitreyi P.: Die Wunder der weiblichen Sexualität: Ganzheitliches Praxisbuch, Allinti Verlag, 2018

Plotkin, Bill, Gabriel, Vicky: Natur und Menschenseele: Das Lebensrad und die Mysterien eines seelenzentrierten Erwachsenseins (Auflage: 1.), Arun, 2010

Rupert, Franz: Das Trauma der Identität, AK Vorarlberg, Youtube, 2018

Sheldrake, Rupert: Das Gedächtnis der Natur: Das Geheimnis der Entstehung der Formen (Auflage: 3.), FISCHER Scherz, 2011

Stelzl, Diethard: Das Huna Kompendium, Schirner Verlag, 2015

Tolle, Eckhart: Jetzt! Die Kraft der Gegenwart: Ein Leitfaden zum spirituellen Erwachen (Auflage: 11.), Kamphausen Media GmbH, 2018

Walser-Biffiger, Ursula: Heilrituale in der Natur: Die Wahrnehmung verfeinern, persönliche Rituale gestalten, die Selbstheilungskräfte stärken (Auflage: 1), AT Verlag, 2012

Wikipedia

Zitate: Jung, C. G., Konfuzius

HERZ FÜR AUTOREN A HEART FOR AUTHORS A L'ÉCOUTE DES AUTEURS MIA KAPΔIA ΓΙΑ ΣΥΓΓ
TA FÖR FÖRFATTARE UN CORAZÓN POR LOS AUTORES YAZARLARIMIZA GÖNÜL VERELIM S
NE PER AUTORI ET HJERTE FOR FORFATTERE EEN HART VOOR SCHRIJVERS TEMOS OS AUT
KINKÉRT SERCE DLA AUTORÓW EIN HERZ FÜR AUTOREN A HEART FOR AUTHORS À L'ÉCO
ÇÃO BCEЙ ДУШОЙ К АВТОРАМ ETT HJÄRTA FÖR FÖRFATTARE À LA ESCUCHA DE LOS AUTO
EURS MIA KAPΔIA ΓΙΑ ΣΥΓΓΡΑΦΕΙΣ UN CUORE PER AUTORI ET HJERTE FOR FORFATTERE EEN
ANLARIMI VER ΟΙΝΚΕRΤ SERCE DLA AUTORÓW EIN HERZ F
R SCHR AÇÃO BCEЙ ДУШОЙ К АВТОРАМ ETT HJÄRTA F

Die Autorin

 Andrea Maria Gschiel, die heute mit ihrer Familie in Gampern in Oberösterreich lebt und ihr eigenes Seminarhaus führt. Sie arbeitete im LKH Vöcklabruck, in der Privatklinik EMCO und im Sanatorium Wels im OP-Bereich. Im Januar 2002 machte sie sich selbstständig und kam ihrem eigentlichen Interesse nach: sie entwickelte als Ausbildungsleiterin im Bereich systemisches naturtherapeutisches Coaching und Embodiment-Coaching eigene Techniken und Methoden. Die Autorin kann obendrein zurückgreifen auf Ausbildungen als Mediatorin, Supervisorin, Mentaltrainerin und Silva Mind Control. In ihrem bei uns vorliegenden Buch „Holy Moly" stellt sie ihre Lehren und Erfahrungen ausführlich dar.

Der Verlag

*Wer aufhört
besser zu werden,
hat aufgehört
gut zu sein!*

Basierend auf diesem Motto ist es dem novum Verlag
ein Anliegen neue Manuskripte aufzuspüren, zu ver-
öffentlichen und deren Autoren langfristig zu fördern.
Mittlerweile gilt der 1997 gegründete und mehrfach
prämierte Verlag als Spezialist für Neuautoren in
Deutschland, Österreich und der Schweiz.

**Für jedes neue Manuskript wird innerhalb
weniger Wochen eine kostenfreie, unverbind-
liche Lektorats-Prüfung erstellt.**

Weitere Informationen zum Verlag und
seinen Büchern finden Sie im Internet unter:

w w w . n o v u m v e r l a g . c o m

CPSIA information can be obtained
at www.ICGtesting.com
Printed in the USA
LVHW011040080920
665299LV00016B/270

CPSIA information can be obtained
at www.ICGtesting.com
Printed in the USA
LVHW011040080920
665299LV00016B/270

9 783991 071068